kochen & genießen

# Feste feiern!

MOEWIG

GELINGT IMMER!
GARANTIE
Alle Rezepte 3 Mal getestet

„Gelingt immer!“ steht auf dem Garantiesiegel des Buchcovers. Dieser Qualitätsanspruch ist uns wichtig, damit bei Ihnen zu Hause auch wirklich alles reibungslos klappt. **Dafür wird jedes Rezept von unserer Redaktion mehrfach getestet.** Ernährungswissenschaftler kochen und backen die Rezepte in unserer Versuchsküche nach. Die Foodstylisten verwenden für die Fotos nur echte Lebensmittel, damit alles natürlich ist und auch so aussieht. Nur wenn die Rezepte perfekt gelingen, veröffentlichen wir sie. Dafür steht unser Siegel.



Moewig ist ein Imprint der Edel Germany GmbH


www.moewig.de | www.edel.com
1. Auflage 2015

**Redaktion kochen & genießen:**
Chefredaktion: Jessika Brendel
Konzeption, Text & Redaktion: Angela von Heiden
Redaktion: Kathrin Schmuck
Schlussredaktion: Silke Schlichting
**Grafisches Konzept & Layout:**
Caro Flohr, flohrdesign
**Illustrationen:** Caro Flohr, flohrdesign
**Fotos:** Food & Foto, Hamburg;
S. 37, S. 120, S. 153: Redaktion deco & style, Hamburg

**Druck & Bindung:**
optimal media GmbH, Glienholzweg 7,
17207 Röbel/Müritz



Printed in Germany

ISBN 978-3-86803-586-5

# Jetzt geht die Party richtig los!

*Das Leben genießen, mit Freunden feiern und dabei nach Herzenslust schlemmen – gibt es etwas Schöneres?*

*In diesem Buch haben wir über 250 Rezepte für jeden Anlass, jede Jahreszeit und jedes Budget für Sie zusammengetragen. Ob Sie zur Gartenparty laden oder einen Tapas-Abend veranstalten möchten, ob im Mai ein Frühlingsfest ins Haus steht oder sich Freunde und Familie zum Adventsbrunch treffen, lassen Sie sich inspirieren, wie Sie Ihre Gäste aufs Köstlichste verwöhnen können. Und wenn Sie selbst eingeladen sind? Dann finden Sie hier viele tolle Ideen für große und kleine Leckereien, die Sie fürs Partybuffet mitbringen können.*

*Selbstverständlich dürfen auch die Klassiker nicht fehlen: Knusprige, duftende Braten machen auf jeder Tafel mächtig Eindruck. Tolle Salate, Suppen, Ofenhits und Desserts lassen beim Partyvolk die Stimmung steigen. Und weil schließlich niemand auf dem Trockenen sitzen soll, gibt es noch leckere Drinks und Cocktails – mal mit und mal ohne Alkohol.*

*Damit Ihr Fest ein Erfolg auf ganzer Linie wird, haben wir alle Rezepte in unserer Versuchsküche mehrfach auf Gelingsicherheit getestet. Zahlreiche Tipps und Handgriffe helfen Ihnen dabei, die Partyvorbereitungen so stressfrei und entspannt wie möglich zu gestalten.*

*Viel Spaß beim Nachkochen, Probieren und natürlich beim Feiern wünscht Ihnen*

**Ihre Redaktion**
**kochen & genießen**

PARTYKNALLER S. 8

PARTYSUPPEN S. 16

TEESTUNDE S. 28

FRÜHLINGSBUFFET S. 34

SONNTAGSBRUNCH S. 40

FINGERFOOD S. 50

HERZHAFTE KUCHEN S. 60

MITBRINGPARTY S. 70

PARTYBRATEN S. 82

PARTYSALATE S. 92

OFENHITS S. 104

ITALIENISCHES BUFFET S. 116

GARTENPARTY S. 126

SPANISCHER ABEND S. 138

WINTERGRILLEN S. 146

ADVENTSBRUNCH S. 154

ADVENTS-NACHMITTAG S. 160

SILVESTERBUFFET S. 166

FONDUE UND RACLETTE S. 172

DESSERTS S. 180

INHALT S. 6

REGISTER S. 188

# Partyknaller

Mit diesen Klassikern meistern Sie jedes Fest, denn für jeden Geschmack ist etwas dabei

## Partypfundstopf mit Champignons

ZUTATEN FÜR 6–8 PERSONEN

- 500 g ungebrühte feine Bratwurst • Salz
- 500 g Zwiebeln • 500 g Putenbrust (Stück)
- 500 g ausgelöstes Kasselerkotelett (Stück)
- 500 g Rindergulasch
- 1 Dose (850 ml) Champignons
- 1 EL klare Brühe (instant)
- 250 ml Schaschliksoße (Flasche)
- 250 ml Tomatenketchup
- 200 g Schlagsahne • Pfeffer

1 Wurstbrät als Klößchen aus der Haut direkt in siedendes Salzwasser drücken. Ca. 4 Minuten gar ziehen und dann abtropfen lassen.

2 Zwiebeln schälen und grob würfeln. Putenbrust und Kasseler waschen, trocken tupfen, in Würfel schneiden. Gulasch evtl. etwas kleiner würfeln. Pilze abtropfen lassen. Brühe in gut ½ l heißem Wasser auflösen.

3 Gesamtes Fleisch, Klößchen, Zwiebeln, Schaschliksoße, Ketchup, Sahne und Brühe in einem Bräter oder in einem großen ofenfesten Topf mischen. Mit Pfeffer und wenig Salz würzen. Im vorgeheizten Backofen (E-Herd: 200 °C/ Umluft: 175 °C/Gas: s. Hersteller) zugedeckt ca. 2 ½ Stunden schmoren. Nach ca. 1 ½ Stunden den Deckel abnehmen. Pfundstopf nochmals abschmecken. Dazu schmecken Schmand und Brot.

ZUBEREITUNGSZEIT ca. 3 Std.
PORTION ca. 570 kcal
E 52 g · F 30 g · KH 20 g

## Schnitzelpizza mit Tomatenrahm

ZUTATEN FÜR 6–8 PERSONEN

- 500 g Zwiebeln • 2 große Tomaten
- 8 dünne Schweineschnitzel (gut ca. ½ cm dick; ca. 1 kg)
- 75 g getrocknete Tomaten
- 500 g Schweinemett
- 1–2 TL getrocknete italienische Kräuter
- Öl für die Fettpfanne • Salz • Pfeffer
- 200 g Schlagsahne
- 250 g passierte Tomaten
- 300 g geriebener Pizzakäse (Packung)

1 Zwiebeln schälen und in Ringe schneiden. Tomaten waschen und in 8 Scheiben schneiden. Schnitzel trocken tupfen. Getrocknete Tomaten würfeln. Mit Mett und getrockneten Kräutern verkneten.

2 Zwiebeln auf einer geölten Fettpfanne verteilen. Mit Salz und Pfeffer würzen. Schnitzel darauflegen. Mett in 8 Portionen teilen und flach auf die Schnitzel drücken. Tomatenscheiben darauflegen. Sahne und passierte Tomaten verrühren, würzen, darübergießen. Käse darüberstreuen. Im vorgeheizten Ofen (E-Herd: 175 °C/Umluft: 150 °C/Gas: s. Hersteller) 1 ½–1 ¾ Stunden backen. (Durch die lange Garzeit wird das Fleisch schön mürbe.)

ZUBEREITUNGSZEIT ca. 2 ¼ Std.
PORTION ca. 340 kcal
E 34 g · F 18 g · KH 9 g

## Würziger Spießbraten

ZUTATEN FÜR 6–8 PERSONEN

- 2 kg ausgelöster magerer Schweinenacken
- 3–4 TL Spießbratengewürz (oder 1–2 TL Salz, ½ TL Cayennepfeffer, etwas Muskat, ¼ TL gemahlener Ingwer, je ½ TL getrockneter Oregano und Thymian sowie 1 TL Edelsüßpaprika)
- Öl fürs Backblech

1 Fleisch waschen, gut trocken tupfen. Rundherum gleichmäßig mit dem Spießbratengewürz einreiben (einzelne Gewürze vorher gut mischen).

2 Fleisch aufs geölte Backblech legen. Im vorgeheizten Backofen (E-Herd: 200 °C/Umluft: 175 °C/Gas: s. Hersteller) ca. 2 ½ Stunden braten. Braten aus dem Ofen nehmen. Schmeckt heiß oder lauwarm lecker. Dazu passen Senf-Kresse-Creme (s. Seite 10) oder fertige Remouladensoße.

ZUBEREITUNGSZEIT ca. 2 ¾ Std.
PORTION ca. 510 kcal
E 46 g · F 35 g · KH 0 g

## Speckkartoffelsalat mit Paprika

ZUTATEN FÜR 6–8 PERSONEN

- 1,5 kg festkochende Kartoffeln
- 200 g Frühstücksspeck (Bacon)
- 2 mittelgroße Zwiebeln • 2–3 EL Öl
- Zucker • 100 ml Weißweinessig
- 1 TL Gemüsebrühe (instant)
- Salz • Pfeffer
- 2 rote Paprikaschoten
- 1 große Salatgurke

1 Kartoffeln waschen und in Wasser zugedeckt ca. 20 Minuten kochen. Abschrecken, schälen und abkühlen lassen. Hälfte Frühstücksspeck in feine Streifen schneiden. Zwiebeln schälen und fein hacken.

2 Öl in einer Pfanne erhitzen und die Speckstreifen darin knusprig braten. Gehackte Zwiebeln kurz mit andünsten. 1–2 TL Zucker darüberstreuen, kurz karamellisieren. ¼ l Wasser und Essig angießen, Brühe zufügen und aufkochen. Ca. 5 Minuten köcheln. Mit Salz und Pfeffer würzen. Kartoffeln in Scheiben schneiden und mit der heißen Marinade mischen. Zugedeckt mindestens 2 Stunden ziehen lassen.

3 Paprika putzen, waschen und fein würfeln. Gurke schälen und evtl. das Kerngehäuse herauskratzen. Gurke in kleine Stücke schneiden. Alles unter die Kartoffeln heben.

4 Den übrigen Speck in einer Pfanne knusprig braten. Kartoffelsalat nochmals abschmecken, anrichten und mit dem Knusperspeck bestreuen. Dazu schmeckt Crème fraîche.

ZUBEREITUNGSZEIT ca. 50 Min. + Wartezeit mind. 4 Std.
PORTION ca. 340 kcal
E 7 g · F 22 g · KH 26 g

## Pesto-Tortellinisalat alla caprese

ZUTATEN FÜR 6–8 PERSONEN

- 1–1,2 kg frische Tortellini (z. B. mit Käsefüllung; Kühlregal)
- Salz • 3–4 EL Pinienkerne
- 400 g Kirschtomaten
- 2 Packungen (à 150 g) Mini-Mozzarellakugeln (oder 2–3 Mozzarellakugeln à 125 g)
- ⅛ l weißer Balsamico-Essig
- 50 g grünes Pesto (Glas) • Pfeffer • Zucker
- 75 ml Olivenöl
- 1 Töpfchen Basilikum

1 Tortellini in reichlich kochendem Salzwasser nach Packungsanweisung erhitzen. Abtropfen lassen. Pinienkerne ohne Fett rösten. Herausnehmen und auskühlen lassen. Tomaten waschen und halbieren. Mozzarella abtropfen lassen (große Kugeln würfeln).

2 FÜR DIE MARINADE Essig, Pesto, Salz, Pfeffer und 1 Prise Zucker verrühren. Öl kräftig darunterschlagen. Nochmals abschmecken. Basilikum waschen, Blättchen von den Stielen zupfen.

3 Tortellini, Tomaten, Basilikum, Mozzarella, Pinienkerne und Marinade vorsichtig mischen. Mindestens 30 Minuten ziehen lassen. Nochmals abschmecken und anrichten.

ZUBEREITUNGSZEIT ca. 40 Min. + Wartezeit
PORTION ca. 560 kcal
E 22 g · F 33 g · KH 39 g

### STATT TORTELLINI

*Dieser Salat schmeckt auch köstlich mit frischen Gnocchi aus dem Kühlregal. Gnocchi dafür entweder in kochendem Salzwasser erhitzen oder in Butter braten.*

## Geflügelcocktail mit Rucola & Apfel

ZUTATEN FÜR 6–8 PERSONEN

- 300 g TK-Erbsen
- 6 Hähnchenfilets (ca. 1 kg)
- 4 EL Öl • Salz • Pfeffer
- 2 Gläser (à 370 ml) Spargel
- 2 mittelgroße Äpfel • 1–2 EL Zitronensaft
- 50 g Rucola • 1 Bio-Orange
- 300 g Vollmilchjoghurt
- 200 g Salatmayonnaise
- 1 TL Curry • Zucker

1 Erbsen mit kochendem Wasser übergießen und ca. 2 Minuten ziehen lassen. Abschrecken und abtropfen lassen. Filets waschen und trocken tupfen. Öl in einer Pfanne erhitzen. Fleisch darin von jeder Seite ca. 6 Minuten braten. Mit Salz und Pfeffer würzen und herausnehmen. Auskühlen lassen.

2 Spargel abtropfen lassen und in Stücke schneiden. Äpfel waschen, entkernen und fein würfeln. Sofort mit Zitronensaft mischen.

3 Rucola putzen, waschen und gut abtropfen lassen. Orange heiß waschen, trocken reiben und die Schale fein abreiben. Orange auspressen. Joghurt, Mayonnaise, Orangenschale und -saft verrühren. Mit Salz, Pfeffer, Curry und 1 Prise Zucker abschmecken.

4 Hähnchenfilets in dünne Scheiben schneiden. Mit Äpfeln, Erbsen, Rucola, Spargel und Soße vorsichtig mischen. In Gläsern anrichten.

ZUBEREITUNGSZEIT ca. 50 Min. + Wartezeit ca. 1 Std.
PORTION ca. 400 kcal
E 34 g · F 21 g · KH 16 g

## Senf-Kresse-Creme

**250 g Crème fraîche** und **100 g Salatcreme** verrühren.
**2 EL körnigen** und **1 EL mittelscharfen Senf** unterrühren. Creme mit **Salz, Pfeffer** und **einigen Spritzern Zitronensaft** abschmecken.
**1 Beet Kresse** abspülen, vom Beet schneiden, evtl. hacken und unterrühren.

Geflügelcocktail
Pesto-Tortellinisalat
Speckkartoffelsalat

Hackbrötchen
Thunfischtaschen
Lauchkuchen
Salamitaschen

## Thunfisch- und Salamitaschen

ZUTATEN FÜR 16 STÜCK

- 16 quadratische TK-Blätterteigscheiben (ca. 12 x 12 cm; à 45 g)
- 1 Kartoffel (ca. 120 g) ♥ Salz ♥ 1 Ei
- 2 EL Milch ♥ je 2 EL grüne und schwarze Oliven ohne Stein
- 1 Dose (115 g) Thunfisch ♥ 2 Lauchzwiebeln
- Pfeffer ♥ 100 g geröstete Paprika (Glas)
- 50 g Salami in Scheiben ♥ 125 g Feta
- 1 TL + etwas getrockneter Oregano
- Backpapier

1 Teigscheiben nebeneinanderlegen und auftauen lassen. Kartoffel schälen, waschen und sehr fein würfeln. In wenig Salzwasser ca. 5 Minuten kochen. Dann abschrecken und abtropfen lassen. Ei und Milch verquirlen.

2 FÜR DIE THUNFISCHTASCHEN Oliven in Ringe schneiden, 1 TL beiseitestellen. Thunfisch abtropfen lassen und mit Gabeln zerzupfen. Lauchzwiebeln putzen, waschen und in feine Ringe schneiden. Kartoffel, Oliven, Thunfisch und Lauchzwiebeln mischen. Mit Salz und Pfeffer würzen.

3 Auf 8 Teigscheiben den Thunfischmix verteilen, dabei Ränder frei lassen. Ränder mit Ei bestreichen, überklappen und mit einer Gabel zusammendrücken. Auf ein mit Backpapier belegtes Backblech legen. Mit Ei bestreichen und mit übrigen Oliven bestreuen. Im vorgeheizten Backofen (E-Herd: 200 °C/Umluft: 175 °C/Gas: s. Hersteller) ca. 20 Minuten goldbraun backen.

4 FÜR DIE SALAMITASCHEN Paprika abtropfen lassen und klein schneiden. Salami fein würfeln. Feta zerbröckeln. Alles mit 1 TL Oregano mischen und mit Pfeffer würzen.

5 Auf 8 Teigscheiben den Salamimix verteilen, dabei Ränder frei lassen. Ränder mit Ei bestreichen, überklappen und festdrücken. Auf ein zweites mit Backpapier belegtes Backblech legen. Mit Ei bestreichen und mit etwas Oregano bestreuen. Im heißen Backofen bei gleicher Temperatur ca. 20 Minuten backen. Die Blätterteigtaschen schmecken warm und kalt.

**ZUBEREITUNGSZEIT** ca. 1 ¼ Std.
**STÜCK** ca. 240 kcal
E 6 g · F 16 g · KH 16 g

## Hackbrötchen mit Röstzwiebeln

ZUTATEN FÜR 16 STÜCK

- 1 kg gemischtes Hack
- 75 g fertige Röstzwiebeln
- 2 TL + etwas Edelsüßpaprika
- Salz ♥ Pfeffer
- 1 Packung (ca. 530 g; 8 Stück) Weizenbrötchen zum Fertigbacken
- 200 g geriebener Emmentaler
- Backpapier

1 Hack, Röstzwiebeln und 2 TL Paprika verkneten. Mit Salz und Pfeffer würzen. Jedes Brötchen aufschneiden. Hackmasse auf die Brötchenhälften verteilen und etwas andrücken.

2 Brötchen auf zwei mit Backpapier ausgelegte Bleche setzen. Käse darüberstreuen und mit etwas Paprika bestäuben. Nacheinander im vorgeheizten Ofen (E-Herd: 200 °C/Umluft: 175 °C/Gas: s. Hersteller) ca. 20 Minuten backen. Dazu schmeckt Tomaten-Paprika-Dip (s. unten).

**ZUBEREITUNGSZEIT** ca. 50 Min.
**STÜCK** ca. 330 kcal
E 19 g · F 19 g · KH 19 g

### VARIATIONEN

*Wer möchte, kann unter die Hackmasse noch 1 fein gewürfelte Paprikaschote oder 1 Päckchen gemischte TK-Kräuter kneten.*

*Sie können auch die Hälfte Käse unters Hackfleisch mischen und nur den Rest über die Brötchen streuen.*

## Lauchkuchen vom Blech

ZUTATEN FÜR CA. 16 STÜCKE

- 3–4 Stangen Porree (ca. 850 g)
- 250 g gekochter Schinken in Scheiben
- 10 EL Öl ♥ Salz ♥ Pfeffer
- 250 g Magerquark ♥ 6 Eier (Gr. M)
- 8 EL Milch ♥ 500 g Mehl
- 1 Päckchen Backpulver
- Mehl für die Arbeitsfläche
- Fett und Mehl für die Fettpfanne
- 350 g Doppelrahmfrischkäse
- 200 g Schmand ♥ Muskat
- 250 g geriebener Gouda

1 Porree putzen, waschen und in Ringe schneiden. Schinken in Würfel schneiden. Porree in 2 EL heißem Öl in 2 Portionen glasig andünsten. Schinken zufügen, kurz mit andünsten. Mit Salz und Pfeffer würzen. Abkühlen lassen.

2 Quark, 1 Ei, Milch, 8 EL Öl und 1 TL Salz verrühren. Mehl und Backpulver mischen, unter die Quarkmasse kneten. Teig auf etwas Mehl in Größe der Fettpfanne (ca. 32 x 39 cm) ausrollen. Dann in die gefettete, mit Mehl ausgestäubte Fettpfanne legen, Rand etwas hochdrücken. Porreemischung darauf verteilen.

3 Frischkäse und Schmand glatt rühren. Nacheinander 5 Eier unterrühren. Mit Salz, Pfeffer und Muskat würzen. Schmandguss über den Porree gießen. Alles gleichmäßig mit Käse bestreuen.

4 Im vorgeheizten Backofen (E-Herd: 200 °C/Umluft: 175 °C/Gas: s. Hersteller) ca. 30 Minuten backen. Kuchen in Tortenstücke schneiden. Schmecken warm und kalt. Dazu schmeckt Sour Cream oder Kräuterquark.

**ZUBEREITUNGSZEIT** ca. 1 ¼ Std.
**STÜCK** ca. 400 kcal · E 18 g · F 24 g · KH 25 g

## Schneller Tomaten-Paprika-Dip

Je **1 kleine Zwiebel** und **Knoblauchzehe** schälen und hacken. **1 grüne Peperoni** putzen, waschen und hacken. **150 g geröstete Paprika (Glas)** würfeln und alles mit **1 Dose (425 ml) stückigen Tomaten** verrühren. **1 EL Olivenöl** unterrühren. Dip mit **Salz, Zucker** und **1–2 EL Balsamico-Essig** abschmecken.

## Mascarpone-Beeren-Dessert

ZUTATEN FÜR 6–8 PERSONEN

- 75 g + 75 g Zucker
- 2 Päckchen Vanillezucker
- 600 ml roter Fruchtsaft (z. B. Kirsch- oder Traubensaft)
- 900 g–1 kg TK-gemischte-Beeren
- 50 g Speisestärke
- 50 g Vollmilchschokolade
- 300 g Schlagsahne
- 500 g Mascarpone
- 500 g Speisequark

1 75 g Zucker, 1 Päckchen Vanillezucker, ½ l Fruchtsaft und Hälfte Beeren aufkochen. Stärke und Rest Saft verrühren und in die kochende Fruchtmischung rühren. Aufkochen und 3 Minuten unter Rühren köcheln. Rest Beeren unterheben. Kompott auskühlen lassen, ab und zu umrühren.

2 Von der Schokolade mit einem Sparschäler kleine Röllchen abziehen. Sahne steif schlagen. Mascarpone, Quark, 75 g Zucker und 1 Päckchen Vanillezucker verrühren. Sahne unterheben.

3 Beerenkompott und Mascarponecreme in eine große Dessertschüssel schichten, dabei mit Creme abschließen. Mit Schokoröllchen verzieren.

ZUBEREITUNGSZEIT ca. 25 Min. + Wartezeit ca. 2 Std.
PORTION ca. 650 kcal
E 13 g · F 38 g · KH 60 g

### Noch schneller geht's

*Wenn's richtig schnell gehen soll, können Sie fertige rote Grütze (Kühlregal) verwenden. Lecker schmeckt auch Apfelkompott. Statt mit Schokoröllchen dann mit zerbröckelten Baiserschalen oder Keksen verzieren.*

## Brandy Bloom Smash

ZUTATEN FÜR 6–8 GLÄSER

**4 Bio-Zitronen** in Stücke schneiden, mit jeweils **1 Stiel Minze** in sechs bis acht Gläser verteilen. Mit einem Stößel kräftig zerdrücken. Je **5 cl Weinbrand, 2 cl Holunderblütensirup** und **1–2 cl Zuckersirup** mit ins Glas geben. Mit **Eiswürfeln** auffüllen und alles gründlich verrühren.

## Pommegranat Ginger Lemonade

ZUTATEN FÜR 6–8 GLÄSER

In sechs bis acht Gläser je **8 cl Granatapfelsaft, 2 cl Limettensaft, 1 cl Zuckersirup** und **Eiswürfel** verteilen und kräftig verrühren. Mit **1 l** gut gekühltem **Ginger-Ale** auffüllen und mit **Bio-Limettenscheiben und -schale** verzieren.

## Prime Thyme

ZUTATEN FÜR 6–8 GLÄSER

**6–8 Zweige Thymian** waschen und gut trocken schütteln. In sechs bis acht Sektgläser je **2 cl Licor 43** (spanischer Vanillelikör), **1 cl Holunderblütensirup** und 1 Zweig Thymian verteilen. Kurz vorm Servieren mit **eisgekühltem Sekt** auffüllen.

*Tipp* **Je nach Anlass können Sie auch Prosecco oder Champagner nehmen.**

# Partysuppen

Eine Suppe sollte auf keiner Party fehlen! Hier finden Sie Rezepte, die leicht gelingen und sich gut vorbereiten lassen

Mexikanischer Partytopf

Brokkolicremesuppe

*Beide Suppen können Sie schon am Vortag kochen*

## Mexikanischer Partytopf

ZUTATEN FÜR 8–10 PERSONEN

- je 1 Dose (à 425 ml) Mais und Kidneybohnen
- 2 kg gemischtes Gulasch
- 1 große Gemüsezwiebel
- 2–3 Knoblauchzehen
- 2 grüne Paprikaschoten
- 6 EL Öl • Salz
- 3 TL Mexiko-Gewürzmischung oder je 1 TL Kreuzkümmel, Cayennepfeffer und Edelsüßpaprika
- 2 EL Tomatenmark
- 2 EL Mehl • 3–4 EL Brühe (instant)
- 4–5 Weizentortillas
- 200 g Schmand • 200 g geriebener Gouda
- Backpapier

1 Mais und Bohnen abspülen und abtropfen lassen. Fleisch eventuell etwas kleiner würfeln. Zwiebel und Knoblauch schälen, hacken. Paprika putzen, waschen und würfeln.

2 Öl in einem großen Bräter mit Deckel erhitzen. Fleisch darin portionsweise kräftig anbraten. Gesamtes Fleisch wieder in den Bräter geben. Zwiebel und Knoblauch zufügen und mit anbraten. Mit Salz und Gewürzmischung würzen. Tomatenmark und Mehl zufügen, kurz mit anschwitzen.

3 Nach und nach 2 l Wasser und Brühe einrühren, aufkochen. Mais und Bohnen zufügen. Zugedeckt im vorgeheizten Backofen (E-Herd: 175 °C/Umluft: 150 °C/Gas: s. Hersteller) 1 ½–1 ¾ Stunden schmoren.

4 Inzwischen Tortillas dünn mit Schmand bestreichen und mit Käse bestreuen. Fest aufrollen und mit der Naht nach unten auf ein mit Backpapier ausgelegtes Backblech legen.

5 Bräter auf dem Herd warm stellen. Wraps im heißen Ofen bei gleicher Temperatur 8–10 Minuten backen. Partytopf nochmals abschmecken. Tortillarollen durchschneiden und dazu reichen. Dazu schmeckt Schmand.

ZUBEREITUNGSZEIT ca. 2 ½ Std.
PORTION ca. 550 kcal
E 56 g · F 21 g · KH 31 g

## Brokkolicremesuppe mit Extra-Einlagen

ZUTATEN FÜR 8–10 PERSONEN

- 1,5 kg Brokkoli
- 3 Zwiebeln
- 1 kg Kartoffeln • 4 EL Öl
- 3 EL Gemüsebrühe (instant)
- 4 Eier • 75 g Kernemix
- 400 g Schweinemett
- 200 g geräucherter Lachs in Scheiben
- ½ Bund Petersilie
- 200 g Schlagsahne
- Salz • Pfeffer • Zucker

1 FÜR DIE SUPPE Brokkoli putzen, waschen und in Röschen teilen. Dicke Stiele schälen und klein schneiden. Zwiebeln und Kartoffeln schälen, Kartoffeln waschen. Beides grob würfeln.

2 3 EL Öl in einem großen Topf erhitzen. Zwiebeln darin andünsten. ½ l Wasser angießen, aufkochen. Zunächst ca. 250 g kleine Brokkoliröschen darin für die Einlage ca. 3 Minuten garen. Herausheben, abtropfen lassen, beiseitestellen. Kartoffeln, 2 ½ l Wasser und Brühe in den Topf geben, aufkochen und zugedeckt 20–25 Minuten garen. Rest Brokkoli nach 10 Minuten zufügen und mitgaren.

3 FÜR DIE EINLAGE Eier hart kochen. Abschrecken. Kerne in einer Pfanne goldbraun rösten und auskühlen lassen. Aus dem Mett kleine Klößchen formen und in 1 EL heißem Öl ca. 5 Minuten braten. Lachs in Streifen schneiden. Petersilie waschen, Blättchen abzupfen und hacken. Eier schälen und würfeln bzw. hacken.

4 Suppe pürieren und Sahne einrühren. Suppe abschmecken und mit Petersilie bestreuen. Eier, Lachs, Klößchen, Brokkoli und Kerne dazu reichen.

ZUBEREITUNGSZEIT ca. 1 ½ Std.
PORTION ca. 430 kcal
E 23 g · F 28 g · KH 19 g

### WARM HALTEN

*Suppen fürs Partybuffet lassen sich am einfachsten in der Küche auf dem Herd warm halten. Aber nur auf der kleinsten Stufe – damit nichts ansetzt!*

## Kartoffel-Rucola-Suppe

ZUTATEN FÜR 8 PERSONEN

- 1 Zwiebel
- 1 kleines Bund Suppengrün
- 1 kg Kartoffeln
- 4 Scheiben Frühstücksspeck
- 2 EL Öl
- 3 EL Gemüsebrühe (instant)
- 150 g Rucola
- 150 g Crème fraîche
- Salz ♥ Pfeffer ♥ Muskat

1 Zwiebel, Suppengrün und Kartoffeln schälen bzw. putzen und waschen. Alles klein schneiden.

2 Speck halbieren und im heißen Öl knusprig braten. Herausnehmen. Zwiebel, Gemüse und Kartoffeln im heißen Speckfett andünsten. 2 l Wasser und Brühe einrühren, aufkochen. Zugedeckt ca. 20 Minuten köcheln.

3 Rucola putzen, waschen und grob hacken. In die Suppe rühren und alles fein pürieren. Mit Crème fraîche verfeinern und mit Salz, Pfeffer und Muskat abschmecken. Suppe mit Knusperspeck anrichten.

ZUBEREITUNGSZEIT ca. 1 ¼ Std.
PORTION ca. 190 kcal
E 4 g · F 10 g · KH 19 g

## Krebssuppe mit Sahnehäubchen

ZUTATEN FÜR 6–8 PERSONEN

- 1 Zwiebel ♥ 2 EL Butter
- 2 leicht gehäufte EL Mehl
- 2 TL Gemüsebrühe (instant)
- 2 Würfel (à 50 g) Krebspaste oder Hummerpaste
- 4 EL Noilly Prat (französischer Wermut) oder Sherry
- Salz ♥ Pfeffer ♥ 1–2 EL Zitronensaft
- 200 g Schlagsahne ♥ 2 Stiele Dill
- 200 g Nordseekrabbenfleisch

1 Zwiebel schälen und fein hacken. In heißer Butter glasig dünsten. Mehl zufügen und hell anschwitzen. 1 l Wasser und Brühe einrühren, aufkochen und ca. 5 Minuten köcheln.

2 Krebspaste und Noilly Prat in die Suppe rühren und weitere ca. 5 Minuten köcheln. Mit Salz, Pfeffer und Zitronensaft abschmecken. Sahne leicht anschlagen. Dill waschen und fein schneiden. Suppe mit Sahne, Krabben und Dill anrichten.

ZUBEREITUNGSZEIT ca. 25 Min.
PORTION ca. 120 kcal
E 3 g · F 9 g · KH 5 g

*Alle Rezepte eignen sich ideal als Snack oder Vorspeise*

## Schnelle Geflügelcremesuppe

ZUTATEN FÜR 8 PERSONEN

- 1 Zwiebel ♥ Salz ♥ Pfeffer
- 1 Lorbeerblatt ♥ 1–2 Gewürznelken
- 600 g Hähnchenfilet
- 500 g weißer Spargel
- 250 g kleine Champignons
- 4 EL Butter ♥ 2 EL Mehl
- ⅛ l Weißwein ♥ 150 g Schlagsahne
- 100 g TK-Erbsen
- etwas Zitronensaft

1 Zwiebel schälen. Mit 1 ½ l Wasser, Salz, Pfeffer, Lorbeer und Nelken aufkochen. Fleisch waschen und im kochenden Wasser zugedeckt ca. 20 Minuten köcheln.

2 Spargel waschen, schälen, holzige Enden abschneiden. Spargel in Scheiben schneiden. Pilze putzen, waschen und halbieren oder vierteln. Fleisch aus der Brühe heben, Brühe durchsieben, beiseitestellen. Pilze in 2 EL heißer Butter anbraten, würzen, herausnehmen.

3 2 EL Butter im Topf erhitzen und Mehl darin hell anschwitzen. Brühe, Wein und Sahne einrühren und aufkochen. Spargel und Erbsen darin ca. 5 Minuten garen. Soße mit Salz, Pfeffer und Zitronensaft abschmecken. Fleisch würfeln und mit den Pilzen in der Soße erhitzen. Dazu passen Blätterteig-Fleurons (s. Seite 46).

ZUBEREITUNGSZEIT ca. 1 ¼ Std.
PORTION ca. 180 kcal
E 16 g · F 9 g · KH 5 g

Krebssuppe

Kartoffel-
Rucola-Suppe
Schnelle Geflügelcremesuppe

# Griechische Ofensuppe mit Feta

ZUTATEN FÜR 8 PERSONEN

- 1 Gemüsezwiebel
- 4 Knoblauchzehen ♥ 500 g Möhren
- 1,2 kg magerer Schweinenacken
- 6 Stiele Thymian
- 3 EL Öl ♥ Salz ♥ Pfeffer
- 2 EL Tomatenmark
- 2 EL Gemüsebrühe (instant)
- 3 Pimentkörner
- 1 Dose (850 ml) Tomaten
- 1 Dose (850 ml) weiße Bohnenkerne
- 4 Scheiben kräftiges Graubrot
- 4 EL Butter ♥ 200 g Feta

1 Zwiebel und Knoblauch schälen, hacken. Möhren schälen, waschen und klein würfeln. Fleisch waschen, trocken tupfen und in kleine Würfel schneiden. Thymian waschen, Blättchen abzupfen.

2 Öl in einem Schmortopf erhitzen. Fleisch darin portionsweise rundherum kräftig anbraten. Mit Salz und Pfeffer würzen. Zwiebel, Hälfte Knoblauch, Möhren und Thymian kurz mitbraten. Gesamtes Fleisch wieder in den Topf geben und Tomatenmark einrühren. 1 ½ l Wasser, Brühe, Piment und Tomaten samt Saft zufügen, aufkochen. Tomaten mit dem Pfannenwender etwas zerdrücken. Bohnen abspülen und zugeben. Suppe zugedeckt im vorgeheizten Ofen (E-Herd: 200 °C/ Umluft: 175 °C/Gas: s. Hersteller) ca. 1 ¾ Stunden schmoren.

3 Brot in Rauten schneiden. Butter in einer Pfanne erhitzen. Brot darin knusprig braten. Rest Knoblauch kurz mitbraten. Mit Salz würzen. Ofensuppe mit Salz und Pfeffer abschmecken. Feta zerbröckeln und darüberstreuen. Croûtons dazu reichen.

**ZUBEREITUNGSZEIT** ca. 2 ½ Std.
**PORTION** ca. 670 kcal
E 56 g · F 31 g · KH 36 g

## Zwiebelsuppe mit Mettcroûtons

ZUTATEN FÜR 8 PERSONEN

- 1,25 kg Zwiebeln
- 5–6 Stiele Thymian
- 4 EL Butter
- 300 ml Weißwein ♥ 3 EL Brühe (instant)
- Pfeffer ♥ Salz ♥ Zucker
- 8 Scheiben Baguette
- 250 g Schweinemett
- ca. 80 g geriebener Käse (z. B. Gouda)

**1** Zwiebeln schälen, evtl. halbieren und in feine Ringe schneiden oder hobeln. Thymian waschen, trocken schütteln und die Blättchen abzupfen.

**2** 2 EL Butter erhitzen. Zwiebeln darin andünsten. Mit Wein und 2 l Wasser ablöschen, aufkochen. Mit Brühe, Hälfte Thymian und Pfeffer würzen. Zugedeckt ca. 20 Minuten köcheln.

**3** Baguette mit Mett bestreichen, leicht andrücken. Im restlichen heißen Fett erst die Mettseite, dann die Brotseite anbraten. Herausnehmen.

**4** Suppe mit Salz, Pfeffer und 1 Prise Zucker abschmecken. In ofenfeste Suppentassen verteilen. Mettcroûtons darauflegen. Mit Käse und übrigem Thymian bestreuen. Unter dem heißen Backofengrill oder bei höchster Hitze ca. 3 Minuten überbacken.

ZUBEREITUNGSZEIT ca. 1 Std.
PORTION ca. 330 kcal
E 15 g · F 19 g · KH 16 g

### KEINE OFENFESTEN SUPPENTASSEN?

*Wenn Ihre Suppentassen den Backofengrill nicht aushalten: Brot auf ein mit Backpapier ausgelegtes Backblech legen, mit Käse bestreuen und im heißen Ofen überbacken. Suppe anrichten und Brote daraufsetzen.*

# Kürbiscurrytopf

ZUTATEN FÜR 6 PERSONEN

- 1 Zwiebel
- 1 Bund Suppengrün
- 1 Hähnchenbrust (mit Haut und Knochen)
- Salz • Pfeffer • 1–2 Lorbeerblätter
- 5 Pfefferkörner
- 1 kg Hokkaidokürbis
- 1 Stange Porree
- 2 EL Öl • 1 EL Curry
- 1 Dose (400 ml) Kokosmilch

1 Zwiebel schälen und halbieren. Suppengrün putzen bzw. schälen, waschen und klein schneiden. Hähnchenbrust waschen. Suppengrün, Zwiebel, Hähnchenbrust, ½ TL Salz, Lorbeer und Pfefferkörner mit ca. 1 ½ l Wasser in einem Topf aufkochen und ca. 40 Minuten köcheln. Den entstehenden Schaum abschöpfen.

2 Kürbis gut waschen, vierteln, entkernen und mit Schale würfeln. Porree putzen, waschen und in Ringe schneiden. Hähnchenbrust aus der Brühe nehmen. Brühe durch ein Sieb gießen und auffangen. Öl in einem großen Topf erhitzen. Porree und Kürbis darin unter Rühren ca. 3 Minuten andünsten. Mit Curry bestäuben, Brühe und Kokosmilch angießen, aufkochen und ca. 15 Minuten köcheln.

3 Fleisch von Haut und Knochen lösen und in Würfel schneiden. Fleisch in der Suppe erhitzen. Kürbistopf nochmals mit Salz und Pfeffer abschmecken.

ZUBEREITUNGSZEIT ca. 1 ¼ Std.
PORTION ca. 370 kcal
E 22 g · F 22 g · KH 18 g

## Steckrübensuppe mit Croûtons

ZUTATEN FÜR 6 PERSONEN

- 1 kleine rote Chilischote
- 2 Zwiebeln
- 1 Steckrübe (ca. 1,2 kg)
- 3 Kartoffeln (ca. 200 g)
- 1 Stange Porree
- 3–5 EL Butter
- Salz • Pfeffer
- 2 EL Gemüsebrühe (instant)
- 4 Scheiben (ca. 200 g) Graubrot
- 100 g Schlagsahne

**1** Chili halbieren, entkernen, waschen und in feine Streifen schneiden. Zwiebeln schälen, hacken. Steckrübe, Kartoffeln und Porree schälen bzw. putzen und waschen. Porree halbieren und die grüne Hälfte beiseitelegen. Steckrübe, Kartoffeln und die weiße Hälfte Porree in Stücke schneiden.

**2** Zwiebeln, Chili, Porree, Kartoffeln und Steckrübe in 2 EL heißer Butter ca. 5 Minuten andünsten und würzen. 1 ½ l Wasser und Brühe einrühren. Aufkochen und zugedeckt ca. 25 Minuten köcheln.

**3** Übrigen Porree in Ringe schneiden. Brot würfeln. 2–3 EL Butter erhitzen. Brot darin rundherum knusprig rösten. Mit Salz und Pfeffer würzen.

**4** Suppe fein pürieren. Sahne und Porree zufügen. Alles weitere 2–3 Minuten köcheln und nochmals abschmecken. Suppe mit Croûtons anrichten.

ZUBEREITUNGSZEIT ca. 40 Min.
PORTION ca. 260 kcal
E 5 g · F 13 g · KH 29 g

# Tomatensuppe mit Parmesanlöffeln

ZUTATEN FÜR 8–10 PERSONEN

FÜR DIE PARMESANLÖFFEL

- 150 g Parmesan (Stück)
- 125 g + etwas Mehl ▾ 1 Msp. Backpulver
- 1 Ei + 1 Eigelb (Gr. M)
- 125 g kalte Butter
- 1 EL Schlagsahne (evtl. bei den Zutaten der Suppe abnehmen)
- Backpapier

FÜR DIE TOMATENSUPPE

- 2 Möhren ▾ 75 g getrocknete Softtomaten
- 1 Zwiebel ▾ 3 EL Olivenöl ▾ Salz ▾ Pfeffer
- 2 EL Tomatenmark
- 1 Dose (850 ml) Tomaten ▾ ½ l Tomatensaft
- 3 TL Gemüsebrühe (instant)
- 3 Stiele Basilikum ▾ 200 g Schlagsahne
- 3–4 EL Gin ▾ Zucker

**1** FÜR DIE PARMESANLÖFFEL Käse reiben. 125 g Mehl und Backpulver mischen. Käse (bis auf 3 EL), 1 Ei und Butter in Stückchen zufügen. Alles zum glatten Teig verkneten. Zugedeckt ca. 30 Minuten kalt stellen.

**2** Teig auf etwas Mehl ca. 3 mm dick ausrollen. Ca. 60 Löffel ausstechen (oder Teig in Streifen schneiden). Auf zwei bis drei mit Backpapier ausgelegte Backbleche legen. Eigelb und Sahne verquirlen. Teig damit bestreichen. Mit Rest Parmesan bestreuen. Im vorgeheizten Ofen (E-Herd: 200 °C/Umluft: 175 °C/Gas: s. Hersteller) ca. 8 Minuten goldbraun backen. Auskühlen lassen.

**3** FÜR DIE TOMATENSUPPE Möhren schälen, waschen und würfeln. Getrocknete Tomaten abtropfen lassen und in grobe Stücke schneiden. Zwiebel schälen, würfeln. Alles im heißen Öl andünsten. Mit Salz und Pfeffer würzen. Tomatenmark mit anschwitzen. Dosentomaten samt Saft, Tomatensaft und ¾ l Wasser angießen. Alles aufkochen, Brühe zufügen und zugedeckt ca. 15 Minuten köcheln.

**4** Basilikum waschen, Blättchen abzupfen, in Streifen schneiden. Sahne halbsteif schlagen, mit Gin verfeinern. Kalt stellen. Suppe pürieren und mit Salz, Pfeffer und etwas Zucker abschmecken. Mit Ginsahne und Basilikum anrichten. Parmesanlöffel dazu reichen.

ZUBEREITUNGSZEIT ca. 1 ½ Std. + Wartezeit
PORTION ca. 370 kcal
E 11 g · F 27 g · KH 16 g

# Mediterrane Hähnchensuppe

ZUTATEN FÜR 8 PERSONEN

- 1 küchenfertiges Suppenhuhn (ca. 1,5 kg)
- 1 Bund Suppengrün
- 1 Zwiebel • Salz
- 1–2 Lorbeerblätter
- 2 Wacholderbeeren
- 250 g Nudeln (z. B. Hörnchen)
- 500 g Möhren
- 500 g grüne Bohnen
- 100 g getrocknete Softtomaten
- 1 Dose (425 ml) weiße Bohnenkerne
- 4–5 Stiele glatte Petersilie
- 1–2 EL Zitronensaft
- Cayennepfeffer

1 Hähnchen waschen. Suppengrün putzen bzw. schälen, waschen, klein schneiden. Zwiebel schälen und grob würfeln. Hähnchen, Suppengrün, Zwiebel und ca. 3 l Wasser in einen Topf geben. Ca. 1 TL Salz, Lorbeer und Wacholder zufügen, aufkochen und zugedeckt ca. 1 Stunde köcheln. Den dabei entstehenden Schaum abschöpfen. Dann Huhn herausheben und abkühlen lassen. Brühe durchsieben.

2 Nudeln in kochendem Salzwasser nach Packungsanweisung garen. Möhren schälen, waschen und in Scheiben schneiden. Grüne Bohnen putzen, waschen und in Stücke schneiden. Tomaten in Streifen schneiden. Das Gemüse in der Brühe ca. 10 Minuten garen. Nudeln abgießen.

3 Weiße Bohnen abspülen. Petersilie waschen, hacken. Hähnchenfleisch von Haut und Knochen lösen. Fleisch klein schneiden. Nudeln, Fleisch und weiße Bohnen in der Suppe erhitzen. Alles mit Salz, Cayennepfeffer und Zitronensaft abschmecken. Suppe mit Petersilie bestreuen und anrichten.

ZUBEREITUNGSZEIT ca. 1 ¾ Std.
PORTION ca. 400 kcal
E 33 g · F 7 g · KH 49 g

# Blumenkohl-Kokossuppe

ZUTATEN FÜR 8–10 PERSONEN
- 1 großer Blumenkohl (ca. 2 kg)
- 2 Zwiebeln ♥ 1 Knoblauchzehe
- 1 Stück (ca. 3 cm) Ingwer
- 750 g Putenschnitzel ♥ 3 EL Öl
- Salz ♥ Rosenpaprika ♥ Pfeffer
- 2–3 EL Sesam
- 2 Dosen (à 400 ml) ungesüßte Kokosmilch
- 2 EL Brühe (instant)
- 1 Beet Kresse (z. B. rote Daikonkresse)

1 Blumenkohl putzen, waschen und in Röschen teilen. Zwiebeln, Knoblauch und Ingwer schälen, würfeln. Schnitzel waschen, trocken tupfen und in Streifen schneiden.

2 2 EL Öl in einem großen Topf erhitzen. Fleisch darin in 2 Portionen goldbraun anbraten. Mit Salz, Paprika und Pfeffer würzen, mit Sesam bestreuen. Kurz anrösten und alles herausnehmen.

3 1 EL Öl im Bratfett erhitzen. Zwiebeln, Knoblauch und Ingwer darin kurz andünsten. Blumenkohl zufügen. 1 l Wasser, Kokosmilch und Brühe einrühren, aufkochen. Zugedeckt ca. 15 Minuten köcheln.

4 Kresse abspülen. Suppe, bis auf einige Blumenkohlröschen, pürieren und abschmecken. Suppe mit Fleisch und Blumenkohlröschen anrichten. Mit Kresse bestreuen.

ZUBEREITUNGSZEIT ca. 35 Min.
PORTION ca. 290 kcal
E 21 g · F 19 g · KH 7 g

## Bohnensuppe mit Mettenden

ZUTATEN FÜR 8 PERSONEN

- 6 Mettenden (ca. 600 g) oder Kabanossi
- 500 g Möhren
- 2 Stangen Porree • 2 Zwiebeln
- 600 g Kartoffeln • 2 EL Öl
- Chiliflocken • Salz
- 1 EL Gemüsebrühe (instant)
- 1 Dose (850 ml) weiße Bohnenkerne
- 1 Dose (850 ml) Tomaten
- 1 TL getrockneter Oregano • Pfeffer

1 Wurst in Scheiben schneiden. Möhren schälen, waschen und in Scheiben schneiden. Porree putzen, waschen und in Ringe schneiden. Zwiebeln schälen und würfeln. Kartoffeln schälen, waschen und in Würfel schneiden.

2 Öl in einem Topf erhitzen. Wurst und Zwiebeln darin ca. 3 Minuten andünsten. Möhren, Porree und Kartoffeln zufügen. Mit ¼ TL Chiliflocken und Salz würzen. 1 ¼ l Wasser zufügen, aufkochen und Brühe einrühren. Suppe zugedeckt ca. 20 Minuten köcheln.

3 Bohnen abspülen und abtropfen lassen. Tomaten, Bohnen und Oregano in die Suppe geben. Tomaten mit einem Pfannenwender etwas zerdrücken. Alles nochmals aufkochen und weitere ca. 15 Minuten köcheln. Suppe nochmals mit Salz, Pfeffer und Oregano abschmecken.

ZUBEREITUNGSZEIT ca. 50 Min.
PORTION ca. 610 kcal
E 31 g · F 33 g · KH 39 g

### Partysuppen

*... können Sie fast alle schon am Vortag kochen. Nur die Einlagen, Sahnehauben, frischen Kräuter oder Croûtons erst kurz vor dem Servieren zufügen. Suppen nur bei schwacher bis mittlerer Hitze wieder erwärmen und dabei öfter umrühren, damit sie nicht ansetzen.*

*Bereiten Sie für größere Runden ruhig zwei oder drei Suppen zu. Wenn Sie nicht genügend Suppentassen haben, mixen Sie bunt: Auch aus Müslischalen, großen Tassen und Bechern lassen sich Suppen gut löffeln. Freunde oder Nachbarn helfen bestimmt gern mit Geschirr aus.*

# Einladung zur Teestunde

**Der perfekte Nachmittag im englischen Stil: ein liebevoll gedeckter Tisch, ein Plausch mit Freundinnen und dazu köstliche Sandwiches, eine herzhafte Pie und süße Kleinigkeiten**

## Roastbeef-Sandwiches

ZUTATEN FÜR 24 STÜCKE

- 150 g Rucola
- 300 g Crème fraîche
- 1–2 TL Wasabi (japanischer grüner Meerrettich; Tube)
- 12 Scheiben Sandwichbrot
- 250 g Roastbeefaufschnitt in dünnen Scheiben
- Holzspießchen

1 Rucola putzen, waschen und sehr gut abtropfen lassen. Etwas zum Garnieren beiseitelegen. Crème fraîche und Wasabi verrühren. Brot entrinden und mit der Wasabicreme bestreichen.

2 Auf 6 Brotscheiben Rucola und Roastbeef schichten. Übriges Brot darauflegen und leicht andrücken. Scheiben vierteln und nach Belieben mit Spießchen zusammenstecken. Mit Rucola garnieren.

ZUBEREITUNGSZEIT ca. 15 Min.
STÜCK ca. 100 kcal
E 4 g · F 5 g · KH 10 g

## Eier-Sandwiches

ZUTATEN FÜR 12 STÜCKE

- 9 Eier • 150 g Salatmayonnaise
- Salz • Pfeffer
- 1 Bund Radieschen • 1 Beet Kresse
- 12 Scheiben Sandwichbrot (mit Vollkorn)
- 50–100 g Sardellenpaste (Tube)

1 Eier hart kochen. Abschrecken, schälen und auskühlen lassen. Eier hacken und mit Mayonnaise verrühren. Mit Salz und Pfeffer abschmecken.

2 Radieschen putzen, waschen und in dünne Scheiben schneiden oder hobeln. Kresse waschen und vom Beet schneiden. Brotscheiben entrinden und mit Sardellenpaste bestreichen. Eiersalat auf 6 Scheiben verteilen. Radieschen und etwas Kresse darauf verteilen. Übrige Brotscheiben darauflegen, leicht andrücken. Sandwiches halbieren und mit Rest Kresse bestreuen.

ZUBEREITUNGSZEIT ca. 35 Min. + Wartezeit ca. 30 Min.
STÜCK ca. 240 kcal
E 11 g · F 14 g · KH 16 g

## Gurken-Sandwiches

ZUTATEN FÜR 12 STÜCKE

- 2 Salatgurken • Salz • Pfeffer
- 100 g weiche Butter • 75 g flüssiger Honig
- 300 g Cheddarkäse (z. B. heller)
- 12 Scheiben Sandwichbrot (mit Vollkorn)
- 2 Stiele glatte Petersilie

1 Gurken putzen, schälen, längs halbieren und entkernen. Gurken in dünne Scheiben schneiden oder hobeln und mit 1 TL Salz und etwas Pfeffer mischen. Ca. 20 Minuten ziehen lassen. Gurken gut abtropfen lassen und etwas ausdrücken.

2 Butter und Honig verrühren. Käse grob raspeln. Brotscheiben entrinden und dünn mit Honigbutter bestreichen. Auf 6 Brotscheiben Gurken und Käse verteilen. Übrige Scheiben darauflegen und leicht andrücken. Sandwiches diagonal halbieren. Petersilie waschen und fein schneiden. Über die Sandwiches streuen.

ZUBEREITUNGSZEIT ca. 30 Min. + Wartezeit
STÜCK ca. 270 kcal
E 10 g · F 16 g · KH 20 g

## Lachs-Sandwichröllchen

ZUTATEN FÜR 18 STÜCKE

- 1 Bund Dill • 300 g Doppelrahmfrischkäse
- Pfeffer • Salz • 6 Scheiben Sandwichbrot
- 200 g Räucherlachs in Scheiben
- Backpapier • Frischhaltefolie

1 Dill waschen und einige Fähnchen beiseitelegen. Rest Dill fein schneiden. Frischkäse und Dill verrühren. Mit Pfeffer und evtl. Salz abschmecken.

2 Brotscheiben entrinden und zwischen Backpapier mit einer Teigrolle vorsichtig etwas dünner rollen. Frischkäse auf den Scheiben verstreichen und Lachs darauflegen. Brote aufrollen, in Folie wickeln und mindestens 1 Stunde kalt stellen. Zum Servieren jede Rolle in 3 Stücke schneiden und mit Dill garnieren.

ZUBEREITUNGSZEIT ca. 20 Min. + Wartezeit mind. 1 Std.
STÜCK ca. 110 kcal
E 5 g · F 7 g · KH 6 g

Knackiger Salat
Geflügel-Pie
Medaillons

## Geflügel-Pie

ZUTATEN FÜR 6 PERSONEN

- 175 g + 2 EL + etwas Mehl
- 100 g Schweineschmalz ♥ Salz
- 750 g Hähnchenfilet
- 1 große Stange Porree
- 1 mittelgroße Zwiebel ♥ 1 Knoblauchzehe
- 250 g kleine Champignons
- 6 Stiele Thymian
- 3 EL Öl ♥ 250 g Schlagsahne
- 1 TL Hühnerbrühe (instant) ♥ Pfeffer
- Fett für die Form
- 1 Ei ♥ 2 EL Milch ♥ Frischhaltefolie

1 FÜR DEN TEIG 175 g Mehl, Schmalz in Stückchen, ½ TL Salz und 4 EL kaltes Wasser zum glatten Teig verkneten. In Folie wickeln, ca. 1 Stunde kalt stellen.

2 FÜR DAS RAGOUT Fleisch waschen, trocken tupfen und würfeln. Porree putzen, längs halbieren, waschen und fein schneiden. Zwiebel und Knoblauch schälen und fein würfeln. Pilze putzen, waschen und halbieren. Thymian waschen und die Blättchen abzupfen.

3 Öl in einer Pfanne erhitzen. Fleisch darin in 2 Portionen ca. 5 Minuten kräftig anbraten. Herausnehmen. Pilze im heißen Bratfett anbraten. Zwiebel, Knoblauch, Thymian und Porree kurz mitbraten. 2 EL Mehl darüberstäuben und hell anschwitzen. ¼ l Wasser und Sahne angießen, aufkochen und Brühe einrühren. Fleisch wieder zufügen und alles ca. 5 Minuten köcheln. Mit Salz und Pfeffer abschmecken. Ragout vom Herd nehmen, etwas abkühlen lassen.

4 Eine Pie-Form (ca. 24 cm Ø; ca. 1 l Inhalt) fetten. Ei und Milch verquirlen. Zum Verzieren ca. ⅕ vom Teig abnehmen. Restlichen Teig auf etwas Mehl rund (ca. 25 cm Ø) ausrollen und in der Mitte ein Loch (ca. 1,5 cm Ø) ausstechen. Hähnchenragout in die Form füllen. Rand der Form mit verquirltem Ei bestreichen. Teig vorsichtig darauflegen und rundherum festdrücken.

5 Übrigen Teig ausrollen und z. B. verschieden große Ringe ausstechen. Pie damit verzieren und mit verquirltem Ei bestreichen. Im vorgeheizten Backofen (E-Herd: 200 °C/Umluft: 175 °C/Gas: s. Hersteller) ca. 25 Minuten goldbraun backen.

ZUBEREITUNGSZEIT ca. 2 Std. + Wartezeit ca. 1 ¼ Std.
PORTION ca. 610 kcal
E 36 g · F 38 g · KH 27 g

## Medaillons in Spinat-Tomaten-Rahm

ZUTATEN FÜR 6 PERSONEN

- 1 Zwiebel ♥ 1 Knoblauchzehe
- 100 g junger Blattspinat
- 10 feine Zweige Rosmarin
- 2 Schweinefilets (ca. 800 g)
- 10 Scheiben Frühstücksspeck
- 2 EL Öl ♥ Salz ♥ Pfeffer
- 2 EL Tomatenmark
- 1 Dose (850 ml) Tomaten
- 100 g Schlagsahne ♥ Zucker
- evtl. Holzspießchen

1 Zwiebel und Knoblauch schälen, hacken. Spinat verlesen, waschen und gut abtropfen lassen. Rosmarin waschen, trocken schütteln. Fleisch waschen, trocken tupfen und in 10 Medaillons schneiden. Jeweils mit 1 Zweig Rosmarin umlegen und mit je 1 Speckscheibe umwickeln, evtl. feststecken.

2 Öl in einer großen Pfanne erhitzen. Fleisch darin (inkl. Speckrand) kräftig anbraten. Dann bei mittlerer Hitze ca. 6 Minuten braten. Mit Salz und Pfeffer würzen. Herausnehmen.

3 Zwiebel und Knoblauch im heißen Bratfett andünsten. Tomatenmark kurz mit anschwitzen. Tomaten samt Saft zufügen und mit einem Pfannenwender etwas zerkleinern. Sahne angießen. Mit Salz, Pfeffer und 1 Prise Zucker würzen. Alles ca. 10 Minuten köcheln.

4 Inzwischen Spinat in wenig kochendem Salzwasser kurz zusammenfallen lassen. Gut abtropfen lassen und unter die Tomatensahne mischen. Soße abschmecken.

5 Ca. ⅔ Spinat-Tomaten-Rahm in eine Auflaufform geben. Medaillons daraufsetzen und Rest Tomatenrahm auf dem Fleisch verteilen. Im vorgeheizten Backofen (E-Herd: 225 °C/Umluft: 200 °C/Gas: s. Hersteller) ca. 15 Minuten überbacken. Dazu passt Baguette.

ZUBEREITUNGSZEIT ca. 1 Std.
PORTION ca. 320 kcal
E 34 g · F 17 g · KH 5 g

*Für die Planung* *Fleisch und Tomatensoße können Sie gut vorbereiten (Schritt 1–3). Die Medaillons zugedeckt kühl stellen. Später die Tomatensoße vor Zugabe des Spinats erwärmen.*

## Knackiger Salat mit Apfel und Nüssen

ZUTATEN FÜR 6 PERSONEN

- 100 g Walnusskerne
- 1 mittelgroße Salatgurke
- 1 Bund Radieschen
- 250 g Kirschtomaten
- 1 Radicchio ♥ 1 Minirömersalat
- 1 großer Apfel
- 7 EL Apfelessig
- Salz ♥ Pfeffer ♥ Zucker
- 7 EL Öl (z. B. Sonnenblumenöl)

1 Nüsse grob hacken und in einer Pfanne ohne Fett anrösten. Herausnehmen und auskühlen lassen.

2 Gurke putzen und schälen. Radieschen putzen und waschen. Beides in dünne Scheiben schneiden oder hobeln. Tomaten waschen und halbieren. Salate putzen und waschen. Halbieren und in dünne Streifen schneiden. Apfel waschen, entkernen und in dünne Spalten schneiden.

3 Essig, Salz, Pfeffer und etwas Zucker verquirlen. Öl darunterschlagen. Vorbereitete Salatzutaten und Vinaigrette mischen, nur kurz durchziehen lassen.

ZUBEREITUNGSZEIT ca. 40 Min.
PORTION ca. 260 kcal
E 4 g · F 23 g · KH 8 g

**VARIATION**

*Anstatt mit Walnüssen schmeckt der Salat auch mit gerösteten Kernen: z. B. mit einem Mix aus Sonnenblumen-, Kürbis- und Pinienkernen.*

## Englische Scones

ZUTATEN FÜR CA. 12 STÜCK

- 250 g + etwas Mehl
- 50 g Zucker
- 2 Päckchen Vanillezucker
- Salz ▾ ½ Päckchen Backpulver
- 100 g kalte Butter ▾ ⅛ l + 2 EL Milch
- Backpapier

1 250 g Mehl, Zucker, Vanillezucker, 1 Prise Salz und Backpulver mischen. Butter in Stückchen und ⅛ l Milch zufügen. Mit den Knethaken des Rührgerätes zu einem glatten Teig verkneten. Zugedeckt ca. 15 Minuten kalt stellen, dann bei Raumtemperatur ca. 30 Minuten ruhen lassen.

2 Teig auf etwas Mehl nochmals kurz durchkneten und ca. 2 cm dick ausrollen. Ca. 12 Kreise (ca. 6 cm Ø) ausstechen und auf ein mit Backpapier ausgelegtes Backblech legen (die Teigreste zwischendurch wieder mit verkneten).

3 Teigkreise mit 2 EL Milch einpinseln. Im vorgeheizten Backofen (E-Herd: 175 °C/Umluft: 150 °C/Gas: s. Hersteller) 12–15 Minuten backen. Die Scones schmecken lauwarm am besten. Dazu Crème double oder Mascarpone und Erdbeerkonfitüre reichen.

ZUBEREITUNGSZEIT ca. 1 Std. + Wartezeit
STÜCK ca. 170 kcal
E 3 g · F 8 g · KH 21 g

## Minigugelhupfe mit Chai-Tee

ZUTATEN FÜR CA. 72 STÜCK

- Fett und Mehl für die Form
- 125 g Butter
- 2 Portionsbeutel (à 25 g) Chai-latte-Getränkepulver (instant)
- 150 g Crème fraîche ▾ 2 Eier (Gr. M)
- 75 g + 3 EL Zucker ▾ Salz
- 1 Päckchen Vanillezucker
- 175 g Mehl ▾ 2 TL Backpulver
- 50 g gemahlene Mandeln
- 1 Einwegspritzbeutel oder Gefrierbeutel

1 Die Mulden eines Minigugelhupfbleches (24 kleine Mulden; oder s. Tipp) fetten und mit Mehl ausstäuben. Butter schmelzen, lauwarm abkühlen lassen.

2 Milchteepulver und Crème fraîche verrühren. Eier, 75 g Zucker, 1 Prise Salz und Vanillezucker mit den Schneebesen des Rührgerätes dickcremig rühren. Butter langsam einlaufen lassen und 6–8 Minuten zu einer hellgelben Creme aufschlagen. Mehl, Backpulver und Mandeln mischen und unterrühren. Zum Schluss Crème-fraîche-Mischung unterrühren.

3 Teig in den Spritzbeutel füllen, Spitze abschneiden. Mulden zu ca. ⅔ mit Teig füllen. Im vorgeheizten Backofen (E-Herd: 175 °C/Umluft: 150 °C/ Gas: s. Hersteller) ca. 10 Minuten backen. Herausnehmen, ca. 3 Minuten ruhen lassen. Auf ein Kuchengitter stürzen. Die warmen Küchlein mit der Oberseite in 3 EL Zucker tauchen.

4 Blech abwaschen, abtrocknen, erneut fetten und mit Mehl ausstäuben. Den übrigen Teig wie zuvor beschrieben abbacken.

ZUBEREITUNGSZEIT ca. 1 ½ Std.
STÜCK ca. 50 kcal
E 1 g · F 3 g · KH 4 g

### In anderer Form

*Der Teig kann auch in kleinen oder großen Papierbackförmchen gebacken werden (bei den großen verlängert sich die Backzeit von 10 auf 15–20 Minuten).*

## Gebratenes Rosinenbrot mit Zimtzucker

ZUTATEN FÜR 12 STÜCKE

- 4 Eier ♥ ⅛ l + 2 EL Milch
- 1 Päckchen Vanillezucker
- 6 Scheiben Rosinenbrot (à ca. 60 g)
- 175 g Doppelrahmfrischkäse
- 125 g Lemon Curd (englischer Zitronen-Brotaufstrich; Glas)
- 1 ½ TL Zimt ♥ 2–3 EL Zucker
- 2–3 EL Butterschmalz

1 Eier, ⅛ l Milch und Vanillezucker verquirlen. Brotscheiben nebeneinander in eine große flache Schale legen. Mit der Eiermilch gleichmäßig übergießen und ca. 15 Minuten ziehen lassen. Zwischendurch einmal wenden.

2 Frischkäse, Lemon Curd und 2 EL Milch verrühren. Zimt und Zucker mischen. Butterschmalz in zwei Portionen in einer großen Pfanne erhitzen. Je 3 Brotscheiben halbieren und darin goldbraun braten. Herausnehmen. Das gebratene Rosinenbrot mit einem Klecks Frischkäsecreme anrichten und mit Zimtzucker bestreuen. Rest Käsecreme extra servieren.

ZUBEREITUNGSZEIT ca. 20 Min. + Wartezeit
STÜCK ca. 220 kcal
E 6 g · F 9 g · KH 27 g

### GUT VORBEREITET

*Das Rosinenbrot können Sie schon rechtzeitig einweichen und abgedeckt kalt stellen. Oder Sie braten das Brot schon und servieren es später kalt.*

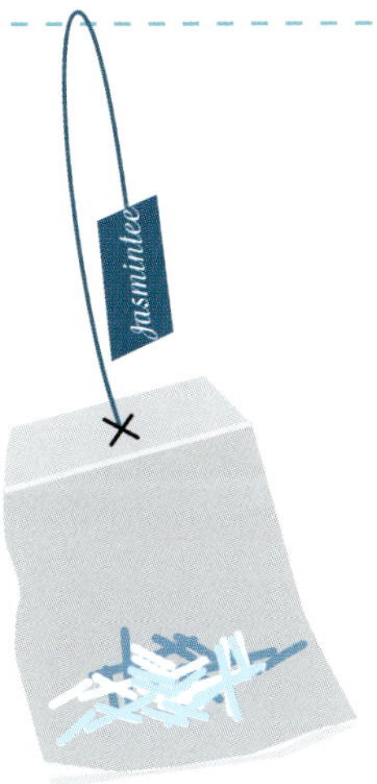


## Jasminteesirup

ZUTATEN FÜR CA. 800 ML

- 4 Beutel grüner Jasmintee
- 250 g Zucker

1 ¾ l Wasser in einem kleinen Topf aufkochen und kurz abkühlen lassen. Teebeutel zufügen und ca. 6 Minuten ziehen lassen. Zucker in den Tee geben und alles unter Rühren erhitzen, bis sich der Zucker vollständig gelöst hat.

2 Tee aufkochen und 6–8 Minuten köcheln. Zum Aufbewahren noch heiß in eine vorbereitete Flasche abfüllen, verschließen und auskühlen lassen. Der Sirup hält sich im Kühlschrank ca. 3 Wochen.

### … mit Prosecco

**2–3 EL Jasminteesirup** (s. oben) in ein größeres Sektglas geben. **1 Bio-Limettenscheibe** an den Glasrand stecken. Mit kühlem Prosecco auffüllen und servieren.

### … mit Tonic auf Eis

**2–3 Blätter Zitronenmelisse** waschen und trocken tupfen. **Melisse, 3 Eiswürfel** und **1 Zitronenscheibe (bio)** in ein Glas geben. **4 EL Jasminteesirup** (s. oben) zufügen. Mit **200 ml kühlem Tonicwater** auffüllen und servieren.

# Frühlingsbuffet

**Im Wonnemonat Mai ist die Zeit der Familienfeste. Hier finden Sie ein ganzes Menü, das prima zu Hause gelingt**

## Schweinefilet in Champignonrahm

ZUTATEN FÜR 8–10 PERSONEN
- 1 großes Bund Lauchzwiebeln
- 1 kg kleine Champignons
- 1,2 kg Schweinefilet
- 4 EL Öl • Salz • Pfeffer
- 1 EL Mehl • 500 g Schlagsahne
- 2–3 TL Brühe (instant)
- ½ Bund Schnittlauch
- 100 g fertige Kräuterbutter

1 Lauchzwiebeln putzen, waschen und in Ringe schneiden. Champignons putzen, waschen und halbieren. Schweinefilet waschen, trocken tupfen und in 8–10 Stücke schneiden.

2 Öl in einer ofenfesten Pfanne oder in einem Bräter erhitzen. Fleisch darin ca. 5 Minuten kräftig anbraten. Mit Salz und Pfeffer würzen, herausnehmen.

3 Pilze portionsweise im heißen Bratfett ca. 5 Minuten kräftig anbraten. Mit Salz und Pfeffer würzen. Mehl darüberstäuben und kurz anschwitzen. ½ l Wasser, Sahne und Brühe einrühren, aufkochen. Soße mit Salz und Pfeffer abschmecken.

4 Fleisch in die Pilzsoße legen. Lauchzwiebeln darauf verteilen. Im vorgeheizten Backofen (E-Herd: 175 °C/Umluft: 150 °C/Gas: s. Hersteller) ca. 20 Minuten garen.

5 Schnittlauch waschen und fein schneiden. Kräuterbutter in Scheiben schneiden und auf den Filets schmelzen lassen. Schnittlauch darüberstreuen. Dazu schmecken neue Kartoffeln (s. Tipp unten).

**ZUBEREITUNGSZEIT** ca. 1 ¼ Std.
**PORTION** ca. 430 kcal
E 31 g · F 30 g · KH 6 g

## Frühlingsgemüse mit Zitronenmayonnaise

ZUTATEN FÜR 8–10 PERSONEN
- 14–16 kleine Bundmöhren
- 1 mittelgroßer Blumenkohl
- 1 kg grüner Spargel
- 250 g Zuckerschoten
- Salz • Zucker
- 4–5 Stiele Petersilie
- 5 EL Weißweinessig • Pfeffer
- 5 EL Olivenöl
- 250 g Salatmayonnaise
- 400 g Schmand
- abgeriebene Schale und Saft von 1 ½ Bio-Zitronen

1 Möhren schälen, evtl. etwas Grün stehen lassen. Möhren waschen, evtl. längs halbieren. Kohl putzen, waschen, in Röschen teilen. Spargel waschen, holzige Enden großzügig abschneiden. Zuckerschoten putzen und waschen.

2 Kohl und Möhren in wenig kochendem Salzwasser zugedeckt 8–10 Minuten bissfest garen. Zuckerschoten und Spargel in wenig kochendem Salzwasser mit etwas Zucker ca. 5 Minuten dünsten. Gesamtes Gemüse abtropfen lassen, etwas Fond auffangen. Gemüse abkühlen lassen.

3 Petersilie waschen, Blättchen abzupfen und fein schneiden. Essig, 5 EL Gemüsefond, Salz, Pfeffer und etwas Zucker verrühren. Öl darunterschlagen. Petersilie unterrühren. Marinade über das Gemüse träufeln.

4 Mayonnaise, Schmand und Zitronenschale verrühren. Mit Salz, Pfeffer und Zitronensaft abschmecken. Mayonnaise mit dem Gemüse anrichten.

**ZUBEREITUNGSZEIT** ca. 1 Std.
**PORTION** ca. 280 kcal
E 5 g · F 23 g · KH 10 g

## Putenbrust im Speckmantel

ZUTATEN FÜR 8–10 PERSONEN
- 2 kg Putenbrust (Stück)
- Salz • Pfeffer • etwas Fett
- 150 g Frühstücksspeck (Bacon)
- 1 kg kleine Tomaten
- 6 Stiele Basilikum
- 1 mittelgroße Zwiebel
- 1–2 Knoblauchzehen
- 4 EL heller Balsamico-Essig
- 5 EL Olivenöl
- 3 EL Tomatenketchup
- 75 g Rucola
- evtl. Holzspießchen

1 FÜR DEN BRATEN Fleisch waschen und trocken tupfen. Mit Salz und Pfeffer würzen und in einen gefetteten flachen Bräter legen. Im vorgeheizten Ofen (E-Herd: 200 °C/Umluft: 175 °C/Gas: s. Hersteller) 1 ¼–1 ½ Stunden braten. Ca. 30 Minuten vor Ende der Bratzeit mit Speck belegen (evtl. an den Enden mit Holzspießchen feststecken, damit sich der Speck nicht zusammenzieht).

2 FÜR DIE SALSA Tomaten waschen und in Stücke schneiden. Basilikum waschen, Blättchen hacken. Zwiebel und Knoblauch schälen, fein würfeln. Alles mit Essig, Öl und Ketchup verrühren. Salsa kräftig mit Salz und Pfeffer abschmecken. Rucola waschen, grob hacken und unterheben. Spießchen aus dem Fleisch ziehen. Braten mit der Salsa anrichten. Dazu passen Kartoffeln (s. Tipp unten) oder Baguette.

**ZUBEREITUNGSZEIT** ca. 2 Std.
**PORTION** ca. 330 kcal
E 51 g · F 11 g · KH 4 g

### *Perfekte Beilage*

Lecker zu Filet und Braten schmecken **neue Kartoffeln.** Für 8–10 Personen nehmen Sie in etwa **2 kg.** Diese gründlich waschen und zugedeckt 15–20 Minuten kochen. Vor dem Servieren **Butterflöckchen** und **grobes Salz** darübergeben.

Dreierlei Fingerfood
MIT LACHS UND KAPERN
MIT EI UND FRISCHKÄSE
MIT FORELLE UND PREISELBEEREN
Käse-Wurst-Salat

## Dreierlei Fingerfood

ZUTATEN FÜR 8–10 PERSONEN

MIT LACHS & KAPERN
- 250 g Stremellachs (Stück)
- 2 EL Kapern (Glas)
- abgeriebene Schale von ½ Bio-Zitrone
- Pfeffer
- 20 kleine Pumpernickeltaler
- 10 Kapernäpfel (Glas)

Lachs in kleine Stücke zupfen, Kapern abtropfen lassen und beides mit Zitronenschale mischen. Mit Pfeffer würzen und auf dem Pumpernickel verteilen, etwas andrücken. Kapernäpfel halbieren, Brot damit garnieren.

MIT FORELLE & PREISELBEEREN
- 1 mittelgroße Salatgurke
- 4 geräucherte Forellenfilets (ca. 250 g)
- 4–5 EL Sahnemeerrettich (Glas)
- 2–3 EL Preiselbeeren (Glas)
- etwas Dill zum Garnieren

Gurke putzen, waschen und evtl. schälen. In ca. 20 schräge Scheiben schneiden. Forellenfilets in ca. 20 Stücke schneiden und auf die Gurkenscheiben legen. Etwas Meerrettich und Preiselbeeren darauf verteilen. Mit Dillfähnchen garnieren.

MIT EI & FRISCHKÄSE
- 5 Eier
- 1 EL grüne Oliven ohne Stein
- 300 g gewürzter Frischkäse (z. B. mit pikanten Kräutern)
- 1 dünnes Baguette (ca. 250 g)
- etwas Kerbel zum Garnieren

Eier hart kochen. Abschrecken, schälen und auskühlen lassen. Oliven in Scheiben schneiden. Käse glatt rühren und in einen Spritzbeutel (mit Sterntülle) füllen. Baguette in 20–25 Scheiben schneiden. Eier in Scheiben schneiden und aufs Brot legen. Käse daraufspritzen. Mit Oliven und Kerbel garnieren.

ZUBEREITUNGSZEIT ca. 40 Min.
PORTION (1 Happen pro Sorte) ca. 340 kcal
E 21 g · F 16 g · KH 25 g

## Käse-Wurst-Salat mit Radieschen

ZUTATEN FÜR 8–10 PERSONEN
- 1 kg Bierschinken oder Fleischwurst
- 600 g Gouda
- 2 Bund Lauchzwiebeln
- 2 Bund Radieschen
- 3–4 EL mittelscharfer Senf
- 5 EL Weißweinessig
- 1–2 EL flüssiger Honig
- Salz · Pfeffer · 7 EL Öl
- 1 Töpfchen Kerbel oder Petersilie

1 Bierschinken und Käse in Streifen schneiden. Lauchzwiebeln und Radieschen putzen, waschen. Lauchzwiebeln in feine Ringe, Radieschen in dünne Scheiben schneiden und alles mischen.

2 Senf, Essig, Honig, Salz und Pfeffer verquirlen. Öl darunterschlagen. Kerbel waschen und fein schneiden. Marinade und Kerbel unter die Salatzutaten mischen. Alles mindestens 1 Stunde ziehen lassen. Salat nochmals abschmecken und anrichten.

ZUBEREITUNGSZEIT ca. 30 Min. + Wartezeit mind. 1 Std.
PORTION ca. 490 kcal
E 34 g · F 36 g · KH 5 g

*Der Mai ist gekommen ...*
*... die Bäume schlagen aus. Da bleibe, wer Lust hat, mit Sorgen zu Haus ...*
(Franz Emanuel A. Geibel, 1815–1884)

*Als Tischdeko können Sie ein Maigedicht an einen Blumengruß binden. Dafür einfach ein Bund Maiglöckchen in eine Papiertüte stecken (selbst gemacht oder Dekobedarf) und das Gedicht mit einem feinen Satinband befestigen*

## Planungshilfe fürs ganze Menü

(REZEPTE SEITE 35–39)

**• AM VORTAG**
*Kraftbrühe kochen, Klößchen und Eierstich garen. Zitronenmayonnaise fürs Gemüse und Salsa (bis auf Rucola) für die Putenbrust zubereiten.*

**• AM PARTYTAG MORGENS**
*Für das Fingerfood Eier kochen. Käsecreme im Spritzbeutel kalt legen. Lachs, Kapern etc. mischen, Forellenfilets schneiden. Käse-Wurst-Salat zubereiten. Gemüse fürs Schweinefilet vorbereiten. Frühlingsgemüse garen. Für den Crumble Streusel kneten, Früchte vorbereiten. Bowle ansetzen.*

**• 3 STUNDEN VORHER**
*Fingerfood fertigstellen, abdecken. Tipp: Spießchen als Abstandhalter hineinstecken, so klebt die Abdeckfolie nicht an den Häppchen fest.*

**• FRISCH ZUBEREITEN**
*Putenbrust im Backofen braten. Schweinefilet und Soße zubereiten. Rucola unter die Salsa heben. Filets in Pilzrahm im Ofen garen. Brühe fertigstellen. Crumble backen und Bowle auffüllen.*

## Getränketipp

Zu diesem Menü passen Weine, die einen breiten Geschmack treffen, wie z. B. ein trockener Chardonnay oder ein Riesling. Außerdem sollten Sie kühles Pils für Biertrinker bereithalten und natürlich Alkoholfreies für die Kinder und Autofahrer.

## Rinderbrühe mit Klößen und Eierstich

ZUTATEN FÜR 8–10 PERSONEN

- 1 Bund Suppengrün
- 2 Zwiebeln
- 1–2 Lorbeerblätter
- 4 Wacholderbeeren
- 2 Gewürznelken
- 1 TL Pfefferkörner
- Salz
- 1 kg Rindersuppenfleisch (Beinscheibe oder Querrippe)
- 3 Eier
- 150 ml Milch
- Muskat
- Fett für die Tassen
- 3–4 ungebrühte feine Bratwürste (ca. 400 g)
- 4 dünne Möhren (ca. 250 g)
- 200 g TK-Erbsen
- 4 Stiele Petersilie
- Alufolie

1 Suppengrün putzen bzw. schälen, waschen und grob würfeln. Zwiebeln halbieren und mit den Schnittflächen nach unten in einem großen Topf kräftig anrösten. Gut 2 ½ l Wasser, Gemüse, Gewürze und 2–3 TL Salz zufügen, aufkochen. Fleisch waschen und darin ca. 2 ½ Stunden köcheln. Schaum abschöpfen.

2 FÜR DEN EIERSTICH Eier und Milch verquirlen. Mit Salz und Muskat würzen. Eiermilch in zwei gefettete Tassen gießen, mit Alufolie verschließen. In einem Topf im heißen Wasserbad zugedeckt bei schwacher Hitze ca. 30 Minuten stocken lassen.

3 Brätmasse als Klößchen aus der Haut in kochendes Salzwasser drücken. Bei schwacher Hitze ca. 5 Minuten gar ziehen lassen. Klößchen abtropfen lassen. Möhren schälen, waschen und in Scheiben schneiden.

4 Fleisch aus der Brühe nehmen. Brühe durchsieben, abschmecken und aufkochen. Möhren darin ca. 5 Minuten garen. Fleisch von Fett und Knochen befreien, würfeln. Mit Klößchen und Erbsen in die Brühe geben. Eierstich würfeln, Petersilie waschen und fein hacken. Die Suppe mit Eierstich und Petersilie anrichten.

**ZUBEREITUNGSZEIT** ca. 3 ¼ Std.
**PORTION** ca. 260 kcal
E 21 g · F 17 g · KH 5 g

## Erdbeer-Aprikosen-Crumble

ZUTATEN FÜR 8–10 PERSONEN

- 250 g Mehl
- 150 g Zucker
- 1 Päckchen Vanillezucker
- Salz
- 1 Ei (Gr. M)
- 200 g kalte Butter
- 1 kg frische oder 2 Dosen (à 850 ml) Aprikosen
- 1 kg Erdbeeren
- Fett für die Form
- 1 EL Puderzucker

1 Mehl mit Zucker, Vanillezucker und 1 Prise Salz mischen. Ei und Butter in Stückchen zufügen. Erst mit den Knethaken des Rührgerätes, dann kurz mit den Händen zu Streuseln verarbeiten.

2 Aprikosen waschen, halbieren und entsteinen (Dosenfrüchte gut abtropfen lassen). Aprikosen in Spalten schneiden. Erdbeeren waschen, putzen und klein schneiden.

3 Früchte in einer gefetteten flachen ofenfesten Form (ca. 26 cm Ø) verteilen. Streusel gleichmäßig darüberstreuen und im vorgeheizten Backofen (E-Herd: 200 °C/Umluft: 175 °C/Gas: s. Hersteller) ca. 25 Minuten backen. Crumble herausnehmen und mit Puderzucker bestäuben. Dazu schmeckt Vanillesoße oder -eis.

**ZUBEREITUNGSZEIT** ca. 30 Min.
**PORTION** ca. 390 kcal
E 5 g · F 18 g · KH 49 g

### *Waldmeister*

*Für ein intensives Aroma die Blätter vor der Verwendung etwas anwelken lassen – erst so entfaltet sich der typische Geschmack. Waldmeister enthält Cumarin, das zu Kopfschmerzen führen kann. Am besten vor der Blüte ernten, weil dann der Gehalt geringer ist.*

## Maibowle mit Waldmeister & Früchten

ZUTATEN FÜR 10–12 GLÄSER
- 1 Bund Waldmeister
- 2 Flaschen (à 0,75 l) gekühlter trockener Weißwein
- 500 g Erdbeeren
- 1 Zuckermelone (z. B. Charentais)
- 2 Bio-Zitronen
- 1 Flasche (0,75 l) eisgekühlter trockener Sekt
- Küchengarn

1 Waldmeister waschen, gut trocken schütteln und mit Küchengarn zu einem Sträußchen zusammenbinden (s. auch Tipp unten).

2 Gut ½ Flasche Weißwein z. B. in eine Bowleschale füllen. Waldmeister kopfüber hineinhängen und ca. 20 Minuten ziehen lassen (die Stiele sollen den Wein nicht berühren – sonst wird's bitter!).

3 Erdbeeren waschen, putzen und klein schneiden. Melone halbieren, die Kerne entfernen. Melone in Spalten schneiden, schälen und würfeln. Zitronen heiß waschen und in dünne Scheiben schneiden. Waldmeister entfernen. Zitronenscheiben in den Waldmeisterwein geben.

4 Kurz vor dem Servieren den Bowlenansatz mit übrigem Wein und Sekt auffüllen. Früchte nach Belieben in Gläser verteilen, mit der Bowle auffüllen.

ZUBEREITUNGSZEIT ca. 45 Min.

# Sonntags-brunch

**Der Mix aus Frühstück und Mittagessen ist wohl eine der schönsten Möglichkeiten, mit Freunden in den Tag zu starten**

Schinkenbraten

## Klassische Soleier

**10–12 Eier** hart kochen. **1 Zwiebel** schälen und in Ringe schneiden. Mit **1 l Wasser, 3 EL Essig, 2 EL Salz, je 1 TL Zucker, Senf- und Pimentkörnern, 1 EL Kümmel** und **2 Lorbeerblättern** ca. 2 Minuten köcheln. Eierschale leicht anklopfen, die Eier in den Würzsud legen und ca. 2 Tage ziehen lassen. Haltbarkeit ca. 1 Woche.

# Schinkenbraten mit Apfelmeerrettich

ZUTATEN FÜR 6–8 PERSONEN

- 2 Zwiebeln ♥ 1 Möhre ♥ 2 Lorbeerblätter
- 1 EL Pfefferkörner ♥ 2 Gewürznelken
- 1,8 kg angeräucherter gepökelter Schweineschinken ohne Schwarte (beim Fleischer vorbestellen) ♥ 1 Ei
- 200 g frischer oder 1 Glas (145 g) Meerrettich
- 1 kleiner Apfel ♥ 2–3 EL Zitronensaft
- 250 g Schlagsahne ♥ Salz
- ½ Bund Schnittlauch
- 1 Beet Kresse

1 AM VORTAG Zwiebeln und Möhre schälen und in grobe Stücke schneiden. Ca. 1 l Wasser mit Zwiebeln, Möhre, Lorbeerblättern, Pfefferkörnern und Nelken in einem weiten Topf aufkochen. Schinkenbraten hineinlegen (er darf nur 3–4 cm tief im Wasser liegen!) und zugedeckt bei schwacher Hitze ca. 2 Stunden köcheln. Nach ca. 1 Stunde wenden. Schinken im Sud über Nacht auskühlen lassen.

2 AM NÄCHSTEN TAG für den Apfelmeerrettich das Ei hart kochen, abschrecken und auskühlen lassen. Meerrettich und Apfel schälen. Meerrettich fein, den Apfel grob reiben. Ei schälen, halbieren, das Eigelb herauslösen und zerdrücken (Eiweiß anderweitig verwenden). Mit Meerrettich, Apfel und Zitronensaft mischen. Sahne halbsteif schlagen und unterheben. Alles mit Salz abschmecken.

3 Schinkenbraten aus dem Sud nehmen und in dünne Scheiben schneiden. Schnittlauch und Kresse waschen und mit einer Schere vom Beet bzw. in Röllchen schneiden. Braten und Apfelmeerrettichcreme anrichten. Mit Schnittlauch und Kresse bestreuen. Dazu schmecken Soleier.

ZUBEREITUNGSZEIT ca. 2¾ Std. + Wartezeit ca. 12 Std.
PORTION ca. 730 kcal
E 69 g · F 46 g · KH 7 g

## Spargel-Avocado-Salat

ZUTATEN FÜR 6–8 PERSONEN

- 4 Eier • 750 g grüner Spargel
- 1 gestrichener TL Gemüsebrühe (instant)
- 1 große rote Paprikaschote
- 150 g gekochter Schinken in Scheiben
- 3 Stiele Basilikum • 2 große reife Avocados
- 4–5 EL Zitronensaft
- Salz • Pfeffer • Zucker

1 Eier hart kochen, abschrecken und schälen. Spargel waschen, holzige Enden großzügig abschneiden. Spargel in Stücke schneiden. ¼ l Wasser und Brühe aufkochen. Spargel darin zugedeckt ca. 3 Minuten dünsten. Abgießen, die Brühe dabei auffangen. Alles auskühlen lassen.

2 Paprika putzen, waschen und fein würfeln. Schinken in Streifen schneiden. Basilikum waschen, Blättchen abzupfen und grob hacken. Avocados halbieren, die Steine herauslösen und das Fruchtfleisch schälen. 3 Hälften in Scheiben schneiden und mit 1–2 EL Zitronensaft beträufeln. Übrige Avocadohälfte, 8 EL Brühe, Basilikum und 3 EL Zitronensaft pürieren. Mit Salz, Pfeffer und 1 Prise Zucker abschmecken.

3 Eier in Scheiben schneiden. Mit den vorbereiteten Salatzutaten in weite Gläser schichten. Avocadodressing darüber verteilen.

ZUBEREITUNGSZEIT ca. 40 Min.
PORTION ca. 280 kcal
E 13 g · F 23 g · KH 4 g

## Blätterteig-Ziegenkäse-Tartelettes

ZUTATEN FÜR 6 STÜCK

- 3 Scheiben (à 75 g) TK-Blätterteig • 4 Stiele Thymian
- ⅛ l Milch • 3 Eier • Salz • Pfeffer • Fett für die Förmchen
- Mehl für die Arbeitsfläche • 6 Ziegenkäsetaler (à 40 g)
- 2 TL flüssiger Honig

1 Teigscheiben nebeneinanderlegen und ca. 10 Minuten auftauen lassen. Thymian waschen, Blättchen abzupfen und grob hacken. Milch, Eier und Thymian verrühren. Mit Salz und Pfeffer kräftig würzen.

2 Sechs Torteletttförmchen (à ca. 12 cm Ø) fetten. Jede Blätterteigscheibe auf wenig Mehl etwas länger ausrollen. Jeweils 2 Kreise (à 15 cm Ø) ausstechen, den Teig in die Förmchen legen und vorsichtig andrücken. Ziegenkäsetaler in die Mitte legen. Eiermilch um den Käse verteilen, bis die Förmchen zu ¾ gefüllt sind.

3 Tartelettes im vorgeheizten Backofen (E-Herd: 200 °C/ Umluft: 175 °C/Gas: s. Hersteller) ca. 20 Minuten goldbraun backen. Tartelettes kurz abkühlen lassen, aus den Förmchen lösen und mit Honig beträufeln.

ZUBEREITUNGSZEIT ca. 45 Min.
STÜCK ca. 350 kcal
E 14 g · F 24 g · KH 16 g

## Marinierter Gouda mit Kräutern und Oliven

ZUTATEN FÜR 6–8 PERSONEN

- 2–3 Zweige Rosmarin
- 100 g getrocknete Tomaten (in Öl)
- 1 Knoblauchzehe ♥ evtl. 1 Chilischote
- 500 g Schnittkäse (Stück; z. B. Gouda oder Edamer)
- 2 EL Weißweinessig ♥ 5 EL Olivenöl ♥ Salz
- je 50 g grüne und schwarze Oliven ohne Stein

1 Rosmarin waschen und trocken schütteln. Nadeln abzupfen und hacken. Tomaten abtropfen lassen und fein würfeln. Knoblauch schälen und hacken. Chili putzen, entkernen, waschen und fein hacken. Käse würfeln.

2 Tomaten, Rosmarin, Knoblauch, Chili, Essig und Öl verrühren. Mit etwas Salz würzen. Marinade mit Käse und Oliven mischen. Alles zugedeckt ca. 12 Stunden kühl stellen.

ZUBEREITUNGSZEIT ca. 15 Min. + Wartezeit ca. 12 Std.
PORTION ca. 360 kcal
E 23 g · F 27 g · KH 3 g

## Forellenhäckerle

ZUTATEN FÜR 6-8 PERSONEN

- 3 mittelgroße Tomaten ♥ 1 Zwiebel
- 1 Glas (212 ml) Cornichons
- 3 Packungen (à 125 g; 6 Stück) geräucherte Forellenfilets
- 2–3 EL Zitronensaft ♥ 1 EL Öl
- 1 Stiel Dill

1 Tomaten waschen, vierteln und entkernen. Fruchtfleisch fein würfeln. Zwiebel schälen und fein hacken. Cornichons abtropfen lassen und 2 zur Seite legen. Übrige längs vierteln und in Stücke schneiden. 5 Forellenfilets fein würfeln. Alles mit Zitronensaft und 1 EL Öl mischen. Mit Salz und Pfeffer abschmecken.

2 2 Cornichons und übriges Forellenfilet in dünne Scheiben schneiden. Forellenhäckerle mithilfe eines Dessertringes oder Förmchens anrichten. Mit Gurke, Forelle und Dill garnieren.

ZUBEREITUNGSZEIT ca. 45 Min.
PORTION ca. 70 kcal
E 11 g · F 2 g · KH 1 g

## Geschichtete Käseterrine

ZUTATEN FÜR CA. 20 SCHEIBEN

- 75 g Walnusskerne ♥ 1 Bund Schnittlauch
- 100 g getrocknete Tomaten (in Öl)
- 800 g Doppelrahmfrischkäse ♥ Pfeffer ♥ Salz
- 2 EL Tomatenmark ♥ 250 g Gouda in dünnen Scheiben ♥ 4–5 Kirschtomaten
- Edelsüßpaprika ♥ Frischhaltefolie

1 Nüsse hacken, ohne Fett rösten und auskühlen lassen. Schnittlauch waschen und in Röllchen schneiden. Tomaten abtropfen lassen und fein würfeln.

2 Hälfte Frischkäse mit Schnittlauch und Nüssen verrühren. Mit Pfeffer und wenig Salz würzen. Übrigen Frischkäse mit Tomatenmark und Tomaten verrühren. Mit Salz und Pfeffer abschmecken.

3 Eine Rehrücken- oder Kastenform (1 l Inhalt) mit Folie auslegen. Hälfte Käsescheiben leicht überlappend in die Form legen. Schnittlauchcreme hineinstreichen. Mit einigen Käsescheiben bedecken und die Tomatencreme daraufstreichen. Mit übrigem Käse belegen. Zugedeckt mindestens 6 Stunden kalt stellen.

4 Tomaten waschen und halbieren. Terrine aus der Form stürzen und Folie abziehen. Mit Edelsüßpaprika und Tomaten garnieren. Dazu schmeckt frisches Landbrot.

**ZUBEREITUNGSZEIT** ca. 45 Min. +
Wartezeit mind. 6 Std.
**SCHEIBE** ca. 190 kcal
E 7 g · F 16 g · KH 2 g

## Rhabarberchutney zu Käse

ZUTATEN FÜR 6–8 PERSONEN

- 500 g Rhabarber ♥ 3 Zwiebeln
- 2 EL Öl ♥ 100–125 g brauner Zucker
- 8 EL Obstessig ♥ 2 TL körniger Senf
- 300 g TK- oder frische Himbeeren
- Salz ♥ Pfeffer
- 200 g Brie (Rahmstufe)
- 200 g Hartkäse (z. B. Comté)

1 Rhabarber putzen, waschen und in Stücke schneiden. Zwiebeln schälen, würfeln und im heißen Öl andünsten. Zucker darüberstreuen und leicht karamellisieren. Essig und Senf einrühren. Rhabarber und gefrorene Himbeeren zufügen. Mit Salz und Pfeffer würzen. Bei schwacher Hitze ca. 30 Minuten einköcheln. Öfter umrühren.

2 Chutney nochmals abschmecken und auskühlen lassen. Mit Käse anrichten. Dazu schmeckt Vollkornbrot.

**ZUBEREITUNGSZEIT** ca. 50 Min. +
Wartezeit ca. 2 Std.
**PORTION** ca. 310 kcal
E 15 g · F 18 g · KH 19 g

### Und das passt sonst noch zum Brunch

*Frisches Brot und knusprige Brötchen gehören natürlich dazu. Praktisch sind auch halbfertige Backwaren in Folie, weil man sie im Vorrat halten und nach Bedarf aufbacken kann.*

*Außerdem können Sie alles, was zu einem Frühstück gehört, mit anbieten, also Butter, Marmelade, Honig, Nussnougatcreme, Aufschnitt und Käse. Auch Rührei, Müsli und Obstsalat kommen immer gut an.*

*Als Getränke eignen sich Kaffee, Tee und verschiedene Säfte. Kindern schmeckt auch Kakao oder ein Milchshake. Für später Sekt oder Prosecco kalt stellen.*

## Paprika-Fetacreme

ZUTATEN FÜR 6–8 PERSONEN

- 1 Glas (370 g) Tomatenpaprika in Streifen
- 4–5 mild-pikant eingelegte Peperoni (Glas)
- 1 Knoblauchzehe ♥ 200 g Feta
- 5 EL Milch ♥ 1–2 EL Olivenöl
- 175 g Doppelrahmfrischkäse
- Salz ♥ Pfeffer

1 Paprika und Peperoni getrennt abtropfen lassen. Knoblauch schälen und hacken. Peperoni aufschneiden, entkernen und fein schneiden. Feta zerbröckeln.

2 Feta, Knoblauch, Milch, Öl und Paprika mit dem Stabmixer pürieren. Frischkäse unterrühren. Mit Salz und Pfeffer abschmecken. Peperoni unterrühren und anrichten.

ZUBEREITUNGSZEIT ca. 30 Min.
PORTION ca. 160 kcal
E 6 g · F 13 g · KH 4 g

## Curry-Eiersalat mit Krabben

ZUTATEN FÜR 6–8 PERSONEN

- 10 Eier ♥ 1 Bund Lauchzwiebeln
- 3 Stiele Dill ♥ 150 g Salatcreme
- 300 g Vollmilchjoghurt
- 1–2 TL Curry ♥ Salz ♥ Pfeffer ♥ Zucker
- 250 g Nordseekrabbenfleisch

1 Eier hart kochen. Abschrecken, schälen und auskühlen lassen. Lauchzwiebeln putzen, waschen und in Ringe schneiden. Dill waschen, trocken schütteln und fein schneiden.

2 Salatcreme, Joghurt und Curry verrühren. Mit Salz, Pfeffer und etwas Zucker abschmecken.

3 Eier in Spalten schneiden. Mit Lauchzwiebeln, Krabben, Dill und der Currymayonnaise vorsichtig mischen. Mindestens 30 Minuten ziehen lassen. Nochmals abschmecken und anrichten.

ZUBEREITUNGSZEIT ca. 45 Min. + Wartezeit ca. 1 Std.
PORTION ca. 250 kcal
E 17 g · F 16 g · KH 7 g

## Geflügel-Pilz-Topf mit zweierlei Spargel

ZUTATEN FÜR 8 PERSONEN

- 300 g kleine Champignons
- je 500 g weißer und grüner Spargel • Salz
- 2 Zwiebeln • 1 kg Hähnchenfilet
- 3 EL Öl • Pfeffer
- 2 EL Butter • 2 gehäufte EL Mehl
- ¼ l Weißwein • 400 g Schlagsahne
- 2 EL Hühnerbrühe (instant)
- 300 g TK-Erbsen • 6 Stiele Kerbel

1 Pilze putzen und waschen. Spargel waschen und die holzigen Enden abschneiden. Weißen Spargel schälen. Gesamten Spargel in Scheiben schneiden. Weißen in kochendem Salzwasser zugedeckt ca. 6 Minuten dünsten, den grünen ca. 3 Minuten mitdünsten. Spargel abtropfen lassen, Fond auffangen und mit Wasser auf 1 l auffüllen.

2 Zwiebeln schälen, hacken. Filet waschen, trocken tupfen und in Stücke schneiden. Öl in einem Topf erhitzen. Fleisch darin portionsweise anbraten. Mit Salz und Pfeffer würzen, herausnehmen. Butter im Bratfett erhitzen. Pilze und Zwiebeln darin anbraten. Mehl darüberstäuben und hell anschwitzen. Fond, Wein, Sahne und Brühe einrühren, aufkochen. Soße ca. 5 Minuten köcheln.

3 Fleisch, Spargel und gefrorene Erbsen in der Soße ca. 5 Minuten erwärmen. Abschmecken. Kerbel waschen, Blättchen abzupfen und unterrühren. Dazu schmecken Blätterteig-Fleurons oder Reis.

ZUBEREITUNGSZEIT ca. 1 ¼ Std.
PORTION ca. 430 kcal
E 35 g · F 22 g · KH 15 g

### Blätterteig-Fleurons

ZUTATEN FÜR 16 STÜCK

**8 quadratische TK-Blätterteigscheiben** halbieren und je längs in die Mitte einen Schlitz schneiden. Ein Ende durch die Öffnung ziehen, sodass eine Schleife entsteht. Auf zwei mit **Backpapier** ausgelegte Backbleche legen. Mit Eiermilch bestreichen und z. B. mit **Sesam** und/oder mit **Mohn** bestreuen. Im heißen Backofen bei 200 °C ca. 10 Minuten backen. Auskühlen lassen.

## Tortellini-Auflauf mit Kasselerrahm

ZUTATEN FÜR 8 PERSONEN

- 750 g getrocknete Tortellini ♥ Salz ♥ 2 Zwiebeln
- 3 EL Butter ♥ 3 EL Mehl ♥ ¾ l Milch
- 150 g Frischkäsezubereitung mit Kräutern ♥ Pfeffer
- 250 g Kasseleraufschnitt in Scheiben ♥ 2 Zucchini (ca. 500 g)
- 1 EL Öl ♥ 150 g mittelalter Gouda ♥ Fett für die Form

1 Tortellini in reichlich kochendem Salzwasser nach Packungsanweisung garen. Dann gut abtropfen lassen.

2 Zwiebeln schälen und hacken. Butter erhitzen. Zwiebeln darin glasig andünsten. Mehl zufügen und hell anschwitzen. Milch und ⅛ l Wasser einrühren, aufkochen und ca. 3 Minuten köcheln lassen. Frischkäse unter Rühren darin schmelzen. Soße mit Salz und Pfeffer abschmecken. Kasseler würfeln und unterheben.

3 Zucchini putzen, waschen, längs halbieren und in Scheiben schneiden. Im heißen Öl kräftig anbraten. Mit Salz und Pfeffer würzen. Käse reiben.

4 Tortellini mit Kasselerrahm und Zucchini in einer gefetteten Auflaufform mischen. Käse darüberstreuen. Im vorgeheizten Ofen (E-Herd: 200 °C/Umluft: 175 °C/ Gas: s. Hersteller) ca. 30 Minuten goldbraun backen.

ZUBEREITUNGSZEIT ca. 1 ¼ Std.
PORTION ca. 500 kcal
E 26 g · F 24 g · KH 41 g

## Kokos-Möhrensuppe mit Schinken

ZUTATEN FÜR 6–8 PERSONEN

- 750 g Möhren ♥ 1 Zwiebel ♥ 1 Knoblauchzehe
- 1 Stück (ca. 3 cm) Ingwer ♥ 3 EL Butter ♥ Salz ♥ Pfeffer ♥ Zucker
- 1 EL Mehl ♥ 1 TL Curry ♥ 1 Dose (400 ml) ungesüßte Kokosmilch
- 1 TL Brühe (instant) ♥ 3 EL Sonnenblumenkerne
- 200 g gekochter Schinken in Scheiben ♥ 4 EL Schmand

1 Möhren schälen, waschen und, bis auf 1, klein schneiden. Zwiebel, Knoblauch und Ingwer schälen und fein würfeln. Butter in einem großen Topf erhitzen. Zwiebel, Knoblauch und Ingwer darin andünsten. Möhren kurz mitdünsten. Mit Salz, Pfeffer und Zucker würzen. Mehl und Curry darüberstäuben, hell anschwitzen. 1 l Wasser, Kokosmilch und Brühe einrühren, aufkochen. Zugedeckt ca. 15 Minuten köcheln.

2 Sonnenblumenkerne in einer Pfanne ohne Fett rösten, herausnehmen. Übrige Möhre in feine Streifen schneiden oder raspeln. Schinken in feine Streifen schneiden.

3 Suppe mit dem Stabmixer pürieren. Schmand, Möhrenstreifen und Schinken einrühren. Suppe mit Salz, Pfeffer und Zucker abschmecken. Mit Sonnenblumenkernen anrichten. Dazu passt Baguette.

ZUBEREITUNGSZEIT ca. 30 Min.
PORTION ca. 270 kcal
E 9 g · F 21 g · KH 10 g

## Spinatkuchen mit Reis

ZUTATEN FÜR CA. 12 STÜCKE

- 100 ml Milch ♥ ⅛ l + 4 EL Olivenöl
- 5 Eier + 1 Eigelb (Gr. M)
- Salz ♥ 500 g + etwas Mehl
- 200 g Langkornreis ♥ 1 kg Blattspinat
- 2 Zwiebeln ♥ 2 Knoblauchzehen ♥ Pfeffer
- 200 g Parmesan (Stück) ♥ Muskat
- Fett für die Form ♥ Frischhaltefolie

1 Milch, ⅛ l Öl, 1 Ei, 1 ½ TL Salz und 100 ml Wasser verrühren. 500 g Mehl zufügen und alles mit den Knethaken des Rührgerätes zu einem glatten Teig verkneten. Teig zur Kugel formen und mit 2 EL Öl einreiben. In Folie gewickelt ca. 45 Minuten ruhen lassen.

2 Reis in Salzwasser nach Packungsanweisung garen. Evtl. abtropfen und dann abkühlen lassen.

3 Spinat putzen und waschen. Zwiebeln und Knoblauch schälen und fein würfeln. 2 EL Öl in einem weiten Topf erhitzen. Zwiebeln und Knoblauch darin andünsten. Spinat zufügen und zugedeckt zusammenfallen lassen. Mit Salz und Pfeffer würzen. Alles sehr gut abtropfen lassen bzw. ausdrücken.

4 Parmesan reiben. 4 Eier verquirlen. Parmesan unterrühren. Mit Salz, Pfeffer und Muskat kräftig würzen. Reis und Spinat untermischen.

5 Teig auf einem feuchten Geschirrtuch dünn oval (ca. 45 x 50 cm) ausrollen und in eine gefettete, mit Mehl ausgestäubte Springform (26 cm Ø) legen (Teig überlappt den Rand weit).

6 Spinat-Reis-Masse einfüllen. Den überstehenden Teig zur Mitte hin überklappen und gut andrücken. Kuchen im vorgeheizten Backofen (E-Herd: 200 °C/Umluft: 175 °C/Gas: s. Hersteller) ca. 50 Minuten backen. Eigelb und 2 EL Wasser verquirlen. Teig nach 30 Minuten damit bestreichen. Fertigen Kuchen auf einem Kuchengitter ca. 10 Minuten ruhen lassen, dann aus der Form lösen. Dazu schmeckt Joghurt.

**ZUBEREITUNGSZEIT** ca. 2 Std. + Wartezeit ca. 45 Min.
**STÜCK** ca. 460 kcal
E 17 g · F 22 g · KH 45 g

## Brotrolle mit Pesto und Feta

ZUTATEN FÜR CA. 25 SCHEIBEN
- 500 g + etwas Mehl • Zucker • Salz • 3 EL Kräuter der Provence
- 1 Päckchen Trockenhefe • 2 EL Olivenöl
- 150 g rotes Pesto (Glas) • 300 g Feta • Backpapier

1 500 g Mehl mit 1 TL Zucker, 1 ½ TL Salz, Kräutern und Hefe mischen. ⅜ l lauwarmes Wasser und Öl zugießen. Mit den Knethaken des Rührgerätes zum glatten Teig verkneten. Zugedeckt an einem warmen Ort mindestens 1 Stunde gehen lassen, bis sich das Volumen deutlich vergrößert hat.

2 Teig mit bemehlten Händen kräftig durchkneten. Dann auf bemehltem Backpapier zum Rechteck (ca. 35 x 40 cm) ausrollen. Mit Pesto bestreichen, dabei rundherum ca. 1,5 cm Rand lassen. Feta gleichmäßig daraufbröckeln. Teig mithilfe des Backpapiers von der Längsseite her fest aufrollen. Seiten etwas andrücken. Mit der Nahtseite nach unten auf ein mit Backpapier ausgelegtes Backblech legen. Brotrolle an einem warmen Ort ca. 30 Minuten gehen lassen.

3 Brot im vorgeheizten Backofen (E-Herd: 225 °C/Umluft: 200 °C/Gas: s. Hersteller) zunächst 10 Minuten backen. Temperatur auf 200 °C (Umluft: 175 °C/Gas: s. Hersteller) herunterschalten und ca. 15 Minuten fertig backen. Auskühlen lassen und in Scheiben schneiden.

**ZUBEREITUNGSZEIT** ca. 1 Std. + Gehzeit mind. 1 ½ Std.
**SCHEIBE** ca. 140 kcal · E 4 g · F 6 g · KH 16 g

## Zitronencreme mit geflämmtem Baiser

ZUTATEN FÜR 8 PERSONEN
- 10 Blatt Gelatine • 4 Bio-Zitronen • 10 frische Eier (Gr. M)
- 150 g + 250 g Zucker • Salz • 200 g Schlagsahne

1 FÜR DIE CREME Gelatine kalt einweichen. Zitronen heiß waschen und die Schale fein abreiben. Zitronen auspressen. Eier trennen. 4 Eiweiß und 6 Eiweiß getrennt kalt stellen. Gesamtes Eigelb und 150 g Zucker mit den Schneebesen des Rührgerätes ca. 6 Minuten cremig schlagen. Zitronenschale und -saft unterrühren. Gelatine ausdrücken und bei sehr schwacher Hitze auflösen. Erst 3–4 EL Eigelbcreme in die Gelatine rühren, dann alles unter die übrige Creme rühren. 10 Minuten kalt stellen, bis die Creme zu gelieren beginnt.

2 4 Eiweiß und 1 Prise Salz steif schlagen. Sahne ebenfalls steif schlagen. Erst die Sahne, dann den Eischnee vorsichtig unter die gelierende Creme heben. In eine Schüssel füllen und zugedeckt mindestens 4 Stunden kalt stellen.

3 FÜR DAS BAISER 6 Eiweiß und 1 Prise Salz steif schlagen. Dabei 250 g Zucker einrieseln lassen. Weiterschlagen, bis sich der Zucker gelöst hat und die Masse glänzt. Baisermasse locker auf der Creme verstreichen. Mit einem Küchengasbrenner oder unter dem vorgeheizten Backofengrill die Oberfläche goldbraun abflämmen. (Vorsicht: Baiser verbrennt schnell!)

**ZUBEREITUNGSZEIT** ca. 30 Min. + Wartezeit mind. 4 Std.
**PORTION** ca. 410 kcal · E 12 g · F 16 g · KH 51 g

# Fingerfood

**Mit diesen köstlichen Kleinigkeiten machen Sie beim nächsten Stehempfang Eindruck! Und das Tolle: Alles lässt sich stressfrei vorbereiten …**

## Super zum Einfrieren

*Diese Häppchen lassen sich schon zwei, drei oder fünf Wochen vorher zubereiten und dann problemlos einfrieren. Am Partytag nur noch vollenden …*

## Kleine Partybuletten

ZUTATEN FÜR CA. 30 STÜCK

- 1 Brötchen (vom Vortag)
- 2 mittelgroße Zwiebeln
- 100 g getrocknete Tomaten (in Öl)
- 100 g paprikagefüllte Oliven
- 500 g Schweinemett
- 500 g gemischtes Hack
- 2 EL getrocknete italienische Kräuter
- 2 Eier ♥ 2–3 TL mittelscharfer Senf
- ca. 1 ½ TL Salz ♥ 1–1 ½ TL Pfeffer
- Öl fürs Backblech

ZUM ANRICHTEN

- je ca. 30 Kirschtomaten und Mini-Mozzarellakugeln oder 250 g Mozzarella
- ca. 30 kleine Spieße

**1** Brötchen in kaltem Wasser einweichen. Zwiebeln schälen, fein würfeln. Tomaten und Oliven abtropfen lassen. Tomaten fein würfeln, Oliven hacken.

**2** Brötchen gut ausdrücken. Mit Mett, Hack, Kräutern, Zwiebeln, Tomaten, Oliven, Eiern und Gewürzzutaten verkneten. Mit angefeuchteten Händen ca. 30 kleine Buletten formen.

**3** Ein Backblech dünn mit Öl einstreichen. Buletten daraufsetzen. Im vorgeheizten Ofen (E-Herd: 200 °C/Umluft: 175 °C/Gas: s. Hersteller) ca. 25 Minuten braten. Herausnehmen und auskühlen lassen. Einfrieren.

**4** AM VORTAG DER PARTY Buletten über Nacht im Kühlschrank auftauen lassen. Am Partytag große Mozzarellakugeln in ca. 30 Würfel schneiden. Tomaten waschen. Je 1 Mozzarellakugel bzw. -würfel und Tomate aufspießen und in eine Bulette stecken.

ZUBEREITUNGSZEIT ca. 1 ¼ Std. +
Wartezeit ca. 12 Std.
STÜCK ca. 130 kcal
E 9 g · F 9 g · KH 2 g

## Minipizzamuffins

ZUTATEN FÜR 24 STÜCK

- ½ kleine rote Paprika (ca. 75 g)
- 1–2 Lauchzwiebeln (ca. 50 g)
- 75 g mittelalter Gouda (Stück)
- 100 g weiche Butter
- je 1 TL Salz und Zucker
- 2 Eier (Gr. M) ♥ 100 g Crème fraîche
- 175 g Mehl ♥ 1 ½ TL Backpulver
- 24 kleine Papierbackförmchen (ca. 3 cm Ø)

ZUM ANRICHTEN

- 1 Lauchzwiebel ♥ 1 rote milde Peperoni
- 150 g Crème fraîche

**1** Paprika und Lauchzwiebeln putzen, waschen. Paprika sehr fein würfeln. Lauchzwiebeln in sehr feine Ringe schneiden. Gouda fein reiben. Je ein Papierförmchen in die Mulden eines Minimuffinblechs (24 Mulden) setzen.

**2** Butter, Salz und Zucker cremig rühren. Eier einzeln unterrühren. Crème fraîche unterrühren. Mehl und Backpulver mischen und portionsweise unterrühren. Paprika, Lauchzwiebeln und Käse kurz unterrühren. Teig in die Förmchen füllen.

**3** Im heißen Ofen (E-Herd: 175 °C/ Umluft: 150 °C/Gas: s. Hersteller) ca. 20 Minuten backen. Herausnehmen und auskühlen lassen. Muffins in Gefrierdosen einfrieren.

**4** AM VORTAG DER PARTY Muffins über Nacht im Kühlschrank auftauen. Am Partytag evtl. in Alufolie bei 200 °C kurz aufbacken. Abkühlen lassen. Lauchzwiebel putzen, waschen. Peperoni und Lauchzwiebel fein schneiden. 150 g Crème fraîche verrühren. Muffins damit anrichten.

ZUBEREITUNGSZEIT ca. 1 Std.
Wartezeit ca. 12 Std.
STÜCK ca. 110 kcal
E 3 g · F 8 g · KH 6 g

## Kalbsragout in Pastetchen

ZUTATEN FÜR 24 STÜCK

- ca. 5 g getrocknete Steinpilze
- 500 g mageres Kalbfleisch (z. B. aus der Keule)
- 1 große Möhre ♥ 1 große Zwiebel
- 2 EL Butterschmalz ♥ Salz ♥ Pfeffer
- 150 ml trockener Weißwein
- 200 ml Kalbsfond (Glas)

ZUM ANRICHTEN

- 50 g TK-Erbsen ♥ 5 EL Schlagsahne
- 1 gehäufter TL Speisestärke
- 2 Packungen (à 12 Stück/75 g) Mini-Blätterteigpasteten
- Kerbel zum Garnieren

**1** Pilze gut abspülen und in ¼ l heißem Wasser ca. 30 Minuten einweichen.

**2** Fleisch waschen, trocken tupfen und sehr fein würfeln. Möhre schälen, waschen und in feine Würfel schneiden. Zwiebel schälen und fein hacken.

**3** Fleisch im heißen Butterschmalz in 2 Portionen anbraten, herausnehmen. Möhre und Zwiebel im heißen Bratfett andünsten. Fleisch wieder zufügen. Mit Salz und Pfeffer würzen. Wein, Fond und Pilze samt Einweichwasser angießen. Alles aufkochen und zugedeckt ca. 40 Minuten schmoren. Auskühlen lassen. Ragout in eine Gefrierdose geben und einfrieren.

**4** AM VORTAG DER PARTY Ragout über Nacht im Kühlschrank auftauen lassen. TK-Erbsen zufügen, aufkochen und ca. 2 Minuten köcheln. Sahne und Stärke glatt rühren, in das Ragout rühren und ca. 1 Minute köcheln. Abschmecken. Pasteten im Ofen kurz aufbacken. Mit Ragout füllen, anrichten und mit Kerbel garnieren. Sofort servieren.

ZUBEREITUNGSZEIT ca. 1 ¾ Std.
Wartezeit ca. 12 Std.
STÜCK ca. 80 kcal
E 5 g · F 4 g · KH 4 g

## Wie viel Fingerfood muss man rechnen?

*Für ein Buffet sollte man schon neun bis zehn verschiedene Rezepte auswählen und zubereiten – das reicht dann für ca. 10 Gäste. Möchten Sie die Happen vom Tablett als „fliegende Vorspeisen“ servieren, wählen Sie nur drei von unseren Vorschlägen aus.*

Avocado-Schinken-Sandwiches
Eier-Flusskrebs-Cocktail
Feta-Frischkäse-Pralinen

## Avocado-Schinken-Sandwiches

ZUTATEN FÜR 20 STÜCK

- 2 reife Avocados ♥ Saft von 1 Limette
- 1 Knoblauchzehe
- 150 g Crème fraîche
- Salz ♥ Zucker ♥ Chilipulver
- 10 Scheiben Sandwichtoast
- 300 g gekochter Schinken in hauchdünnen Scheiben
- Frischhaltefolie

**1** Avocados halbieren und den Stein herauslösen. Fruchtfleisch schälen, grob würfeln und sofort mit Limettensaft beträufeln. Knoblauch schälen und und hacken. Alles mit dem Stabmixer fein pürieren. Crème fraîche unterrühren. Mit Salz, 1 Prise Zucker und etwas Chilipulver abschmecken.

**2** Toastscheiben entrinden und gleichmäßig mit Avocadocreme bestreichen. 5 Scheiben üppig mit Schinken belegen. Die übrigen Brotscheiben daraufsetzen und leicht andrücken. Zum Schluss diagonal vierteln. Sandwiches bis zum Servieren mit Frischhaltefolie abdecken.

ZUBEREITUNGSZEIT ca. 25 Min.
STÜCK ca. 120 kcal
E 4 g · F 8 g · KH 8 g

## Eier-Flusskrebs-Cocktail

ZUTATEN FÜR 16 SCHÄLCHEN

- 10 Eier ♥ 2 Knoblauchzehen
- 200 g Salatmayonnaise
- 300 g Vollmilchjoghurt
- Salz ♥ Pfeffer ♥ Zucker
- 1 Bund Schnittlauch
- 300 g Flusskrebsfleisch
- 16 kleine Salatblätter

**1** Eier hart kochen. Abschrecken, schälen und auskühlen lassen. Knoblauch schälen, fein hacken. Mit Mayonnaise und Joghurt verrühren. Abschmecken.

**2** Schnittlauch waschen, fein schneiden. 7 Eier klein würfeln. Krebsfleisch kleiner schneiden. Alles mit Knoblauchmayonnaise mischen. Abschmecken. Mit übrigen Eispalten auf Salat anrichten.

ZUBEREITUNGSZEIT ca. 25 Min.
PORTION ca. 140 kcal
E 8 g · F 11 g · KH 2 g

## Feta-Frischkäse-Pralinen

ZUTATEN FÜR CA. 40 STÜCK

- 3–4 EL Sesam ♥ 50 g Kernemix
- 200 g Feta
- 200 g Doppelrahmfrischkäse
- 1 EL Olivenöl ♥ Salz ♥ Pfeffer
- 8 Stiele Basilikum

**1** Sesam in einer Pfanne goldbraun rösten, herausnehmen. Kerne fein hacken. Feta fein würfeln. Frischkäse, Feta und Olivenöl mit den Schneebesen des Rührgerätes cremig rühren. Mit Salz und Pfeffer abschmecken.

**2** Mit angefeuchteten Händen ca. 40 kleine Kugeln formen. Hälfte im Sesam und Rest in den Kernen wenden. Basilikum waschen, große Blättchen von den Stielen zupfen. Pralinen darauf anrichten.

ZUBEREITUNGSZEIT ca. 30 Min.
STÜCK ca. 50 kcal
E 2 g · F 4 g · KH 0 g

*In Gläsern serviert, lässt sich der Salat auch beim Stehempfang leicht essen*

## Asiagurkensalat mit Hack- und Garnelensticks

ZUTATEN FÜR 12 PERSONEN

- 2 große Salatgurken
- ½ Chilischote (z. B. rot)
- 1 Stück (ca. 3 cm) Ingwer
- 6 EL Weißweinessig
- Salz ♥ Pfeffer ♥ Zucker ♥ 9 EL Öl
- 1 kleine Zwiebel ♥ 250 g gemischtes Hack
- 1 Eigelb oder 1 EL Speisequark
- 1 EL Semmelbrösel ♥ Curry
- 12 küchenfertige rohe Garnelen (ca. 250 g)
- 5–6 Stiele Koriander
- 12 Holzspieße

**1** FÜR DEN GURKENSALAT Gurken waschen (ein kleines Stück abschneiden und beiseitelegen). Gurken schälen und fein würfeln. Chili putzen, waschen und fein hacken. Ingwer schälen und fein würfeln. Alles mit Essig, Salz, Pfeffer, etwas Zucker und 6 EL Öl mischen.

**2** FÜR DIE HACKBÄLLCHEN Zwiebel schälen, hacken. Mit Hack, Eigelb und Semmelbröseln verkneten. Mit Salz, Pfeffer und 1 Prise Curry würzen. Zu 12 kleinen Bällchen formen. In 2 EL heißem Öl rundherum ca. 6 Minuten braten. Auf Küchenpapier abtropfen lassen.

**3** FÜR DIE GARNELEN Garnelen am Rücken längs einschneiden und den dunklen Darm entfernen. Garnelen waschen und trocken tupfen. In 1 EL heißem Öl unter Wenden ca. 3 Minuten braten. Mit Salz und Pfeffer würzen.

**4** Koriander waschen, abzupfen. Übrige Gurke in dünne Scheiben schneiden. Auf sechs Spieße je 2 Hackbällchen, etwas Koriander und 1 Gurkenscheibe, auf die übrigen je 2 Garnelen stecken. Rest Koriander hacken und unter den Gurkensalat heben. Alles in Gläsern anrichten.

ZUBEREITUNGSZEIT ca. 40 Min.
PORTION ca. 170 kcal
E 10 g · F 13 g · KH 3 g

Gourmet-Sauerfleisch
Kartoffelsalat
mit Lachs und Kaviar
Hähnchen
mit Ananasdip

## Gourmet-Sauerfleisch

ZUTATEN FÜR CA. 15 KLEINE GLÄSER

- 2–3 Möhren ♥ 1 große Zwiebel
- ⅛ l Weißweinessig ♥ Salz ♥ 4–5 EL Zucker
- 1 Lorbeerblatt ♥ 5 Wacholderbeeren
- 500 g ausgelöstes Kasselerkotelett
- 6 Blatt Gelatine
- 1 Glas (370 ml) Cornichons
- 4 Stiele Petersilie
- 3–4 EL Sahnemeerrettich (Glas)

**1** Möhren und Zwiebel schälen. Möhren waschen, beides fein würfeln. Mit ½ l Wasser, Essig, 1 Prise Salz, Zucker, Lorbeer und Wacholder aufkochen. Fleisch waschen und im Sud zugedeckt ca. 20 Minuten köcheln.

**2** Gelatine kalt einweichen. Gurken in Scheiben schneiden. Petersilie waschen, Blättchen fein hacken.

**3** Fleisch herausheben, Sud durchsieben. 600 ml Sud abmessen. Gelatine ausdrücken, im heißen Sud auflösen und abschmecken. Fleisch in kleine Würfel schneiden.

**4** Fleisch, Gemüse, Gurken und Petersilie in ca. 15 kleine Gläser verteilen. Sud darübergießen und zugedeckt über Nacht kalt stellen. Mit Sahnemeerrettich anrichten.

ZUBEREITUNGSZEIT ca. 50 Min. +
Wartezeit ca. 12 Std.
PORTION ca. 60 kcal
E 5 g · F 2 g · KH 5 g

## Kartoffelsalat mit Lachs und Kaviar

ZUTATEN FÜR 10 PERSONEN

- 2,5 kg Kartoffeln ♥ 3 Zwiebeln
- 1 EL Öl ♥ 8 EL Weißweinessig
- 1 TL Gemüsebrühe (instant)
- Salz ♥ Pfeffer ♥ Zucker
- 150 g Salatcreme ♥ 400 g Schmand
- 200 g Räucherlachs in Scheiben
- 3 Stiele Dill
- ca. 5 TL Lachs- oder Forellenkaviar

**1** Kartoffeln waschen und zugedeckt ca. 20 Minuten kochen. Kartoffeln abschrecken, schälen und auskühlen lassen.

**2** Zwiebeln schälen und fein würfeln. Im heißen Öl glasig dünsten. Mit Essig und 300 ml Wasser ablöschen. Aufkochen und Brühe einrühren. Mit etwas Salz, Pfeffer und Zucker würzen. Kartoffeln würfeln, mit heißer Marinade übergießen und mindestens 1 Stunde ziehen lassen.

**3** Salatcreme und Schmand verrühren. Mit Salz und Pfeffer würzen. Unter die Kartoffeln mischen. Zugedeckt über Nacht kalt stellen.

**4** Lachs in Streifen schneiden. Dill waschen und abzupfen. Salat nochmals abschmecken und z. B. auf zehn Fingerfoodlöffeln oder in kleinen Schälchen anrichten. Mit Kaviar, Lachs und Dill belegen. Übrigen Salat extra reichen.

ZUBEREITUNGSZEIT ca. 1 ½ Std. +
Wartezeit mind. 13 Std.
PORTION ca. 370 kcal
E 10 g · F 17 g · KH 41 g

## Hähnchen mit Ananasdip

ZUTATEN FÜR 20 SCHÄLCHEN

- 20 Hähncheninnenfilets (ca. 400 g)
- 5 EL Teriyakisoße ♥ 1 Zwiebel
- 1 Dose (446 ml) Ananas ♥ 2 EL Öl
- 4–5 EL Sweet-Chili-Soße (Flasche) ♥ Salz

**1** Filets waschen, trocken tupfen und mit Teriyakisoße beträufeln. Etwas ziehen lassen.

**2** Zwiebel schälen und fein würfeln. Ananas gut abtropfen lassen und fein hacken. Zwiebel in 1 EL heißem Öl andünsten. Chilisoße und Ananas zufügen und aufkochen.

**3** Filets in einer Pfanne in 1 EL heißem Öl portionsweise 4–5 Minuten braten. Mit Salz würzen. Fleisch und Dip auskühlen lassen. Hähnchen auf dem Ananasdip anrichten.

ZUBEREITUNGSZEIT ca. 25 Min. +
Wartezeit ca. 2 Std.
PORTION ca. 120 kcal
E 9 g · F 5 g · KH 9 g

## Teufelssalat im Glas

ZUTATEN FÜR 8 GLÄSER

- 1 Glas (370 ml) Silberzwiebeln
- 2 Paprikaschoten (z. B. rot)
- ¼–½ Eisbergsalat
- 12 EL süßsaure Asiasoße
- 600 g Rinderhuftsteak ♥ 2 EL Öl
- Salz ♥ Pfeffer

**1** Silberzwiebeln abtropfen lassen. Paprika putzen, waschen und fein würfeln. Salat putzen, waschen und in feine Streifen schneiden. Alles zusammen mit 6 EL Asiasoße mischen. Ca. 10 Minuten ziehen lassen.

**2** Fleisch waschen, trocken tupfen und in Streifen schneiden. Öl in einer großen Pfanne erhitzen. Steakstreifen darin unter Wenden ca. 2 Minuten kräftig anbraten. Mit Salz und Pfeffer würzen.

**3** Salat in acht Gläser oder Schälchen verteilen. Steakstreifen und den Rest Asiasoße darauf verteilen. Dazu schmeckt Baguette.

ZUBEREITUNGSZEIT ca. 30 Min.
PORTION ca. 150 kcal
E 17 g · F 5 g · KH 9 g

### *Höllisch gut*

*Richtig schön scharf wird der Teufelssalat, wenn Sie die süßsaure durch eine süßscharfe Asia- oder feurige Chilisoße ersetzen. Oder Sie schmecken den Salat noch mit Cayennepfeffer ab.*

## Gefüllte Parmesankräcker

ZUTATEN FÜR CA. 20 STÜCK

- 100 g + etwas Mehl
- 100 g + 2 EL geriebener Parmesan
- 100 g kalte Butter ♥ 1 Ei
- 3 EL Pinienkerne
- 1 mittelgroße Tomate
- 50 g grüne Oliven (ohne Stein)
- 200 g Doppelrahmfrischkäse
- Backpapier

**1** 100 g Mehl, 100 g Parmesan und Butter in Stückchen zu einem glatten Teig verkneten. Zugedeckt ca. 30 Minuten kalt stellen.

**2** Teig auf etwas Mehl zum Rechteck (20 x 24 cm) ausrollen und in 30 Quadrate (à 4 x 4 cm) schneiden. 10 Quadrate diagonal halbieren.

**3** Plätzchen auf zwei mit Backpapier ausgelegte Backbleche setzen und mit verquirltem Ei bestreichen. Hälfte mit 1 EL Pinienkernen und 2 EL Parmesan bestreuen. Im vorgeheizten Backofen (E-Herd: 200 °C/Umluft: 175 °C/Gas: s. Hersteller) ca. 10 Minuten backen. Auskühlen lassen.

**4** 2 EL Pinienkerne ohne Fett goldbraun rösten. Abkühlen lassen. Tomate waschen, vierteln, entkernen und fein würfeln. Oliven und Pinienkerne hacken. Beides mit Tomate mischen.

**5** Frischkäse glatt rühren. Je 1 Klecks auf die unbestreuten Kräcker geben. Tomatenmischung darauf verteilen. Rest Kräcker darauflegen.

ZUBEREITUNGSZEIT ca. 1 Std. + Wartezeit ca. 1 ½ Std.
STÜCK ca. 130 kcal
E 4 g · F 10 g · KH 4 g

## Frischkäsepralinen mit Lachs

ZUTATEN FÜR CA. 32 STÜCK

- 3 Stiele Dill
- 1 EL Mohn ♥ 1 EL Sesam
- 200 g Doppelrahmfrischkäse
- 3 TL Sahnemeerrettich (Glas)
- 4 dünne lange Scheiben (à ca. 30 g) Schwarzbrot
- 4 Scheiben Räucherlachs

**1** Dill waschen, trocken schütteln und fein schneiden. Mohn und Sesam nacheinander in einer Pfanne ohne Fett leicht rösten, herausnehmen. Käse und Meerrettich glatt rühren.

**2** 2 Brotscheiben mit ⅔ Käsecreme bestreichen. Je 1 Scheibe Brot darauf leicht andrücken. Mit übriger Käsecreme bestreichen und mit Lachs belegen. Jedes Brot mit einem scharfen Messer in ca. 16 Würfel schneiden. Lachsseite in Sesam, Dill oder Mohn drücken. Anrichten.

ZUBEREITUNGSZEIT ca. 25 Min.
Stück ca. 40 kcal
E 4 g · F 3 g · KH 2 g

## Käsecarpaccio mit Feigen

ZUTATEN FÜR 8 PERSONEN

- 2 Schalotten
- 4 EL Feigen-Senf-Soße oder Feigensenf
- 2 EL heller Balsamico-Essig
- Salz ♥ Pfeffer ♥ Zucker
- 3 EL Öl ♥ 2 Feigen
- je 200 g Emmentaler und Greyerzer in sehr dünnen Scheiben

**1** Schalotten schälen und fein hacken. Mit Feigen-Senf-Soße, Essig, Salz, Pfeffer und etwas Zucker verrühren. Öl darunterschlagen.

**2** Feigen waschen und in Spalten schneiden. Käse auf einer Platte fächerförmig anrichten. Mit der Soße beträufeln und mit Feigen anrichten. Dazu passt Baguette.

ZUBEREITUNGSZEIT ca. 15 Min.
PORTION ca. 250 kcal
E 15 g · F 19 g · KH 3 g

## Parmesankörbchen Tomate-Mozzarella

ZUTATEN FÜR 8 STÜCK

- 175 g Parmesan (Stück)
- 2 EL heller Balsamico-Essig
- Salz ♥ Pfeffer ♥ Zucker ♥ 2 EL Olivenöl
- 300 g Mini-Mozzarellakugeln
- 250 g Kirschtomaten ♥ 5 Stiele Basilikum
- 4 dünne Scheiben Parmaschinken
- Backpapier ♥ evtl. 8 Holzspießchen

**1** Parmesan fein reiben. Je 4 Kreise (à ca. 9 cm Ø) auf zwei mit Backpapier ausgelegte Backbleche streuen (nicht zu dicht, der Käse zerläuft).

**2** Nacheinander im vorgeheizten Backofen (E-Herd: 200 °C/Umluft: 175 °C/Gas: s. Hersteller) 5–8 Minuten goldbraun backen. Sofort mit einem Pfannenwender vom Blech nehmen und auf umgestülpte Gläser (4–5 cm Ø) legen. Mit einem Tuch leicht andrücken und auskühlen lassen.

**3** Essig, Salz, Pfeffer, etwas Zucker und Öl verschlagen. Mozzarella abtropfen lassen. Tomaten waschen und halbieren. Basilikum waschen und fein schneiden. Alles mischen.

**4** Schinkenscheiben längs halbieren und auf Spieße steicken. Tomate-Mozzarella in den Parmesankörbchen anrichten. Schinkenspieße hineinstecken.

ZUBEREITUNGSZEIT ca. 45 Min.
STÜCK ca. 200 kcal
E 16 g · F 14 g · KH 1 g

EIN COCKTAIL ZUM EMPFANG

### *Bellini Aperol*

**Für 6 Gläser: 3 Bergpfirsiche** mit kochendem Wasser überbrühen, kurz ziehen lassen, abschrecken und die Schale abziehen. Das Fruchtfleisch vom Stein schneiden und pürieren. Fruchtpüree in sechs Gläser verteilen und je **2 EL Aperol (italienischer Bitterlikör)** darauf verteilen. Mit **1 Flasche** gut gekühltem **Prosecco** auffüllen. Nach Belieben mit **Eiswürfeln** servieren.

Frischkäsepralinen
Parmesankörbchen
Käsecarpaccio

## Gut vorbereitet

*Fertige Spieße in Alufolie bei 100 °C im Ofen ca. 15 Minuten erwärmen. Das Rührei schmeckt auch kalt, aber lieber erst kurz vorher zubereiten.*

## Lammspießchen auf Rosmarin

ZUTATEN FÜR 12–16 SPIESSE

- 2 Knoblauchzehen ♥ 200 g Salatmayonnaise
- 150 g Vollmilchjoghurt ♥ Salz ♥ Pfeffer
- 400 g ausgelöster Lammrücken (Lammlachse)
- 2 EL Öl ♥ 1 TL getrockneter Rosmarin
- 150 g getrocknete Tomaten (in Öl)
- 12–16 feste Rosmarinzweige oder Holzspießchen

**1** Knoblauch schälen und fein hacken. Mit Mayonnaise und Joghurt verrühren. Mit Salz und Pfeffer abschmecken.

**2** Fleisch in kleine Würfel schneiden. Im heißen Öl rundherum 3–4 Minuten braten. Mit Rosmarin und Salz würzen und aus der Pfanne nehmen.

**3** Tomaten abtropfen lassen und klein schneiden. Je 2 Lammwürfel und 1 Tomatenstück auf einen Rosmarinzweig oder Spieß stecken. Mit Knoblauchmayonnaise anrichten.

ZUBEREITUNGSZEIT ca. 40 Min.
SPIESS ca. 130 kcal
E 6 g · F 10 g · KH 3 g

## Hähnchenspieße mit Avocadodip

ZUTATEN FÜR 16–20 SPIESSE

- 2 Limetten ♥ Chilipulver
- 1 EL brauner Zucker
- 600 g Hähnchenfilet
- 2 Knoblauchzehen ♥ 2 reife Avocados
- Salz ♥ Pfeffer
- 3 EL Öl ♥ 16–20 Holzspießchen

**1** Limetten auspressen. Hälfte Saft mit Chili und Zucker verrühren. Fleisch waschen, trocken tupfen und würfeln. Mit der Marinade mischen und ca. 1 Stunde kalt stellen.

**2** Knoblauch schälen, hacken. Avocados halbieren, je den Stein entfernen. Fruchtfleisch herauslösen und mit Rest Limettensaft und Knoblauch pürieren. Mit Salz und Pfeffer abschmecken.

**3** Fleisch abtupfen und auf Spießchen stecken. Im heißen Öl ca. 5 Minuten braten. Mit Avocadodip anrichten.

ZUBEREITUNGSZEIT ca. 30 Min. + Wartezeit ca. 1 Std.
SPIESS ca. 80 kcal · E 7 g · F 5 g · KH 1 g

## Buntes Rührei vom Löffel

ZUTATEN FÜR CA. 20 LÖFFEL

- 150 g Shrimps (frisch oder TK)
- ca. 50 g zarte Spinatblätter oder 5 Stiele Basilikum
- ½ Bund Schnittlauch
- 50–75 g Minikabanossi oder -salami
- 10 Eier ♥ 10 EL Milch
- Salz ♥ Pfeffer ♥ 2 EL Öl
- 1–2 EL Butter

**1** TK-Shrimps auftauen lassen. Kurz abspülen, trocken tupfen. Spinat und Schnittlauch waschen. Schnittlauch fein schneiden. Kabanossi in Scheiben schneiden. Eier und Milch verquirlen, mit Salz und Pfeffer würzen.

**2** Kabanossi und Shrimps getrennt in je 1 EL heißem Öl kurz anbraten. Die Eiermilch in 2 Portionen in heißer Butter stocken lassen.

**3** 1–2 Spinatblätter auf Esslöffel (lieber kein Silber) oder Tellerchen legen. Rührei darauf verteilen. Mit Schnittlauch, Shrimps und Wurst garnieren.

ZUBEREITUNGSZEIT ca. 25 Min.
PORTION ca. 80 kcal
E 6 g · F 6 g · KH 0 g

## Kaviarröllchen mit Roten Beten

ZUTATEN FÜR CA. 18 STÜCK

- 1 Zwiebel ♥ 1 Bund Dill
- 4 EL Obstessig
- 1 TL körniger Senf
- Salz ♥ Pfeffer ♥ Zucker ♥ 4 EL Öl
- 500 g gegarte Rote Beten (vakuumverpackt)
- ⅛ l + 75 ml Milch
- ½ Würfel (21 g) Hefe
- 150 g Dinkelmehl (Type 630)
- 4 EL Butter ♥ 200 g Schmand
- 1 Ei ♥ 100 g Lachskaviar (Glas)
- evtl. Bio-Zitrone zum Garnieren

**1** Zwiebel schälen, hacken. Dill waschen und fein schneiden. Zwiebel, 1 EL Dill, Essig, Senf, Salz, Pfeffer und etwas Zucker verrühren. Öl darunterschlagen. Rote Beten in Spalten schneiden, mit der Soße mischen und mindestens 1 Stunde ziehen lassen.

**2** ⅛ l Milch lauwarm erwärmen. Hefe zerbröckeln, mit ½ TL Zucker darin auflösen. Hefemilch und Mehl glatt verrühren. Zugedeckt am warmen Ort ca. 20 Minuten gehen lassen.

**3** 1 EL Butter schmelzen und mit 1 EL Schmand, 75 ml Milch und dem Ei verquirlen. Alles mit ½ TL Salz unter den Hefeteig rühren. Zugedeckt ca. 30 Minuten gehen lassen.

**4** 3 EL Butter portionsweise in einer großen beschichteten Pfanne erhitzen. Aus dem Teig darin nacheinander 3 flache Pfannkuchen (Bliny) backen. Auskühlen lassen.

**5** Pfannkuchen mit übrigem Schmand bestreichen. Kaviar und Dill darauf verteilen. Mit Pfeffer würzen und fest aufrollen. Rede Rolle in ca. 6 Stücke schneiden. Rote Beten dazu reichen.

ZUBEREITUNGSZEIT ca. 40 Min. + Gehzeit ca. 50 Min. + Wartezeit
STÜCK ca. 130 kcal
E 3 g · F 10 g · KH 7 g

# Herzhafte Kuchen

**Mal üppig belegt für den großen Hunger, mal im Miniformat für den kleinen Appetit – Pizza & Co. schmecken einfach immer**

Pizza piccante

Pizza „Gourmet“

## Pizza „Gourmet“

ZUTATEN FÜR 2 RUNDE PIZZAS (À CA. 8 STÜCKE)

FÜR DEN TEIG

- 1 Würfel (42 g) Hefe ♥ 400 g Mehl
- Salz ♥ 6 EL Olivenöl
- Fett und Mehl fürs Blech

FÜR DEN BELAG

- 2 mittelgroße Zwiebeln
- 250 g Champignons
- 400 g Schweinefilet ♥ 2 EL Öl
- grober Pfeffer ♥ Salz
- 200 g Barbecuesoße (Flasche)
- 2–3 Lauchzwiebeln ♥ 1 Knoblauchzehe
- 150 g Crème fraîche ♥ Backpapier

**1** FÜR DEN TEIG Hefe zerbröckeln, in 200 ml lauwarmem Wasser auflösen. Mit Mehl, 1 TL Salz und Öl glatt verkneten. Gehen lassen (s. Tipps unten).

**2** FÜR DEN BELAG Zwiebeln schälen, Pilze putzen, waschen. Beides in Scheiben schneiden. Fleisch waschen, trocken tupfen und in Streifen schneiden. Im heißen Öl 3–4 Minuten anbraten. Würzen, herausnehmen. Zwiebeln und Pilze im Bratfett anbraten, würzen. Mit Fleisch mischen und abkühlen lassen.

**3** Pizzablech (28 cm Ø) fetten, mit Mehl ausstäuben. Teig halbieren. Jede Hälfte auf wenig Mehl durchkneten und in Blechgröße ausrollen. 1 Pizzaboden ins Blech und 1 auf Backpapier legen. Mit Barbecuesoße bestreichen, Fleisch und Pilze darauf verteilen.

**4** Pizzas nacheinander im heißen Ofen (E-Herd: 225 °C/Umluft: 200 °C/Gas: s. Hersteller) ca. 20 Minuten backen.

**5** Inzwischen Lauchzwiebeln putzen, waschen und fein schneiden. Knoblauch schälen und fein hacken. Beides mit Crème fraîche verrühren, würzen. Auf den heißen Pizzas verteilen.

ZUBEREITUNGSZEIT ca. 1 ¼ Std. +
Gehzeit 45–60 Min.
STÜCK ca. 210 kcal
E 9 g · F 8 g · KH 23 g

### SO „GEHT“ HEFETEIG

*Pizzateig zur Kugel formen und zugedeckt am warmen Ort 45–60 Minuten gehen lassen. Er ist genau richtig, wenn sich sein Volumen verdoppelt hat.*

## Pizza piccante

ZUTATEN FÜR 1 BACKBLECH (CA. 16 STÜCKE) ODER 2 RUNDE PIZZAS (À CA. 8 STÜCKE)

FÜR DEN TEIG

- 1 Päckchen Trockenhefe
- 400 g Mehl ♥ Salz ♥ 5–6 EL Olivenöl

FÜR DEN BELAG

- 1 Zwiebel ♥ 1 EL Olivenöl
- 1 EL Tomatenmark
- 1 Dose (425 ml) Pizzatomaten
- Salz ♥ Pfeffer ♥ italienische Kräuter
- 1 rote Chilischote
- 125 g Mozzarella
- 250 g frische grobe Bratwurst
- 75–100 g Salami in dünnen Scheiben
- ca. 12 eingelegte Peperoni
- 150 g geriebener Pizzakäse
- Backpapier

**1** FÜR DEN TEIG Hefe mit Mehl und 1 TL Salz mischen. Mit 200 ml lauwarmem Wasser und Öl zum glatten Teig verkneten, gehen lassen (s. Tipps unten).

**2** FÜR DEN BELAG Zwiebel schälen, fein würfeln. In 1 EL heißem Öl andünsten. Tomatenmark und Tomaten zufügen, aufkochen, würzen. Offen ca. 20 Minuten köcheln. Soße abkühlen lassen.

**3** Chili entkernen und fein schneiden. Mozzarella in Scheiben schneiden. Teig auf dem Backblech auf Backpapier dünn ausrollen. Mit Soße bestreichen. Bratwurst in Klößchen direkt aus der Haut daraufdrücken. Salami, Peperoni, Chili und Käse darauf verteilen. Im vorgeheizten Backofen (E-Herd: 225 °C/ Umluft: 200 °C/Gas: s. Hersteller) 20–30 Minuten backen.

ZUBEREITUNGSZEIT ca. 1 ¼ Std. +
Gehzeit 45–60 Min.
STÜCK ca. 480 kcal
E 21 g · F 25 g · KH 40 g

*Selbst Teig für mehrere Pizzas kann man schon ca. 2 Stunden vorher kneten. Dann mit einem feuchtwarmen Tuch abdecken und nicht zu kalt aufbewahren. Später nochmals durchkneten*

*Ist die Pizza schon fertig belegt, der Ofen aber noch nicht frei? Macht nichts, dann kann der Teig ruhig etwas länger gehen*

## Spinattörtchen mit Roquefort

ZUTATEN FÜR 8 STÜCK

- 250 g TK-Blattspinat
- 250 g + etwas Mehl ♥ Salz
- 5 Eier (Gr. M)
- 125 g kalte Butter
- 125 g Kirschtomaten
- 100 g Roquefort
- 150 g saure Sahne
- 150 ml Milch ♥ Pfeffer ♥ Muskat
- Fett für die Förmchen
- 4 TL Semmelbrösel
- 2 EL Pinienkerne
- Frischhaltefolie

**1** Spinat auftauen lassen. 250 g Mehl, ½ TL Salz, 1 Ei und Butter in Stückchen erst mit den Knethaken des Rührgerätes, dann kurz mit den Händen zum glatten Teig verkneten. In Folie wickeln und ca. 30 Minuten kalt stellen.

**2** Tomaten waschen und halbieren. Roquefort würfeln. Spinat ausdrücken und grob hacken. Saure Sahne, Milch und 4 Eier verquirlen. Mit Salz, Pfeffer und Muskat kräftig würzen.

**3** Acht Tortelettförmchen (à ca. 10 cm Ø) mit Hebeboden fetten. Teig achteln und jedes Stück auf etwas Mehl rund (ca. 12 cm Ø) ausrollen. Förmchen damit auslegen und am Rand andrücken. Jeweils mit einer Gabel mehrmals einstechen und mit ½ TL Semmelbröseln bestreuen.

**4** Spinat, Roquefort und Tomaten in die Förmchen verteilen. Eiersahne darübergießen. Im vorgeheizten Ofen (E-Herd: 200 °C/Umluft: 175 °C/Gas: s. Hersteller) ca. 30 Minuten backen. Pinienkerne nach ca. 20 Minuten über die Tartelettes streuen, fertig backen.

ZUBEREITUNGSZEIT ca. 1 ¼ Std. + Wartezeit ca. 45 Min.
STÜCK ca. 390 kcal
E 13 g · F 25 g · KH 25 g

# Pirogge mit Hähnchenragout

ZUTATEN FÜR CA. 16 STÜCKE

- 1 küchenfertiges Hähnchen (ca. 1,5 kg)
- 1 kleines Bund Suppengrün
- 2 Zwiebeln ♥ 1 Lorbeerblatt
- 6 Pfefferkörner ♥ Salz ♥ Pfeffer
- 200 g Reis ♥ 6 Eier (Gr. M)
- 400 g + 50 g + etwas Mehl
- 200 g + 4 EL + 50 g weiche Butter
- 250 g Champignons
- je 1 Bund Dill und Petersilie
- 125 g + 1 TL Schlagsahne ♥ Backpapier

**1** Hähnchen waschen. Gemüse putzen bzw. schälen, waschen und würfeln. 1 Zwiebel schälen, vierteln. Alles mit Lorbeer, Pfefferkörnern, 2–3 TL Salz und gut 2 l Wasser aufkochen. Zugedeckt ca. 1 ¼ Stunden köcheln.

**2** Reis in kochendem Salzwasser nach Packungsanweisung garen. 5 Eier hart kochen, abschrecken und schälen. Hähnchen aus der Brühe heben und den Reis evtl. abtropfen lassen. Alles abkühlen lassen.

**3** 400 g Mehl, 200 g Butter, ½ TL Salz und 6–7 EL kaltes Wasser zu einem glatten Teig verkneten. Zugedeckt ca. 30 Minuten kalt stellen.

**4** 1 Zwiebel schälen und fein würfeln. Pilze putzen, waschen und in Scheiben schneiden. Pilze und Hälfte Zwiebel in 1 EL heißer Butter anbraten, würzen. Dill waschen, fein schneiden. Eier würfeln. 3 EL Butter schmelzen, mit Eiern und Dill mischen. Fleisch von Knochen und Haut lösen und klein schneiden.

**5** Rest Zwiebelwürfel in 50 g heißer Butter andünsten. 50 g Mehl zufügen und hell anschwitzen. Ca. ⅜ l von der Hühnerbrühe und 125 g Sahne einrühren. Aufkochen und 4–5 Minuten köcheln. Abschmecken. Petersilie waschen und fein hacken. Mit Pilzen und Fleisch darunterheben.

**6** Ca. ⅓ Teig auf einem Backblech auf Backpapier rund (ca. 32 cm Ø) ausrollen. Springformrand (26 cm Ø) daraufstellen. Reis, Eiermasse und Ragout mischen und so einschichten, dass eine Kuppel entsteht. 1 Ei trennen. Eigelb und 1 TL Sahne verquirlen.

**7** Formrand entfernen, Teigrand mit Eiweiß bestreichen. Übrigen Teig auf etwas Mehl rund (ca. 45 cm Ø) ausrollen. Über die Füllung legen und gut andrücken. Teigrand gut andrücken und gerade schneiden. Aus der Mitte der Kuppel ein Loch ausstechen. Teigreste verkneten, ausrollen und z. B. Blüten ausstechen. Mit Eiweiß bestreichen, Pirogge damit verzieren. Alles mit Eigelb bestreichen. Im vorgeheizten Backofen auf der untersten Schiene (E-Herd: 200 °C/Umluft: 175 °C/Gas: s. Hersteller) ca. 40 Minuten backen.

**ZUBEREITUNGSZEIT** ca. 3 Std. + Wartezeit ca. 1 Std.
**STÜCK** ca. 470 kcal
E 21 g · F 28 g · KH 31 g

## Flammkuchen mit Schinken

ZUTATEN FÜR 4 FLAMMKUCHEN (À CA. 4 STÜCKE)

- ½ Würfel (21 g) Hefe ♥ 1 TL Zucker
- 600 g + etwas Mehl ♥ Salz
- 6 EL Öl ♥ 6 Stiele Majoran
- 450 g Crème fraîche ♥ Pfeffer
- 2 Bund Lauchzwiebeln
- 200 g Raclettekäse oder Gouda (Stück)
- 200 g Schwarzwälder Schinken in dünnen Scheiben
- Backpapier

**1** FÜR DEN TEIG Hefe zerbröckeln, mit Zucker flüssig rühren. Mit 600 g Mehl, ½ TL Salz, Öl und 300 ml lauwarmem Wasser mit den Knethaken des Rührgerätes zu einem glatten Teig verkneten. Zugedeckt an einem warmen Ort ca. 45 Minuten gehen lassen.

**2** FÜR DEN BELAG Majoran waschen, trocken schütteln und hacken. Crème fraîche und Majoran verrühren. Mit Salz und Pfeffer würzen. Lauchzwiebeln putzen, waschen und in dünne Ringe schneiden. Käse reiben.

**3** Teig vierteln und durchkneten. 2 Portionen auf etwas Mehl oval (ca. 25 x 35 cm) ausrollen und auf zwei mit Backpapier ausgelegte Backbleche legen. Jeweils mit ¼ Crème fraîche bestreichen und mit ¼ Lauchzwiebeln und Käse bestreuen. Nacheinander im heißen Ofen (E-Herd: 250 °C/Umluft: 225 °C/Gas: s. Hersteller) auf der unteren Schiene 10–12 Minuten backen.

**4** In der Zwischenzeit übrige Zutaten auf die gleiche Weise verarbeiten. Fertige Flammkuchen heiß mit Schinken belegen und servieren.

ZUBEREITUNGSZEIT ca. 45 Min. + Gehzeit ca. 30 Min.
STÜCK ca. 340 kcal
E 12 g · F 19 g · KH 29 g

### WENIG ZEIT?

*Mit 2 Packungen fertigem Flammkuchenteig (Kühlregal) steht das Essen schon nach 30 Minuten auf dem Tisch.*

# Strudelmuffins mit Salami

ZUTATEN FÜR 10 STÜCK

- 1 Packung (250 g; 10 Blätter) Strudelteig (Kühlregal)
- 250 g kleine Tomaten
- 1 Bund Lauchzwiebeln
- 100 g Salami in dünnen Scheiben
- 4 Eier ♥ 200 ml + 100 ml Milch
- Salz ♥ Pfeffer ♥ Muskat
- 2 EL Butter
- Fett fürs Muffinblech

**1** Teig aus der Packung nehmen und ca. 10 Minuten ruhen lassen. Tomaten waschen und in Scheiben schneiden. Lauchzwiebeln putzen, waschen und in Ringe schneiden. Salami evtl. halbieren oder vierteln.

**2** Eier und 200 ml Milch verquirlen. Mit Salz, Pfeffer und Muskat würzen. Butter und 100 ml Milch erhitzen. 10 Mulden eines Muffinbleches fetten.

**3** Teig entrollen. Strudelteigblätter vierteln. Jede Mulde mit 4 Teigblättern auslegen. Zwischendurch mit dem Milch-Fett-Gemisch bestreichen. Salami, Lauchzwiebeln und Tomaten in die Mulden verteilen. Eiermilch gleichmäßig darüber verteilen.

**4** Im vorgeheizten Backofen (E-Herd: 200 °C/Umluft: 175 °C/Gas: s. Hersteller) ca. 20 Minuten backen. Evtl. nach der Hälfte der Backzeit abdecken. Muffins ca. 10 Minuten abkühlen lassen. Dann vorsichtig herauslösen.

**ZUBEREITUNGSZEIT** ca. 50 Min.
**STÜCK** ca. 200 kcal
E 9 g · F 11 g · KH 18 g

# Tomatenquiche mit Ziegenkäse

ZUTATEN FÜR CA. 8 STÜCKE

- 200 g Mehl ♥ 50 g gemahlene Mandeln
- Salz ♥ 2 Eigelb ♥ 100 g kalte Butter
- Fett und Mehl für die Form
- 1 Bund Thymian ♥ 3 Zwiebeln
- 3 EL Olivenöl ♥ 75 g Zucker
- 100 ml heller Balsamico-Essig ♥ Pfeffer
- 750 g rote und gelbe Kirschtomaten
- 2 EL Semmelbrösel
- 300 g Ziegenkäserolle ♥ 1 EL Pinienkerne
- Backpapier
- Hülsenfrüchte zum Blindbacken

**1** FÜR DIE QUICHE Mehl, Mandeln, ½ TL Salz, Eigelb, Butter in Stückchen und 1–2 EL kaltes Wasser glatt verkneten. Auf einer bemehlten Arbeitsfläche rund (ca. 32 cm Ø) ausrollen. Eine Tarteform (26 cm Ø) mit Hebeboden fetten und mit Mehl ausstäuben. Teig in die Form legen, Rand in die Rillen drücken und evtl. gerade schneiden. Boden mit einer Gabel mehrmals einstechen und ca. 30 Minuten kalt stellen.

**2** FÜR DAS CONFIT Thymian waschen, Blättchen abzupfen. Zwiebeln schälen, fein würfeln. Zwiebeln in 1 EL heißem Öl anbraten. Zucker unterrühren und bei starker Hitze ca. 5 Minuten köcheln. Essig, 4–5 EL Wasser und ½ TL Thymian zufügen. Aufkochen und ca. 12 Minuten sirupartig einkochen. Mit Salz und Pfeffer abschmecken.

**3** FÜR DIE QUICHE Teigboden mit Backpapier belegen und Hülsenfrüchte einfüllen. Im heißen Backofen (E-Herd: 200 °C/Umluft: 175 °C/Gas: s. Hersteller) ca. 15 Minuten vorbacken. Inzwischen Tomaten waschen, abtrocknen. Boden herausnehmen, Hülsenfrüchte samt Backpapier entfernen.

**4** Boden mit Semmelbröseln bestreuen. Käse daraufbröckeln. Mit Pfeffer und Rest Thymian würzen. Tomaten darauf verteilen und mit 2 EL Öl beträufeln. Bei gleicher Temperatur auf der untersten Schiene 20–25 Minuten weiterbacken. 10 Minuten vor Backzeitende mit Pinienkernen bestreuen. Quiche mit Zwiebelkonfit servieren.

ZUBEREITUNGSZEIT ca. 1 ½ Std.
STÜCK ca. 400 kcal
E 9 g · F 23 g · KH 37 g

# Badischer Zwiebelkuchen

ZUTATEN FÜR 16 STÜCKE

- ⅛ l Milch • 1 TL Zucker
- ½ Würfel (21 g) Hefe
- 300 g Mehl • Salz
- 100 g weiche Butter
- 1,5 kg Zwiebeln • 3 EL Öl
- 100 g Schinkenwürfel
- Fett für die Fettpfanne
- 300 g Schmand
- 4 Eier • 1 EL Kümmel

**1** Milch und Zucker lauwarm erwärmen. Hefe hineinbröckeln und darin auflösen. Mehl, ½ TL Salz und Butter in eine Schüssel geben. Hefemilch dazugeben und alles mit den Knethaken des Rührgerätes zu einem glatten Teig verkneten. Zugedeckt an einem warmen Ort ca. 45 Minuten gehen lassen.

**2** Inzwischen Zwiebeln schälen und in Ringe schneiden. Öl in einem Bräter erhitzen und die Schinkenwürfel darin anbraten. Zwiebeln zufügen und ca. 20 Minuten glasig dünsten. Alles mit Salz und Pfeffer würzen und etwas abkühlen lassen.

**3** Teig nochmals kräftig durchkneten. Auf einer gefetteten Fettpfanne (ca. 32 x 39 cm) ausrollen, dabei den Rand ca. 1 cm hochziehen. Zugedeckt an einem warmen Ort weitere ca. 15 Minuten gehen lassen.

**4** Schmand, Eier, 1 TL Salz und Kümmel verrühren. Erst die Zwiebeln auf dem Teig verteilen, dann den Guss darübergießen. Zwiebelkuchen im vorgeheizten Backofen (E-Herd: 200 °C/ Umluft: 175 °C/Gas: s. Hersteller) 25–30 Minuten goldgelb backen.

**ZUBEREITUNGSZEIT** ca. 1 ½ Std. + Gehzeit ca. 1 Std.
**STÜCK** ca. 230 kcal
E 7 g · F 13 g · KH 19 g

## Tomaten-Pesto-Gugelhupf

ZUTATEN FÜR 16–18 SCHEIBEN

- 200 ml Milch
- 1 Würfel (42 g) Hefe
- 400 g Mehl • Zucker
- 80 g getrocknete Tomaten (in Öl)
- 150 g sehr weiche Butter
- 2 Eier + 2 Eigelb (Gr. M) • Salz
- Fett und Mehl für die Form
- 150 g grünes Pesto (Glas)

**1** Milch lauwarm erwärmen. Hefe hineinbröckeln und darin auflösen. Mehl in eine Schüssel geben und eine Mulde hineindrücken. Hefemilch und 1 TL Zucker hineingeben. Mit etwas Mehl vom Rand zum Vorteig verrühren. Zugedeckt am warmen Ort ca. 15 Minuten gehen lassen.

**2** Tomaten fein würfeln. Butter, Eier, Eigelb und 2 TL Salz zum Vorteig geben. Mit den Knethaken des Rührgerätes ca. 5 Minuten glatt verkneten. Tomaten darunterkneten. Teig zugedeckt an einem warmen Ort ca. 45 Minuten gehen lassen, bis sich das Volumen deutlich vergrößert hat.

**3** Eine Gugelhupfform (ca. 22 cm Ø; ca. 2,5 l Inhalt) fetten und mit Mehl ausstäuben. Teig nochmals durchkneten und gut ⅓ in die Form geben. Pesto darauf verteilen. Mit einer Gabel spiralförmig durchziehen. Rest Teig daraufgeben. Nochmals ca. 20 Minuten gehen lassen.

**4** Kuchen im vorgeheizten Backofen (E-Herd: 225 °C/Umluft: 200 °C/Gas: s. Hersteller) ca. 10 Minuten backen. Die Ofentemperatur herunterschalten (E-Herd: 175 °C/Umluft: 150 °C/Gas: s. Hersteller) und den Gugelhupf 30–35 Minuten fertig backen. Kurz abkühlen lassen, aus der Form stürzen. Dazu schmeckt Knoblauchquark.

**ZUBEREITUNGSZEIT** ca. 1 ¼ Std. + Gehzeit ca. 1 ½ Std.
**SCHEIBE** ca. 220 kcal
E 5 g · F 14 g · KH 18 g

## Pikanter Wirsingkuchen

ZUTATEN FÜR CA. 8 STÜCKE

- ½ Wirsing (ca. 800 g)
- 2 mittelgroße Zwiebeln
- 8 EL Öl (z. B. Rapsöl)
- Salz ♥ Pfeffer ♥ Muskat
- 1 EL (15 g) + 300 g dunkles Weizenmehl (Type 1050)
- 200 ml + 7 EL Milch
- 1 TL Gemüsebrühe (instant)
- 200 g gekochter Schinken
- 1 Päckchen Backpulver
- 150 g Magerquark
- 7 EL fettarme Milch
- Öl und Mehl für die Fettpfanne

**1** Wirsing putzen, waschen, in feine Streifen schneiden. Zwiebeln schälen und fein würfeln.

**2** 1 EL Öl im Topf erhitzen. Zwiebeln darin glasig dünsten. Kohl kurz mitdünsten. Mit Salz, Pfeffer und Muskat würzen. 1 EL Mehl darüberstäuben und kurz anschwitzen. 200 ml Milch, ca. ⅛ l Wasser und Brühe einrühren. Aufkochen und zugedeckt 15–20 Minuten schmoren. Kohl abschmecken und etwas abkühlen lassen.

**3** Schinken fein würfeln. 300 g Mehl und Backpulver mischen. Quark, 7 EL Öl, 7 EL Milch und ca. 1 TL Salz zufügen. Erst mit den Knethaken des Rührgerätes, dann mit den Händen zum glatten Teig verkneten.

**4** Fettpfanne (ca. 32 x 39 cm) ölen und mit Mehl bestäuben. Teig darauf ausrollen oder flach drücken. Wirsing darauf verteilen und mit Schinkenwürfeln bestreuen. Im vorgeheizten Backofen (E-Herd: 200 °C/Umluft: 175 °C/Gas: s. Hersteller) 20–25 Minuten goldbraun backen.

ZUBEREITUNGSZEIT ca. 1 Std.
STÜCK ca. 350 kcal
E 16 g · F 16 g · KH 32 g

# Mitbring-party

Allein vorbereiten und gemeinsam feiern – das macht wenig Arbeit und schont die Kasse. Sie als Gastgeberin behalten den Überblick und verteilen die „Aufgaben“ …

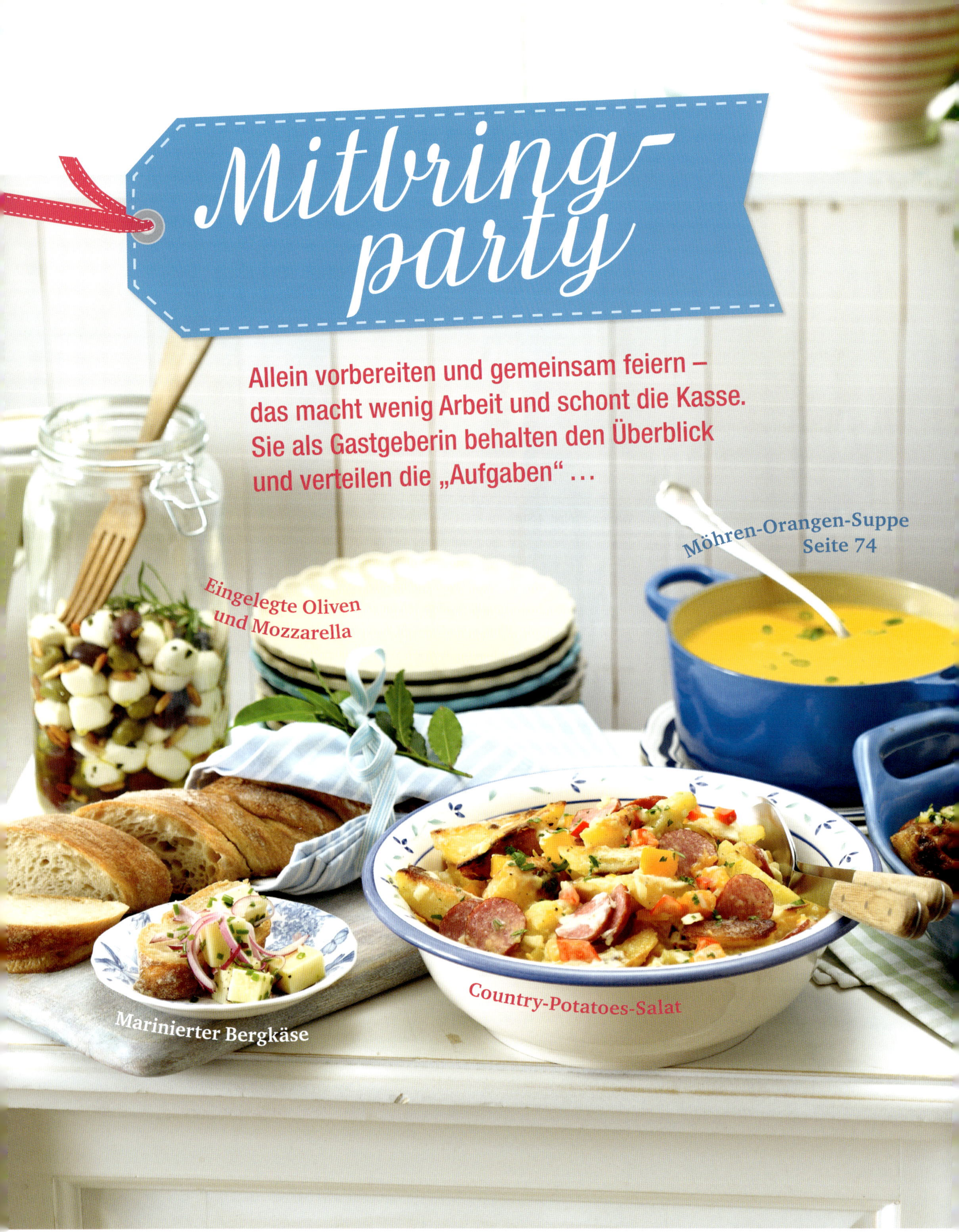

## Eingelegte Oliven und Mozzarella

ZUTATEN FÜR 10 PERSONEN

- 100 g Pinienkerne
- 500 g Mini-Mozzarellakugeln
- 250 g Oliven (grüne und schwarze)
- 1–2 Zweige Rosmarin
- 6 Knoblauchzehen
- 100 ml Olivenöl • Pfeffer • Salz

1 Pinienkerne rösten. Mozzarella und Oliven abtropfen lassen. Rosmarin waschen, trocken schütteln und die Nadeln abzupfen. Knoblauch schälen. Rosmarin und Knoblauch hacken.

2 Alle vorbereiteten Zutaten mit dem Öl mischen und mit Pfeffer und Salz würzen. Zugedeckt mindestens 4 Stunden kalt stellen. Zum Mitbringen z. B. in Weckgläser füllen.

ZUBEREITUNGSZEIT ca. 20 Min. +
Wartezeit mind. 4 Std.
PORTION ca. 270 kcal
E 12 g · F 23 g · KH 2 g

## Marinierter Bergkäse mit Zwiebeln

ZUTATEN FÜR 10 PERSONEN

- 500 g Bergkäse (Stück)
- 250 g rote Zwiebeln
- 1 Bund Schnittlauch • Pfeffer
- 5 EL Weißweinessig
- 100 ml Olivenöl

1 Käse entrinden und würfeln. Zwiebeln schälen und in feine Streifen schneiden. Schnittlauch waschen und in feine Röllchen schneiden.

2 Alles in einer Schüssel mischen und mit Pfeffer würzen. Mit Essig und Öl mischen. Zugedeckt mindestens 4 Stunden kalt stellen. Zum Mitbringen z. B. in Weckgläser füllen.

ZUBEREITUNGSZEIT ca. 20 Min. +
Wartezeit mind. 4 Std.
PORTION ca. 160 kcal
E 14 g · F 20 g · KH 3 g

## Country-Potatoes-Salat

ZUTATEN FÜR 10 PERSONEN

- 2 kg festkochende Kartoffeln
- 6–8 EL Öl • ½ TL Hühnerbrühe (instant)
- ⅛ l Obstessig • Salz • Pfeffer
- 400 g Kabanossi
- 2 rote Paprikaschoten
- 1 Gemüsezwiebel (ca. 300 g)
- 1 Glas (720 ml) süßsauer eingelegter Kürbis
- 1 Bio-Zitrone • 150 g Salatcreme
- 2–3 Knoblauchzehen • 1 EL Tabasco
- 5 Stiele Petersilie

1 Kartoffeln waschen und zugedeckt ca. 20 Minuten kochen. Abschrecken, schälen und auskühlen lassen.

2 Kartoffeln in Spalten schneiden. Öl portionsweise in einer großen Pfanne erhitzen. Kartoffeln darin portionsweise unter Wenden ca. 10 Minuten braten. Brühe in 100 ml heißem Wasser auflösen. Mit dem Essig in eine große Schüssel geben. Kartoffeln mit Salz und Pfeffer würzen, mit der Essigbrühe mischen.

3 Kabanossi in dünne Scheiben schneiden. Paprika putzen, waschen und würfeln. Zwiebel schälen und fein würfeln. Kürbis abtropfen lassen und den Sud auffangen. Kürbisstücke kleiner schneiden. Zitrone heiß waschen, trocken reiben und die Schale fein abreiben. Zitrone auspressen. Salatcreme, 4 EL Kürbissud, Zitronenschale und 2 EL Zitronensaft verrühren. Knoblauch schälen, fein hacken und unterrühren. Mit Salz und Tabasco abschmecken.

4 Paprika, Zwiebel, Kabanossi, Kürbis und Salatsoße zu den Kartoffeln geben. Alles vorsichtig mischen. Petersilie waschen, Blättchen abzupfen, fein hacken. Kurz vorm Servieren darüberstreuen.

ZUBEREITUNGSZEIT ca. 1 ½ Std. +
Wartezeit ca. 1 Std.
PORTION ca. 450 kcal
E 14 g · F 23 g · KH 43 g

# Hähnchen alla ossobuco

ZUTATEN FÜR 10 PERSONEN

- 10 Hähnchenkeulen (à ca. 250 g)
- 1 Bund Suppengrün ♥ 3 Zwiebeln
- 1 Lorbeerblatt ♥ 1 TL Pfefferkörner
- Salz ♥ Edelsüßpaprika
- Öl für die Fettpfanne
- 400 g Möhren ♥ 2 EL Olivenöl
- ⅛ l Rotwein
- 1 Dose (850 ml) Tomaten ♥ Pfeffer
- Zucker ♥ 2 Bio-Zitronen
- 3 Knoblauchzehen
- 5 Stiele Petersilie ♥ 5 Stiele Basilikum

1 AM VORTAG Hähnchenkeulen im Gelenk halbieren, waschen. Suppengrün putzen bzw. schälen und waschen. Alles in grobe Stücke schneiden. 1 Zwiebel schälen und halbieren. In einem großen Topf oder Bräter Zwiebel, Suppengrün, Lorbeer, Pfefferkörner, 2 TL Salz und ca. 3 l Wasser aufkochen. Keulen darin bei schwacher Hitze ca. 1 Stunde köcheln. Über Nacht in der Brühe auskühlen lassen.

2 AM NÄCHSTEN TAG Keulen aus der Brühe heben und gut abtropfen lassen. Brühe durchsieben und evtl. für die Möhren-Orangen-Suppe (s. Seite 74) verwenden. Keulen rundherum mit Salz und Paprika würzen. Auf einer geölten Fettpfanne im vorgeheizten Ofen (E-Herd: 200 °C/Umluft: 175 °C/ Gas: s. Hersteller) ca. 1 Stunde braten.

3 Inzwischen 2 Zwiebeln schälen und in Spalten schneiden. Möhren schälen, waschen und grob würfeln. Beides im heißen Öl ca. 5 Minuten andünsten. Mit Wein ablöschen, aufkochen und ca. 2 Minuten köcheln. Tomaten samt Saft zufügen und mit einem Pfannenwender grob zerkleinern. Aufkochen und offen ca. 10 Minuten köcheln. Mit Salz, Pfeffer und etwas Zucker abschmecken.

4 Zitronen heiß waschen, trocken reiben und die Schale dünn abraspeln. Knoblauch schälen und fein hacken. Petersilie und Basilikum waschen, die Blättchen abzupfen und fein schneiden. Alles mischen.

5 Heiße Soße über den Keulen verteilen. Bei gleicher Temperatur weitere ca. 15 Minuten schmoren. Etwas Kräutermischung (Gremolata) darüberstreuen und Rest dazu reichen. Dazu schmeckt Ciabatta oder Baguette.

ZUBEREITUNGSZEIT ca. 3½ Std. + Wartezeit ca. 12 Std.
PORTION ca. 380 kcal
E 35 g · F 23 g · KH 4 g

## Pizzateig formen

**1** *Ausstechen, füllen, zusammenklappen – mit einer „Teig-Falle“ gelingen unsere Teigtaschen ganz einfach. Wer keine hat, verteilt die Füllung auf einer Hälfte der Kreise, klappt den Teig darüber und drückt die Ränder dann mit einer Gabel fest zusammen.*

**2** *Sind im Handumdrehen gebacken: Teigreste evtl. leicht verkneten, in Streifen schneiden und diese in sich drehen. Mit Sesam oder grobem Salz bestreuen. Köstlich zum eingelegten Käse.*

# Minicalzonen „Asia“ und „Lachs“

ZUTATEN FÜR 18 STÜCK

FÜR DIE ASIAFÜLLUNG
- 50 g Mungobohnenkeimlinge
- 1 kleine Stange Porree (ca. 150 g)
- 1 kleine Möhre (ca. 100 g)
- 2 EL geröstete Erdnusskerne
- 1 EL Öl ♥ 1–2 TL Sambal Oelek
- 1–2 EL Sojasoße

FÜR DIE LACHSFÜLLUNG
- 175 g Doppelrahmfrischkäse
- 2 TL mittelscharfer Senf
- 100 g geräucherter Lachs in dünnen Scheiben
- 3 Lauchzwiebeln ♥ Pfeffer

FÜR DEN PIZZATEIG
- 3 Packungen (à 400 g) frischer Pizzateig (Kühlregal)
- Mehl zum Bestäuben ♥ 1 Ei
- Chiliflocken ♥ Backpapier

**1** FÜR DIE ASIAFÜLLUNG Keimlinge waschen und abtropfen lassen. Porree und Möhre putzen bzw. schälen, waschen. Beides fein schneiden. Nüsse grob hacken. Möhre und Porree im heißen Öl ca. 3 Minuten andünsten. Keimlinge, Nüsse, Sambal und Sojasoße unterrühren. Abkühlen lassen.

**2** FÜR DIE LACHSFÜLLUNG Frischkäse und Senf glatt rühren. Lachs in dünne Streifen schneiden. Lauchzwiebeln putzen, waschen und in feine Ringe schneiden. Beides unterrühren. Mit Pfeffer würzen.

**3** FÜR DEN PIZZATEIG Teige samt Backpapier entrollen. Aus jeder Teigplatte 6 Kreise (à 12 cm Ø) ausstechen.

**4** Jeden Teigkreis auf die mit Mehl bestäubte „Teig-Falle“ legen und füllen (s. Abb. und Tipp 1). Aus übrigen Teigabschnitten kleine Stangen formen (s. Abb. und Tipp 2). Die Taschen und Stangen auf drei mit Backpapier ausgelegte Backbleche verteilen. Ei verquirlen. Alles damit bestreichen. Asiataschen mit Chiliflocken bestreuen, Lachstaschen mit Mehl bestäuben.

**5** Nacheinander im vorgeheizten Backofen (E-Herd: 225 °C/Umluft: 200 °C/Gas: s. Hersteller) 10–12 Minuten backen. Ergibt jeweils ca. 9 Taschen. Dazu schmeckt süßsaure Asiasoße.

ZUBEREITUNGSZEIT ca. 1 ½ Std.
STÜCK ca. 240 kcal
E 9 g · F 8 g · KH 31 g

### IDEAL FÜR DIE GASTGEBERIN

*Diese köstliche Suppe ist ungünstig zu transportieren und deshalb genau richtig für die Gastgeberin. Praktisch: Sie kann schon morgens oder am Vortag gekocht werden. Später einfach nur wieder erhitzen.*

# Möhren-Orangen-Suppe mit Ingwer

ZUTATEN FÜR 10 PERSONEN

- 1 kg Möhren
- 1 Bund Lauchzwiebeln
- 1 Stück (ca. 4 cm) Ingwer
- 2 EL Butter • 2 EL Curry
- 2 EL Mehl
- ½ l Orangensaft
- 2 l Hühnerbrühe (evtl. von den Hähnchenkeulen, s. Seite 72; oder instant)
- 200 g Schlagsahne
- Salz • Pfeffer • Zucker

1 Möhren schälen, waschen und in Stücke schneiden. Lauchzwiebeln putzen, waschen. Das Weiße der Zwiebeln hacken, das Grün in feine Ringe schneiden. Ingwer schälen und fein hacken.

2 Butter im großen Topf erhitzen. Möhren, gehackte Zwiebeln und Ingwer darin ca. 10 Minuten andünsten. Mit Curry und Mehl bestäuben, kurz anschwitzen. Orangensaft und Brühe einrühren. Aufkochen und zugedeckt ca. 20 Minuten köcheln.

3 Suppe mit einem Stabmixer fein pürieren. Sahne einrühren und erhitzen. Mit Salz, Pfeffer und 1 Prise Zucker abschmecken. Vor dem Servieren Lauchzwiebelgrün unterrühren.

ZUBEREITUNGSZEIT ca. 1 Std.
PORTION ca. 430 kcal
E 36 g · F 16 g · KH 33 g

### VARIANTE

*Sind Vegetarier eingeladen? Dann bereiten Sie die Suppe nicht mit Hühner-, sondern mit Gemüsebrühe zu.*

# Putenröllchen „tonnato“ auf Salat

ZUTATEN FÜR 10 PERSONEN

FÜR DEN SALAT

- 2 Kartoffeln (ca. 150 g)
- 1 Zwiebel ♥ 1 Bund Schnittlauch
- je 1 Kopf Lollo rosso und Eichblattsalat
- 250 g Kirschtomaten
- 1 Salatgurke ♥ 6 EL Obstessig
- Salz ♥ Pfeffer ♥ Zucker ♥ 8 EL Öl

FÜR DIE PUTENRÖLLCHEN

- 2 Dosen (à 185 g) Thunfisch im eigenen Saft
- 1 Glas (106 ml) Kapern ♥ 2–3 EL Schmand
- 150 g leichte Salatcreme ♥ Pfeffer
- 15 dünne Scheiben (à ca. 25 g) geräucherte Putenbrust

1 FÜR DEN SALAT Kartoffeln für das Dressing waschen und in Wasser ca. 20 Minuten kochen.

2 FÜR DIE PUTENRÖLLCHEN Thunfisch und Kapern abtropfen lassen. Kapern hacken. Thunfisch mit einer Gabel zerzupfen. Beides mit Schmand und Salatcreme verrühren. Mit Pfeffer würzen. Auf die Putenbrustscheiben streichen und aufrollen. Kalt stellen.

3 FÜR DEN SALAT Zwiebel schälen und hacken. Schnittlauch waschen und in feine Röllchen schneiden. Blattsalate putzen, waschen, trocken schütteln und in mundgerechte Stücke zupfen. Tomaten waschen und halbieren. Gurke waschen, evtl. schälen und in Scheiben schneiden.

4 Kartoffeln abschrecken, schälen und mit einer Gabel zerdrücken. Essig, Salz, Pfeffer und etwas Zucker verquirlen. Öl und 4 EL Wasser darunterschlagen. Kartoffeln, Zwiebel und Schnittlauch unterrühren. Dressing mit Tomaten und Gurke mischen. Kurz vorm Servieren den Salat untermischen. Röllchen darauf anrichten.

ZUBEREITUNGSZEIT ca. 45 Min.
PORTION ca. 200 kcal
E 14 g · F 12 g · KH 8 g

*Auch andere wasserarme Knollen- und Wurzelgemüse wie Möhren, Sellerie, Pastinaken und Süßkartoffeln schmecken frittiert als Chips lecker*

## Zweierlei Gemüsechips mit Sour Cream

ZUTATEN FÜR 8–10 PERSONEN

- 8 mittelgroße Kartoffeln
- 4 kleine Rote Beten
- ca. 1 l Öl zum Frittieren
- Salz (z. B. grobes)
- 2 Packungen (à 200 g) Sour Cream (oder s. Tipp rechts)

1 Kartoffeln gründlich waschen oder schälen. Rote Beten schälen (Vorsicht, färben stark! Einmalhandschuhe tragen). Beides mit Küchenpapier trocken tupfen und in dünne Scheiben hobeln.

2 Öl in einem hohen Topf oder einer Fritteuse auf ca. 180 °C erhitzen. Kartoffel- und Rote-Bete-Scheiben darin jeweils in mehreren Portionen goldbraun frittieren und dabei ab und zu wenden. Mit einer Schaumkelle herausheben und auf Küchenpapier abtropfen lassen. Mit Salz bestreuen. Chips mit Sour Cream anrichten.

ZUBEREITUNGSZEIT ca. 40 Min.
PORTION ca. 290 kcal
E 5 g · F 17 g · KH 27 g

### Sour Cream mit Rucola

**1 Knoblauchzehe** schälen und grob hacken. Mit **100 g Rucola** und **6 EL Milch** mit dem Stabmixer fein pürieren. Püree mit **350 g Doppelrahmfrischkäse** und **200 g Sour Cream** verrühren. Mit **Pfeffer** und **Salz** abschmecken.

## Geflügelsalat mit Trauben und Pilzen

ZUTATEN FÜR 10 PERSONEN

- 1 Bund Suppengrün
- 5 Hähnchenkeulen (ca. 1,5 kg) • Salz
- 500 g Champignons • 5 EL Öl • Pfeffer
- 1 Zwiebel • 5 EL Essig
- 1–2 EL flüssiger Honig
- 400 g kernlose blaue Weintrauben
- 2–3 mittelgroße Äpfel
- 2 Minirömersalate
- etwas Balsamicocreme (Flasche)

1 Suppengrün putzen bzw. schälen, waschen und klein schneiden. Keulen waschen. Alles in einen Topf geben und mit heißem Wasser bedecken. 1 EL Salz zufügen und aufkochen. Zugedeckt ca. 45 Minuten köcheln. Keulen herausnehmen, abkühlen lassen (Brühe durchsieben, anderweitig verwenden).

2 Pilze putzen, waschen und halbieren. In 1 EL heißem Öl ca. 5 Minuten braten. Mit Salz und Pfeffer würzen. Abkühlen lassen.

3 Zwiebel schälen, hacken. Mit Essig, Salz, Pfeffer und Honig verrühren. 4 EL Öl darunterschlagen. Trauben waschen, abzupfen und halbieren. Äpfel waschen, vierteln, entkernen und fein schneiden. Beides mit der Marinade mischen.

4 Salate putzen, waschen und trocken tupfen. 10 Blätter beiseitelegen, Rest in feine Streifen schneiden. Fleisch von Haut und Knochen lösen und in mundgerechte Stücke schneiden. Mit den Salatstreifen unter die marinierten Früchte mischen. In den Salatblättern anrichten und mit Balsamicocreme garnieren.

ZUBEREITUNGSZEIT ca. 1 ½ Std.
PORTION ca. 320 kcal
E 23 g · F 18 g · KH 14 g

### ZUM MITNEHMEN

*Geflügelsalat nur mit einem in Streifen geschnittenen Minirömersalat zubereiten. Nach Belieben in Gläsern oder einfach in einer Schüssel anrichten.*

## Schmalz-Kräuter-Töpfchen

ZUTATEN FÜR 10 PERSONEN

- 4 Stiele Thymian ♥ 6 Stiele Petersilie
- ½ Bio-Zitrone ♥ 2–3 Knoblauchzehen
- 250 g weiches Schweineschmalz
- 150 g Griebenschmalz ♥ Salz ♥ Pfeffer

1 Kräuter waschen, trocken tupfen und hacken. Zitrone heiß waschen und Schale dünn abreiben. Zitrone auspressen. Knoblauch schälen, hacken.

2 Schmalz, Kräuter, Zitronenschale und 1–2 EL Zitronensaft glatt verrühren. Mit Salz und Pfeffer kräftig würzen. Dazu: Baguette oder Vollkornbrot.

ZUBEREITUNGSZEIT ca. 20 Min.
PORTION (1 EL) ca. 90 kcal
E 0 g · F 10 g · KH 0 g

# Würzfleisch im Weckglas mit Remoulade

ZUTATEN FÜR 8–10 PERSONEN
- 1 Bund Suppengrün • 4 Zwiebeln
- 2 gepökelte Schinkeneisbeine (ca. 2,5 kg)
- ca. ¼ l Essig • Salz
- 3 Lorbeerblätter • 2 Gewürznelken
- 8 Piment- und 1 TL Pfefferkörner
- 2–3 Stiele Thymian • Pfeffer • Zucker
- 2 Eier • 500 g Vollmilchjoghurt
- 150 g Salatmayonnaise
- 4 Stiele Petersilie • 2 Stiele Dill
- 3–4 Gewürzgurken (ca. 200 g; Glas)

**1** FÜR DAS WÜRZFLEISCH 1 Möhre beiseitelegen. Rest Suppengrün putzen bzw. schälen, waschen und grob zerkleinern. 2 Zwiebeln schälen und halbieren. Alles mit Fleisch, 2 ½ l Wasser, 200 ml Essig, 2 TL Salz und Gewürzen (bis auf Thymian) aufkochen. Schaum abschöpfen. Zugedeckt 3 ½–4 Stunden köcheln. Fleisch in der Brühe auskühlen lassen (am besten über Nacht).

**2** Fettschicht von der kalten gelierten Brühe abheben. Brühe etwas erwärmen. Fleisch herausheben und Brühe durchsieben (Lorbeer und Pfefferkörner evtl. aufbewahren). Eisbeine von Haut und Fett befreien. Fleisch vom Knochen lösen (ca. 1 kg Fleisch) und kleiner schneiden.

**3** 2 Zwiebeln schälen und 1 in Ringe schneiden. Möhre schälen, waschen und würfeln. Thymian waschen und die Blättchen abzupfen. 1 ½ l Brühe abmessen, aufkochen. Zwiebel, Möhre und Thymian darin ca. 8 Minuten köcheln. Fleisch in acht bis zehn Einmachgläser (à ca. 200 ml Inhalt) oder Schalen verteilen. Brühe mit Essig, Salz, Pfeffer und Zucker kräftig abschmecken. Lorbeer und Pfefferkörner wieder zufügen. Sud in die Gläser verteilen, auskühlen lassen. Zugedeckt mindestens 12 Stunden kalt stellen.

**4** FÜR DIE REMOULADE Eier hart kochen. Abschrecken, schälen und auskühlen lassen. Joghurt und Mayonnaise verrühren. Petersilie und Dill waschen, fein schneiden. Gurken, übrige Zwiebel und Eier fein würfeln. Alles verrühren. Mit Salz und Pfeffer abschmecken. Würzfleisch und Remoulade anrichten. Dazu schmecken Röstkartoffeln.

ZUBEREITUNGSZEIT ca. 5 ¼ Std.
Wartezeit mind. 20 Std.
PORTION ca. 300 kcal
E 26 g · F 16 g · KH 10 g

## Röstkartoffeln aus dem Ofen

Große Mengen Kartoffeln kann man auch gut im Backofen „braten“. Für 8–10 Personen **ca. 2 kg rohe Kartoffelstücke** mit **5–6 EL Öl, Salz, Pfeffer** und **Edelsüßpaprika** mischen und im Ofen bei 200 °C ca. 45 Minuten brutzeln. Dabei öfter wenden.

# Hackpastete mit Filetkern

ZUTATEN FÜR CA. 16 SCHEIBEN

- 1 Scheibe Toastbrot
- 1 Schweinefilet (ca. 300 g)
- Salz ♥ Pfeffer ♥ 1 EL Öl
- 1 Zwiebel ♥ 5 Stiele Petersilie
- 500 g gemischtes Hack
- 300 g Mett
- 2 TL mittelscharfer Senf
- 1 EL Tomatenmark ♥ 1 Ei
- 200 g Johannisbeergelee (Glas)
- Backpapier

1 Brot in kaltem Wasser einweichen. Filet waschen, trocken tupfen und mit Salz und Pfeffer würzen. Im heißen Öl rundherum kräftig anbraten und herausnehmen.

2 Zwiebel schälen und fein würfeln. Petersilie waschen und fein hacken. Brot gut ausdrücken. Alles mit Hack, Mett, Senf, Tomatenmark, 1 gestrichenen TL Salz und Ei gut verkneten.

3 Hack auf einem Stück Backpapier zu einer rechteckigen flachen Platte (ca. 25 x 30 cm) formen. Filet darauflegen und im Hack einrollen. Hackrolle in eine Kasten- oder Pastetenform (25 cm lang; ca. 1 l Inhalt) legen und etwas in Form drücken.

4 Im vorgeheizten Ofen (E-Herd: 225 °C/Umluft: 200 °C/Gas: s. Hersteller) ca. 15 Minuten backen. Temperatur herunterschalten (E-Herd: 200 °C/Umluft: 175 °C/Gas: s. Hersteller) und weitere ca. 40 Minuten backen.

5 Gelee leicht erwärmen und glatt rühren. Hackpastete noch heiß damit bestreichen. Auskühlen lassen.

**ZUBEREITUNGSZEIT** ca. 1 ½ Std.
**SCHEIBE** ca. 210 kcal
E 15 g · F 12 g · KH 9 g

# Rosmarin-Shortbread mit Orangensenf

ZUTATEN FÜR CA. 24 STÜCK

- 50 g Senfkörner
- 50 g getrocknete Feigen
- 2 EL flüssiger Honig
- ⅛ l Orangensaft
- 2 EL Weißweinessig
- Salz • 1 TL Curry
- 1–2 Zweige Rosmarin
- 100 g Parmesan (Stück)
- 150 g Mehl
- 1 Msp. Backpulver
- 1 Ei (Gr. M) • 125 g kalte Butter
- Backpapier

1 FÜR DEN SENF am Vortag Senfkörner im Universalzerkleinerer oder Mörser fein mahlen. Feigen sehr fein würfeln. Beides mit Honig, Orangensaft, Essig, 1 TL Salz und Curry verrühren. In ein Glas füllen, verschließen, kühl stellen.

2 FÜR DAS SHORTBREAD Rosmarin waschen, Nadeln abzupfen und sehr fein hacken. Käse fein reiben. Mehl und Backpulver mischen. Käse, Ei, Rosmarin und Butter in Stückchen zum Mehl geben. Alles glatt verkneten. Zugedeckt ca. 30 Minuten kalt stellen.

3 Teig auf Backpapier zum Rechteck (ca. 18 x 24 cm) ausrollen. Im vorgeheizten Backofen (E-Herd: 200 °C/ Umluft: 175 °C/Gas: s. Hersteller) 8–10 Minuten backen. (Teig ist noch weich – wird erst später hart.)

4 Shortbread ca. 3 Minuten abkühlen lassen. Dann in ca. 24 Stücke (à ca. 2 x 9 cm) schneiden. Auskühlen lassen und mit dem Orangensenf anrichten.

**ZUBEREITUNGSZEIT** ca. 1 Std. + Wartezeit mind. 12 Std.
**STÜCK** (inklusive Senf) ca. 100 kcal
E 3 g · F 6 g · KH 8 g

# Mascarpone-Schoko-Charlotte mit Amarettokirschen

ZUTATEN FÜR CA. 20 PORTIONEN

FÜR DIE BISKUITROLLE
- 4 Eier (Gr. M) ♥ 75 g + etwas Zucker
- Salz ♥ 125 g Mehl
- 1 gestrichener TL Backpulver
- 300 g Kirschkonfitüre ♥ Backpapier

FÜR DAS KIRSCHKOMPOTT
- 2 Gläser (720 ml) Kirschen
- 2 Päckchen Vanillezucker
- 40 g Speisestärke ♥ 150 ml Amaretto

FÜR SCHOKOSAHNE UND CREME
- 500 g Schlagsahne
- 200 g Zartbitterschokolade
- 750 g Magerquark ♥ 500 g Mascarpone
- 3 Päckchen Sahnefestiger
- 150 g Zucker

1 FÜR DIE BISKUITROLLE Eier trennen. Eiweiß steif schlagen, dabei 75 g Zucker und 1 Prise Salz einrieseln lassen. Eigelb einzeln darunterschlagen. Mehl und Backpulver darübersieben und vorsichtig unterheben. Masse auf ein mit Backpapier ausgelegtes Backblech (35 x 40 cm) streichen. Im vorgeheizten Backofen (E-Herd: 200 °C/Umluft: 175 °C/Gas: s. Hersteller) ca. 10 Minuten backen. Platte sofort auf ein mit etwas Zucker bestreutes Geschirrtuch stürzen. Papier abziehen. Konfitüre glatt rühren und, bis auf 2 EL, auf den Biskuit streichen. Von der langen Seite her aufrollen. Auskühlen lassen.

2 FÜR DAS KOMPOTT Kirschen abtropfen lassen, Saft auffangen. Saft und Vanillezucker aufkochen. Stärke und 8 EL Amaretto glatt rühren und den Saft damit binden. Unter Rühren aufkochen und ca. 1 Minute köcheln. Kirschen unterheben. In eine große weite Dessertschale (ca. 26 cm Ø) füllen und auskühlen lassen.

3 FÜR DIE SCHOKOSAHNE 250 g Sahne erhitzen. Schokolade in Stücke teilen und darin schmelzen. Glatt rühren und ca. 3 EL beiseitestellen. Rest etwas abkühlen lassen, auf die Kirschen streichen. Ca. 1 Stunde kalt stellen. Biskuitrolle in Scheiben schneiden und mit übrigem Amaretto beträufeln. An den Rand der Schüssel stellen.

4 FÜR DIE CREME Quark und Mascarpone glatt rühren. Sahnefestiger und Zucker mischen und unterrühren. 250 g Sahne steif schlagen und unterheben. In der Schüssel verteilen. Mindestens 2 Stunden kalt stellen. Rest Schokosahne und Rest Konfitüre getrennt erwärmen. Über die Creme träufeln und anrichten.

ZUBEREITUNGSZEIT ca. 1 ¼ Std. + Wartezeit mind. 5 ½ Std.
PORTION ca. 450 kcal
E 10 g · F 23 g · KH 44 g

# Braten für kleine und große Feiern

**Warum beim Partyservice bestellen? Diese Prachtstücke gelingen auch ganz einfach zu Hause**

# Zweierlei Nackenbraten im Salzbett & Remoulade

ZUTATEN FÜR 10 PERSONEN

- 3 mittelgroße Zwiebeln
- 100 g geräucherter durchwachsener Speck
- 4 EL mittelscharfer Senf • Pfeffer
- 5 EL Öl
- 2 EL Edelsüßpaprika
- 2 EL getrocknete Kräuter der Provence
- ca. 1 kg Salz
- 2 ausgelöste Schweinenackenbraten (à ca. 1,7 kg)
- 3 Eier
- 1 Glas (250 ml) Remoulade
- 200 g Schmand
- etwas Gurkensud (Glas) + 2 Gewürzgurken
- je ½ Bund Petersilie und Schnittlauch
- Alufolie

1 FÜR DIE BRATEN Zwiebeln schälen. Speck und Zwiebeln fein würfeln. Mit 3 EL Senf und etwas Pfeffer verrühren. Öl, Paprika und Kräuter der Provence verrühren.

2 Salz auf einem Backblech verteilen. Fleisch waschen, trocken tupfen und aufs Salzbett setzen. Den einen Braten mit Speck-Zwiebel-Mischung, den anderen mit Paprika-Kräuter-Öl bestreichen. Im vorgeheizten Backofen (E-Herd: 175 °C/Umluft: 150 °C/Gas: s. Hersteller) ca. 3 Stunden braten.

3 FÜR DIE REMOULADE Eier hart kochen. Abschrecken, schälen und auskühlen lassen. Remoulade, Schmand und 1 EL Senf verrühren. Mit Salz, Pfeffer und etwas Gurkensud abschmecken. Gewürzgurken und Eier fein würfeln. Frische Kräuter waschen und fein schneiden. Alles unter die Remoulade rühren.

4 Braten aus dem Ofen und vom Salzbett nehmen. Vor dem Anschneiden ca. 10 Minuten ruhen lassen. Remoulade dazu reichen. Dazu schmeckt Kartoffelsalat.

**ZUBEREITUNGSZEIT** ca. 3½ Std.
**PORTION** ca. 890 kcal
E 59 g · F 67 g · KH 5 g

## BRATEN NICHT SALZEN

*Fleisch vor dem Braten nicht extra salzen. Es nimmt vom Salzbett ausreichend auf. Nach dem Braten auch nicht auf dem Salz liegen lassen – es wird sonst zu salzig!*

# Nackenbraten mit Zwiebelsoße

ZUTATEN FÜR 8–10 PERSONEN

- 3 kg Schweinenackenbraten (Knochen vom Fleischer auslösen und zerteilen lassen)
- Salz • Pfeffer
- 3 EL + ca. 1 TL mittelscharfer Senf
- ca. ½ TL Edelsüßpaprika
- 5 EL Öl • 1 Bund Suppengrün
- 700 g Zwiebeln
- 2 TL Brühe (instant)
- 1 gehäufter EL Mehl
- 100 g Schlagsahne

1 Fleisch und Knochen waschen. Fleisch trocken tupfen, mit Salz und Pfeffer würzen, auf die Fettpfanne legen. 3 EL Senf, Paprika und 2 EL Öl verrühren. Fleisch damit einstreichen. Knochen ums Fleisch verteilen. Im vorgeheizten Ofen (E-Herd: 225 °C/Umluft: 200 °C/Gas: s. Hersteller) auf unterer Schiene ca. 30 Minuten braten.

2 Suppengrün putzen bzw. schälen, waschen und in Stücke schneiden. 2 Zwiebeln schälen und vierteln. Alles um das Fleisch verteilen und ca. 30 Minuten weiterbraten.

3 Backofen auf 175 °C (Umluft: 150 °C/Gas s. Hersteller) herunterschalten. Brühe in ½ l heißem Wasser auflösen und zum Braten gießen, ca. 1 Stunde weiterbraten. Die Ofentemperatur auf 75 °C (Umluft: 50 °C/Gas: s. Hersteller) herunterschalten und den Braten ca. 1 ¼ Stunden zu Ende garen. Nach und nach ¼–½ l Wasser angießen.

4 Rest Zwiebeln schälen und in Ringe schneiden. Braten warm stellen, Fond durchsieben. 3 EL Öl erhitzen und die Zwiebelringe darin goldbraun braten. Mit Mehl bestäuben, hell anschwitzen. Bratenfond und Sahne einrühren. Aufkochen und ca. 5 Minuten köcheln. Soße mit Salz, Pfeffer und ca. 1 TL Senf abschmecken und den Braten damit anrichten. Dazu schmecken Roggenbrötchen, Gewürzgurken und Salat.

**ZUBEREITUNGSZEIT** ca. 4 Std.
**PORTION** ca. 740 kcal
E 52 g · F 42 g · KH 32 g

## Schweinshaxen auf Röstgemüse

ZUTATEN FÜR 6 PERSONEN

- 6 kleine Schweinshaxen (à ca. 600 g; z. B. vom Spanferkel)
- Salz • Pfeffer
- 1 großes Bund Suppengrün
- 3 Zwiebeln
- 1,25 kg Kartoffeln oder Süßkartoffeln
- 2 EL Sesam • 2 Lorbeerblätter
- 4 Wacholderbeeren • 2 Gewürznelken
- 2 TL Fleischbrühe (instant)
- 3 EL Senf
- 2 EL flüssiger Honig

1 Haxen waschen und trocken tupfen. Mit Salz und Pfeffer einreiben. Auf die Fettpfanne des Backofens setzen. Im vorgeheizten Backofen (E-Herd: 200 °C/Umluft: 175 °C/Gas: s. Hersteller) 2 ¼–2 ½ Stunden braten.

2 Suppengrün schälen bzw. putzen und waschen. Möhren längs halbieren und in Stücke schneiden. Porree in dicke Ringe, Sellerie in Würfel schneiden. Zwiebeln schälen und in Spalten schneiden. Kartoffeln schälen, waschen, der Länge nach halbieren und in Stücke schneiden. Gemüse, Zwiebeln, Kartoffeln und Sesam mischen, würzen. Die Gewürzzutaten in ½ l Wasser aufkochen, Brühe darin auflösen.

3 Nach ca. 1 ¼ Stunden die Haxen von der Fettpfanne nehmen. Gemüse darauf verteilen und Haxen wieder daraufsetzen. Brühe angießen und alles weiterbraten. Senf und Honig verrühren. Ca. 15 Minuten vor Ende der Bratzeit die Haxen damit bestreichen und fertig braten. Alles anrichten.

ZUBEREITUNGSZEIT ca. 2 ½ Std.
PORTION ca. 1100 kcal
E 98 g · F 48 g · KH 62 g

### SO GEHT'S SCHNELLER

*Sie können die Haxen auch schon rechtzeitig in Salzwasser mit 2 halbierten Zwiebeln, 2 Lorbeerblättern und 6 Wacholderbeeren ca. 1 ½ Stunden vorkochen (evtl. im Fond auskühlen lassen). Die Haxen dann mit dem Gemüse auf der Fettpfanne verteilen und wie im Rezept beschrieben braten.*

## Hackbraten mit Frischkäsefüllung

ZUTATEN FÜR 6 PERSONEN

- 1 Brötchen (vom Vortag)
- 150 g geröstete Paprika (Glas)
- 300 g Doppelrahmfrischkäse
- 2 EL Semmelbrösel ♥ 3 Zwiebeln
- 750 g gemischtes Hack
- 2 Eier (Gr. M) ♥ Salz ♥ Pfeffer
- 1 EL Ajvar (Paprikazubereitung)
- 100 g dünne Scheiben Frühstücksspeck (Bacon)
- 1 rote Chilischote ♥ 1–2 Knoblauchzehen
- 1 EL Öl ♥ 1 EL Tomatenmark
- 500 g stückige Tomaten ♥ Zucker
- 1 großer Gefrierbeutel (6 l)

1 Brötchen kalt einweichen. Paprika abtropfen lassen und würfeln. Frischkäse und Semmelbrösel verrühren. Zwiebeln schälen und 2 fein würfeln. Mit Hack, ausgedrücktem Brötchen, Eiern, Salz, Pfeffer und Ajvar verkneten.

2 Gefrierbeutel aufschneiden. Hackmasse darauf zum Rechteck (ca. 28 x 30 cm) flach drücken. Frischkäse gleichmäßig daraufstreichen. Dabei rundherum einen ca. 2 cm breiten Rand lassen. Paprika daraufstreuen und von der Längsseite her aufrollen. Enden zusammendrücken.

3 Hackrolle mit der Nahtseite nach unten auf ein Backblech setzen. Im vorgeheizten Backofen (E-Herd: 175 °C/ Umluft: 150 °C/Gas: s. Hersteller) ca. 1 Stunde backen. Nach ca. 15 Minuten Backzeit Speckscheiben überlappend darauflegen und weiterbacken.

4 Chili putzen, längs einritzen, entkernen, waschen und in Ringe schneiden. 1 Zwiebel fein würfeln. Knoblauch schälen, hacken. Beides im heißen Öl andünsten. Chili und Tomatenmark mit anschwitzen. Mit Tomaten ablöschen. Aufkochen und ca. 5 Minuten köcheln. Mit Salz, Pfeffer und 1 Prise Zucker abschmecken. Hackbraten und Tomatensoße anrichten. Dazu schmecken Rosmarinkartoffeln.

ZUBEREITUNGSZEIT ca. 1 ½ Std.
PORTION ca. 650 kcal
E 35 g · F 48 g · KH 14 g

# Virginia-Kasseler mit Süßkartoffeln

ZUTATEN FÜR 8 PERSONEN

- je 8 mittelgroße Süßkartoffeln und Kartoffeln
- 4 große Zwiebeln
- 3–4 EL Öl
- grobes Meersalz ♥ Pfeffer
- 1,8 kg Kasselerkotelett (mit Knochen)
- 4 EL Barbecuesoße (Flasche)
- evtl. 2 EL Whiskey
- 2 EL brauner Zucker
- 1 TL getrockneter Majoran
- Cayennepfeffer

1 Süßkartoffeln und Kartoffeln unter Wasser gründlich bürsten und evtl. ein- bis zweimal einschneiden. Zwiebeln gut waschen und halbieren. Alles mit Öl, Salz und Pfeffer mischen und auf einer Fettpfanne verteilen.

2 In den vorgeheizten Backofen (E-Herd: 175 °C/Umluft: 150 °C/Gas: s. Hersteller) schieben. Kasseler auf den Rost setzen und darüberschieben. Alles zunächst 50–60 Minuten braten.

3 Barbecuesoße, Whiskey, Zucker, Majoran und etwas Cayennepfeffer verrühren. Kasseler dick damit einstreichen und ca. 15 Minuten weiterbraten.

4 Backofen hochschalten (E-Herd: 225 °C/Umluft: 200 °C/Gas: s. Hersteller) und das Kasseler ca. 10 Minuten knusprig braten.

5 Braten herausnehmen und etwas ruhen lassen. Dann vom Knochen lösen und aufschneiden. Mit dem Ofengemüse anrichten. Dazu passen Sour Cream und Salat.

ZUBEREITUNGSZEIT ca. 1 ¾ Std.
PORTION ca. 600 kcal
E 39 g · F 20 g · KH 63 g

## Süßkartoffeln

*… sind eine echte Abwechslung. Sie kochen weicher als Kartoffeln und schmecken süßlich-aromatisch. Es gibt sie inzwischen in fast jeder Gemüseabteilung. Sie können stattdessen aber auch Kürbisspalten (z. B. Hokkaido) mitschmoren.*

## Schinkenbraten im Paprika-Brotmantel

ZUTATEN FÜR 8–10 PERSONEN

- 2,5 kg gepökelter Schweineschinkenbraten (beim Fleischer vorbestellen)
- 2 Zwiebeln
- 2 Lorbeerblätter
- 1 EL Pfefferkörner
- 4 Gewürznelken
- 500 g Brotbackmischung mit Hefe („Weißbrot“ oder „Ciabatta“)
- 1 Zweig Rosmarin
- ½ Glas (370 ml) geröstete Paprika
- etwas Mehl
- 6 EL Johannisbeerkonfitüre
- 4–5 EL Senf
- Backpapier

1 Braten in einem Topf mit Wasser bedecken. Zwiebeln schälen und mit den Gewürzzutaten zugeben. Alles aufkochen und zugedeckt ca. 1 ½ Stunden köcheln.

2 Backmischung mit Wasser nach Packungsanweisung zum glatten Teig verkneten. Zugedeckt am warmen Ort ca. 45 Minuten gehen lassen.

3 Braten abtropfen und ca. 30 Minuten abkühlen lassen. Rosmarin waschen, Nadeln abzupfen und hacken. Paprika abtropfen lassen und fein würfeln. Schwarte und Fettrand vom Braten entfernen.

4 Rosmarin und Paprika unter den Brotteig kneten. Auf etwas Mehl ca. 30 x 40 cm ausrollen. Braten darin einschlagen. Mit der Naht auf ein mit Backpapier belegtes Blech legen. Im vorgeheizten Ofen (E-Herd: 225 °C/ Umluft: 200 °C/Gas: s. Hersteller) ca. 10 Minuten backen. Ofentemperatur herunterschalten (E-Herd: 200 °C/ Umluft: 175 °C/Gas: s. Hersteller) und ca. 30 Minuten weiterbacken.

5 Konfitüre und Senf verrühren. Braten herausnehmen und ca. 10 Minuten ruhen lassen. In Scheiben schneiden und mit dem Fruchtsenf anrichten.

**ZUBEREITUNGSZEIT** ca. 2 Std. + Gehzeit ca. 45 Min. + Wartezeit
**PORTION** ca. 750 kcal
E 41 g · F 45 g · KH 41 g

# Saftiger Putenbraten „Caipirinha-Art“

ZUTATEN FÜR 15 PERSONEN

- 6 Knoblauchzehen
- 2–3 rote Chilischoten
- 4 Bio-Limetten • 100 g brauner Zucker
- 200 ml weißer Rum
- 4 Putenoberkeulen (à ca. 1,3 kg; Knochen vom Fleischer auslösen lassen)
- Salz • Pfeffer
- evtl. Bio-Limette und Chili zum Garnieren
- Küchengarn
- 1–2 große Gefrierbeutel (6 l)

1 FÜR DIE MARINADE Knoblauch schälen. Chili putzen, entkernen und waschen. Beides fein hacken. Limetten heiß waschen und Schale abreiben. Limetten auspressen (ca. 150 ml Saft). Saft und Schale mit Chili, Knoblauch, Zucker und Rum verrühren.

2 Putenkeulen waschen, trocken tupfen und die Innenseiten mit Salz und Pfeffer würzen. Fleisch zusammenklappen und in Form binden. Mit der Marinade in Gefrierbeutel geben, verschließen und mindestens 4 Stunden im Kühlschrank ziehen lassen.

3 Braten aus der Marinade nehmen, Gewürze vom Fleisch entfernen. Marinade aufbewahren. Fleisch auf der Fettpfanne im vorgeheizten Backofen (E-Herd: 175 °C/Umluft: 150 °C/Gas: s. Hersteller) 1 ¾–2 Stunden braten. Nach ca. 1 Stunde Marinade und ca. ¼ l Wasser angießen.

4 Braten warm stellen. Fond durchsieben, evtl. Fett abschöpfen. Keulen mit Fond beträufelt anrichten und garnieren. Dazu schmecken Ananas-Tomaten-Salsa (s. unten) und Tortillachips.

ZUBEREITUNGSZEIT ca. 2 ½ Std. + Wartezeit ca. 4 Std.
PORTION ca. 440 kcal
E 59 g · F 15 g · KH 7 g

## Dazu: Ananas-Tomaten-Salsa

**1 rote Chilischote** putzen, entkernen, waschen und fein hacken. **5 mittelgroße Tomaten** waschen, vierteln, entkernen und fein würfeln. **1 reife Ananas (ca. 1,5 kg)** putzen, schälen, vierteln und den harten Strunk herausschneiden. Ananas fein würfeln. Tomaten, Chili und Ananas mischen. **100 ml Balsamico-Essig** und **5 EL Olivenöl** unterrühren. Salsa mit **Salz** und **braunem Zucker** abschmecken.

# Roastbeef mit Remouladensalat

ZUTATEN FÜR 8 PERSONEN

- 2 kg festkochende Kartoffeln
- 4 Eier • 2 Zwiebeln • 8 EL Essig
- 1 TL Brühe (instant) • Salz • Pfeffer
- 3–4 Gewürzgurken (Glas)
- 2 Bund Schnittlauch
- 500 g Joghurt • 200 g Salatmayonnaise
- 1–2 EL Kapern (Glas)
- 2 kg Roastbeef • 50 g Butterschmalz
- Alufolie

1 FÜR DEN SALAT Kartoffeln waschen und ca. 20 Minuten kochen. Eier hart kochen. Beides abschrecken, schälen und abkühlen lassen. Zwiebeln schälen, hacken. 200 ml Wasser, Essig, Zwiebeln, Brühe, etwas Salz und Pfeffer aufkochen. Kartoffeln in Scheiben schneiden, mit der Marinade mischen und auskühlen lassen.

2 Gurken fein würfeln. Schnittlauch waschen, fein schneiden. Eier hacken. Joghurt und Mayonnaise verrühren. Gurken, Schnittlauch, Eier und Kapern unterrühren. Abschmecken und unter die Kartoffeln rühren. Mindestens 1 Stunde ziehen lassen.

3 FÜR DAS ROASTBEEF Fleisch waschen, trocken tupfen, würzen. Im heißen Butterschmalz rundherum scharf anbraten. Auf die Fettpfanne legen. Im heißen Ofen (E-Herd: 225 °C/Umluft: 200 °C/Gas: s. Hersteller) ca. 15 Minuten braten. Hitze auf 175 °C (Umluft: 150 °C/Gas: s. Hersteller) reduzieren, ca. 30 Minuten fertig braten (Bratenthermometer empfehlenswert: Bei ca. 55 °C Kerntemperatur medium). In Folie wickeln, ca. 10 Minuten ruhen lassen. Remouladensalat abschmecken. Roastbeef warm oder kalt in Scheiben schneiden. Alles anrichten.

**ZUBEREITUNGSZEIT** ca. 2¼ Std. + Wartezeit ca. 2 Std.
**PORTION** ca. 700 kcal
E 68 g · F 28 g · KH 40 g

## SANFT GEGART

*Besonders zart und saftig wird's mit der Niedrigtemperatur-Methode: Nach dem Anbraten (15 Minuten bei 250 °C) bei 80 °C ca. 4 ½ Stunden weiterbraten. In Alufolie gewickelt abkühlen lassen.*

# Burgunderbraten mit Champignons

ZUTATEN FÜR 10 PERSONEN

- 1 großes Bund Suppengrün
- 1 große Zwiebel
- 3 kg Rinderbraten (aus der Keule)
- Salz • Pfeffer • 9 EL Öl
- ¾ l Rotwein (z. B. Spätburgunder)
- 2 TL Brühe (instant) • 10 Wacholderbeeren
- 2 TL Pfefferkörner • 4 Gewürznelken
- 2–3 Lorbeerblätter
- 1,5 kg kleine Champignons
- 800 ml Rinderfond (Glas)
- 4 TL Demi-glace (konzentrierter Bratenfond; Glas)
- 60 g Speisestärke • Alufolie

1 Suppengrün putzen bzw. schälen, waschen und grob schneiden. Zwiebel schälen, würfeln. Braten waschen, trocken tupfen, salzen und pfeffern. Im großen Bräter in 3 EL heißem Öl kräftig anbraten, herausnehmen. Gemüse und Zwiebel anbraten. Fleisch daraufsetzen. Mit Wein und ¾ l Wasser ablöschen. Brühe und Gewürzzutaten zufügen und aufkochen. Zugedeckt im heißen Ofen (E-Herd: 175 °C/Umluft: 150 °C/Gas: s. Hersteller) ca. 4 Stunden schmoren.

2 Pilze putzen, waschen und evtl. halbieren. Portionsweise in 6 EL heißem Öl goldbraun braten. Würzen.

3 Braten herausheben, mit Alufolie zudecken, warm stellen. Schmorfond durchsieben und mit Rinderfond und Demi-glace aufkochen. Ca. 5 Minuten köcheln. Stärke und ca. 100 ml Wasser glatt rühren. Soße damit binden, abschmecken. Braten aufschneiden, mit Pilzen und Soße anrichten. Dazu passen Spätzle (s. Tipp) und Blattsalat.

**ZUBEREITUNGSZEIT** ca. 4 ½ Std.
**PORTION** ca. 570 kcal
E 68 g · F 22 g · KH 8 g

## Beilage für viele Gäste

**750 g–1 kg getrocknete Spätzle** reichen für 10 Personen. Nach dem Kochen abtropfen lassen und evtl. in **heißer Butter** aufbraten, dabei mit **Semmelbröseln** und **gehackter Petersilie** bestreuen. Auf zwei Backblechen im Ofen warm halten.

# Supertolle Partysalate

Rezepte für leckere Salate kann man gar nicht genug haben! Hier kommen bunte Mischungen, die sich gut vorbereiten lassen

## Thunfisch-Nudelsalat mit Salsa verde

ZUTATEN FÜR 10 PERSONEN

- 1 kg kurze dicke Nudeln (z. B. Tortiglioni)
- Salz ♥ 100 g Pinienkerne
- 250 g Rucola
- 3 Bund Petersilie (z. B. glatte)
- 4 Knoblauchzehen
- 3 Zitronen (davon 2 bio)
- ¼ l Olivenöl ♥ Pfeffer
- je 1 Glas (370 ml) grüne und schwarze Oliven ohne Stein
- 3 Dosen (à 200 g) Thunfisch (naturell)
- 2 Paprikaschoten (z. B. gelb und rot)

**1** Nudeln in reichlich kochendem Salzwasser nach Packungsanweisung bissfest garen. Abtropfen lassen. Pinienkerne rösten und auskühlen lassen.

**2** Rucola und Petersilie putzen, waschen, trocken schütteln und Blättchen abzupfen. Knoblauch schälen, hacken. Bio-Zitronen heiß waschen und die Schale abreiben. Alle Zitronen auspressen. Rucola, Petersilie, Knoblauch und Öl mit dem Stabmixer zu einer cremigen Paste pürieren. Zitronenschale und -saft unterrühren. Salsa mit Salz und Pfeffer würzig abschmecken und die Hälfte mit den Nudeln mischen.

**3** Oliven und Thunfisch abtropfen lassen. Oliven grob hacken. Paprika putzen, waschen und in Streifen schneiden. Alles mit übriger Salsa unter die Nudeln mischen und nochmals abschmecken. Mindestens 30 Minuten ziehen lassen.

**ZUBEREITUNGSZEIT** ca. 50 Min. +
Wartezeit ca. 1 Std.
**PORTION** ca. 780 kcal
E 22 g · F 40 g · KH 77 g

## Wiener-Würstchen-Kartoffelsalat

ZUTATEN FÜR 10 PERSONEN

- 2 kg festkochende Kartoffeln
- 3 Zweige Rosmarin ♥ 6 Stiele Thymian
- 3 Zwiebeln ♥ 6 EL Öl
- 1 TL Gemüsebrühe (instant)
- ⅛ l Kräuteressig ♥ Salz ♥ Pfeffer
- 500 g Kirschtomaten
- 1 Glas (720 ml) Gewürzgurken
- 6 Wiener Würstchen (ca. 600 g)
- 1 Bund Petersilie
- 250 g Crème fraîche

**1** Kartoffeln waschen und zugedeckt ca. 25 Minuten kochen. Dann abschrecken, schälen und abkühlen lassen.

**2** Rosmarin und Thymian waschen. Nadeln bzw. Blättchen abzupfen und hacken. Zwiebeln schälen und fein würfeln. Zwiebeln und Kräuter im heißen Öl andünsten. ¼ l Wasser zugießen, aufkochen. Brühe und Essig einrühren. Topf vom Herd nehmen. Mit Salz und Pfeffer würzen. Kartoffeln vierteln und mit der heißen Brühe mischen. Auskühlen lassen.

**3** Tomaten waschen und halbieren. Gurken abtropfen lassen. Gurken und Würstchen in Scheiben schneiden. Petersilie waschen, Blättchen abzupfen und fein hacken. Alles mit Crème fraîche unter die Kartoffeln heben. Nochmals mit Salz und Pfeffer abschmecken. Mindestens 30 Minuten ziehen lassen.

**ZUBEREITUNGSZEIT** ca. 1 ¼ Std. +
Wartezeit ca. 2 Std.
**PORTION** ca. 490 kcal
E 13 g · F 31 g · KH 35 g

## Geflügelsalat mit Mango und Pilzen

ZUTATEN FÜR 10 PERSONEN

- 2 Hähnchenbrüste (mit Haut und Knochen; ca. 1 kg) ♥ 4 Hähnchenkeulen (ca. 1 kg)
- Salz ♥ 1 Lorbeerblatt
- 1 EL schwarze Pfefferkörner
- 3 Dosen (à 425 ml) kleine Champignonköpfe
- 1 großes Bund Lauchzwiebeln
- 2 Miniromersalate (ca. 350 g)
- 1 reife Mango (ca. 600 g)
- 2 EL Öl ♥ 2–3 Limetten
- 500 g Vollmilchjoghurt
- 250 g Salatmayonnaise
- 100 ml Milch ♥ Pfeffer ♥ Zucker

**1** Fleisch waschen und in reichlich kochendem Wasser mit 1 TL Salz, Lorbeer und Pfefferkörnern zugedeckt 30–40 Minuten köcheln. Fleisch herausnehmen und abkühlen lassen. Fleisch von Haut und Knochen lösen. Auskühlen lassen (Brühe anderweitig verwenden).

**2** Pilze gut abtropfen lassen. Lauchzwiebeln und Salat putzen, waschen. Lauchzwiebeln in Ringe, Salate in Streifen schneiden. Mango schälen, das Fruchtfleisch in Spalten vom Stein schneiden und klein würfeln. Pilze im heißen Öl kräftig anbraten, herausnehmen und auskühlen lassen. Fleisch klein würfeln. Limetten auspressen.

**3** Joghurt, Mayonnaise und Milch glatt rühren. Mit Salz, Pfeffer, Limettensaft und etwas Zucker abschmecken. Alle vorbereiteten Salatzutaten mit der Marinade mischen. Nochmals abschmecken und ca. 30 Minuten ziehen lassen.

**ZUBEREITUNGSZEIT** ca. 1 ½ Std. +
Wartezeit ca. 2 Std.
**PORTION** ca. 450 kcal
E 35 g · F 27 g · KH 14 g

### ÜBRIGE BRÜHE

*Die Brühe können Sie super als Basis für eine Suppe verwenden (s. Kapitel „Partysuppen“). Oder Sie frieren sie erst mal ein – evtl. auch portionsweise. Ideal für Fleischsoßen oder Currys.*

## Minihamburger-Schichtsalat

ZUTATEN FÜR 10 PERSONEN

- 1 Brötchen (vom Vortag)
- 1 große Zwiebel ♥ 750 g Mett
- 750 g gemischtes Hack ♥ 2 Eier
- 1 EL Senf ♥ Salz ♥ Pfeffer
- 1 Glas (720 ml) dänischer Gurkensalat
- 350 g Gouda (Stück) ♥ 750 g Tomaten
- 1 kleiner Eisbergsalat
- 250 g Salatmayonnaise
- 250 g Tomatenketchup
- 150 g Zwiebelbaguette
- 3 EL Öl ♥ Backpapier

**1** Zwei Backbleche mit Backpapier auslegen. Brötchen in kaltem Wasser einweichen. Zwiebel schälen und hacken. Mett, Hack, Eier, Senf, Zwiebel und ausgedrücktes Brötchen gut verkneten. Mit Salz und Pfeffer würzen.

**2** Aus der Masse ca. 70 Bällchen formen und auf die Bleche legen. Bleche zusammen in den vorgeheizten Backofen (E-Herd: 225 °C/Umluft: 200 °C/Gas: s. Hersteller) schieben. Bällchen ca. 45 Minuten braten. Nach ca. 20 Minuten die Bleche tauschen. Hackbällchen auskühlen lassen.

**3** Gurkensalat gut abtropfen lassen. Gouda grob raspeln. Tomaten waschen und in Scheiben schneiden. Salat putzen, waschen, abtropfen lassen und in Streifen schneiden. Mayonnaise und Ketchup verrühren.

**4** Brot würfeln und im heißen Öl knusprig braun braten. Hackbällchen, Gurkensalat, Gouda, Tomaten, Eisbergsalat und Ketchupmayonnaise in eine große Schüssel schichten. Kurz vorm Servieren Croûtons darüberstreuen.

ZUBEREITUNGSZEIT ca. 1 ¾ Std. +
Wartezeit ca. 1 Std.
PORTION ca. 740 kcal
E 46 g · F 47 g · KH 27 g

## Wurstsalat mit roten Zwiebeln

ZUTATEN FÜR 10 PERSONEN

- 1 kg Fleischwurst ♥ 8 rote Zwiebeln
- 2 große Bund Radieschen
- 1 Friséesalat ♥ 10–12 EL Apfelessig
- Salz ♥ Pfeffer ♥ Zucker ♥ 10 EL Öl
- 2 Bund Schnittlauch

**1** Haut von der Wurst abziehen. Wurst in dünne Scheiben schneiden. Zwiebeln schälen und in feine Ringe schneiden oder hobeln. Radieschen und Salat putzen, waschen. Radieschen in dünne Scheiben schneiden. Salat in mundgerechte Stücke zupfen.

**2** Essig mit Salz, Pfeffer und etwas Zucker verrühren. Öl darunterschlagen. Schnittlauch waschen und in feine Röllchen schneiden. Alle vorbereiteten Salatzutaten mischen und mindestens 30 Minuten durchziehen lassen. Nochmals abschmecken. Dazu schmeckt Laugengebäck.

ZUBEREITUNGSZEIT ca. 40 Min. +
Wartezeit mind. 30 Min.
PORTION ca. 440 kcal
E 14 g · F 39 g · KH 5 g

## Krautsalat mit Kabanossi

ZUTATEN FÜR 10 PERSONEN

- 1 Weißkohl (1,5–2 kg) ♥ Salz
- 8 EL Weißweinessig
- 500 g Kabanossi ♥ 500 g Porree
- 2 mittelgroße Zwiebeln
- 6 EL Öl ♥ 1 TL klare Brühe (instant)
- Pfeffer ♥ Zucker
- 3 EL körniger Senf
- 1 Bund Petersilie ♥ 200 g Feta

**1** Kohl putzen, waschen, vierteln, Strunk entfernen. Kohl fein hobeln oder schneiden. In einer großen Schüssel mit 1 gestrichenen EL Salz und 4 EL Essig gut verkneten. Zugedeckt mindestens 2 Stunden ziehen lassen.

**2** Kabanossi in Scheiben schneiden. Porree putzen, waschen und in Ringe schneiden. Zwiebeln schälen und würfeln. Alles im heißen Öl kurz anbraten. ¼ l Wasser zugießen, aufkochen und Brühe einrühren. Vom Herd nehmen und 4 EL Essig unterrühren. Mit Salz, Pfeffer und etwas Zucker würzen und lauwarm abkühlen lassen. Senf unterrühren. Marinade und Kraut mischen, dann zugedeckt mindestens 30 Minuten ziehen lassen.

**3** Petersilie waschen, Blättchen abzupfen und fein hacken. Feta zerbröckeln. Beides unter den Salat heben und nochmals abschmecken.

ZUBEREITUNGSZEIT ca. 1 Std. +
Wartezeit mind. 2 ½ Std.
PORTION ca. 380 kcal
E 19 g · F 29 g · KH 7 g

### *Vorbereitung*

*Das Tolle an den meisten Partysalaten ist, dass man sie bereits am Vortag mischen kann – und gut durchgezogen schmecken sie noch mal so gut! Nur Blattsalate sollten Sie frisch zubereiten. Kleine Extras wie Shrimps, Chips, Knusperspeck oder Croûtons kommen ebenfalls erst am Partytag dazu. Kartoffel-, Nudel- und Reissalat können allerdings leicht trocken werden. Mit etwas Brühe, Milch oder Joghurt lassen sie sich aber wieder „auffrischen".*

Minihamburger-Schichtsalat
Krautsalat
Wurstsalat

# Tomaten-Bohnen-Salat zu Chickenwings

ZUTATEN FÜR 8–10 PERSONEN

- 800 g Fleischtomaten
- 2 Dosen (à 425 ml) Kidneybohnen
- 2 Dosen (à 425 ml) große weiße Bohnenkerne
- 2 Bund Lauchzwiebeln
- 100 g Frühstücksspeck
- 100 ml heller Balsamico-Essig
- Salz ♥ Pfeffer ♥ Zucker
- 7 EL Olivenöl ♥ 200 g Feta
- 8 Stiele Thymian
- 2 Knoblauchzehen
- Edelsüßpaprika
- 1 kg Hähnchenunterkeulen
- 1 kg Hähnchenflügel

**1** Tomaten waschen und in Stücke schneiden. Alle Bohnen abspülen und abtropfen lassen. Lauchzwiebeln putzen, waschen und in dünne Ringe schneiden. Speck in einer Pfanne ohne Fett knusprig braten, herausnehmen.

**2** Hälfte Lauchzwiebeln im heißen Speckfett andünsten. Mit Essig ablöschen und mit Salz, Pfeffer und Zucker würzen. 5 EL Öl darunterschlagen. Feta würfeln und mit Rest Lauchzwiebeln, Tomaten, Bohnen und Marinade mischen. Mindestens 1 Stunde zugedeckt ziehen lassen.

**3** Inzwischen Thymian waschen und die Blättchen abzupfen. Knoblauch schälen und fein hacken. Alles mit 1 EL Salz, 1 TL Paprika und 2 EL Öl mischen. Hähnchenteile waschen, trocken tupfen und mit der Würzmischung einreiben. Auf einem Backblech verteilen. Im vorgeheizten Backofen (E-Herd: 200 °C/Umluft: 175 °C/Gas: s. Hersteller) ca. 50 Minuten braten. Nach Belieben abkühlen lassen.

**4** Speck zerbröckeln und unter den Salat heben. Nochmals abschmecken und mit den Hähnchenteilen anrichten.

ZUBEREITUNGSZEIT ca. 1 ¼ Std. + Wartezeit mind. 1 Std.
PORTION ca. 460 kcal
E 39 g · F 26 g · KH 15 g

# Mexikanischer Schichtsalat

ZUTATEN FÜR 8–10 PERSONEN

- 750 g Hähnchenfilet
- Salz ♥ Pfeffer
- Edelsüßpaprika ♥ 2 EL Öl
- 2 Packungen (à 200 g) Sour Cream
- 2 EL Obstessig
- 100 ml Milch
- 200 g Cheddarkäse (Stück)
- 2 Dosen (à 425 ml) Kidneybohnen
- 1 Dose (425 ml) Mais
- 6 EL Tomaten-Chili-Soße (Flasche)
- 500 g Strauchtomaten
- 1 reife Avocado
- 2 EL Limettensaft
- etwas Tabasco
- 1 kleiner Eisbergsalat
- ca. 75 g Tortillachips

**1** Hähnchenfilet waschen und trocken tupfen. Mit Salz, Pfeffer und Paprika würzen. Im heißen Öl rundherum ca. 10 Minuten braten. Auskühlen lassen.

**2** Sour Cream, Essig und Milch glatt rühren. Mit Salz und Pfeffer abschmecken. Käse grob reiben. Bohnen und Mais abspülen, abtropfen lassen. Beides mit Tomaten-Chili-Soße mischen.

**3** Tomaten waschen und würfeln. Avocado halbieren, entsteinen, Fruchtfleisch aus der Schale lösen, würfeln. Sofort mit Tomaten und Limettensaft mischen. Mit Salz und Tabasco würzen.

**4** Salat putzen, waschen und in Streifen schneiden. Hähnchen in Scheiben schneiden. Vorbereitete Zutaten in eine große Glasschale schichten und dabei jede Schicht mit Sour-Cream-Dressing beträufeln. Mind. 6 Stunden oder über Nacht kalt stellen. Vorm Servieren mit Chips bestreuen.

ZUBEREITUNGSZEIT ca. 1 Std. +
Wartezeit mind. 7 Std.
PORTION ca. 450 kcal
E 31 g · F 25 g · KH 23 g

## Brotsalat mit Feta und Röstgemüse

ZUTATEN FÜR 8 PERSONEN

- 1 Baguettestange (ca. 250 g)
- 4 Stiele Thymian ♥ 15 EL Olivenöl
- 2 mittelgroße Zucchini
- 2 kleine Auberginen ♥ Salz
- 3 Paprikaschoten (z. B. grün, gelb und rot)
- 1 Zwiebel ♥ 2 Knoblauchzehen
- 4 Zweige Rosmarin ♥ Pfeffer
- 7 feste reife Tomaten
- 8 EL Balsamico-Essig ♥ Zucker
- 150 g Rucola ♥ 400 g Feta
- Backpapier

Vegetarisch

**1** Brot in dünne Scheiben schneiden. Thymian waschen, fein hacken. Brotscheiben mit Thymian und 3 EL Öl mischen. Auf einem mit Backpapier ausgelegten Backblech verteilen. Im heißen Ofen (E-Herd: 200 °C/Umluft: 175 °C/Gas: s. Hersteller) 10–12 Minuten rösten. Auskühlen lassen.

**2** Zucchini und Auberginen putzen, waschen. Auberginen längs halbieren. Zucchini und Auberginen in Scheiben schneiden und mit Salz bestreuen. Ca. 10 Minuten ziehen lassen. Paprika putzen, waschen und in Stücke schneiden. Zwiebel und Knoblauch schälen, hacken. Rosmarin waschen, Nadeln abzupfen und hacken. Zucchini und Auberginen trocken tupfen.

**3** 8 EL Öl in 2 Portionen in einer großen beschichteten Pfanne erhitzen. Zwiebel, Knoblauch, Zucchini, Aubergine und Paprika darin portionsweise kräftig anbraten. Mit Rosmarin, Salz und Pfeffer würzen. Abkühlen lassen.

**4** Tomaten waschen. 4 Tomaten in Stücke schneiden. 3 Tomaten grob raspeln. Tomatenraspel, Essig, 1 Prise Zucker, Salz und Pfeffer verrühren. 4 EL Öl darunterschlagen. Rucola putzen, waschen und trocken schütteln. Feta grob zerbröckeln. Gebratenes Gemüse, Tomaten, Feta und Hälfte Brot mit der Tomatenvinaigrette mischen. Übriges Brot erst kurz vor dem Servieren daruntermischen.

**ZUBEREITUNGSZEIT** ca. 1 Std. + Wartezeit ca. 45 Min.
**PORTION** ca. 580 kcal
E 17 g · F 38 g · KH 37 g

# Caesar-Salad-Torte mit Ei

ZUTATEN FÜR 6–8 PERSONEN

- 10 Eier ♥ 800 g Hähnchenfilet
- 2–3 EL Öl
- Salz ♥ Pfeffer
- 2 dicke Scheiben Weißbrot
- 2 EL Butter
- 2 Minirömersalate
- 2 Knoblauchzehen
- 500 g cremiger Joghurt
- 125 g Salatmayonnaise
- 1–2 EL Zitronensaft
- 75–100 g Parmesan (Stück)

**1** Eier hart kochen, abschrecken. Filet waschen und trocken tupfen. Im heißen Öl pro Seite ca. 5 Minuten goldbraun braten. Würzen und herausnehmen. Alles auskühlen lassen.

**2** Brot würfeln. Butter in einer beschichteten Pfanne erhitzen. Brot darin goldbraun rösten, herausnehmen. Salat putzen und waschen. Blätter ablösen und trocken tupfen. Knoblauch schälen, fein hacken. Mit Joghurt und Mayonnaise verrühren. Mit Salz, Pfeffer und Zitronensaft würzen.

**3** Eier schälen. Eier und Filet in dünne Scheiben schneiden. Käse raspeln. Einen Springformrand oder Tortenring (24 cm Ø) auf eine Tortenplatte stellen.

**4** Etwa 1 Stunde vorm Servieren Hälfte Salat blütenförmig und sehr dicht in die Form legen. Hälfte Hähnchen, etwas Soße und Käse, je Hälfte Eier, Croûtons und Soße darauf verteilen. Übrige Zutaten ebenfalls einschichten, mit Käse abschließen.

ZUBEREITUNGSZEIT ca. 45 Min.
PORTION ca. 470 kcal
E 39 g · F 28 g · KH 12 g

## Garnelencocktail mit Ananas

ZUTATEN FÜR 6–8 PERSONEN
- 500 g TK-Garnelen (ohne Kopf und Schale)
- 1 rote Paprikaschote ♥ 1 Minirömersalat
- 1 Dose (446 ml) Ananas in Scheiben
- 1 Knoblauchzehe ♥ 2 EL Öl
- Salz ♥ Pfeffer
- 150 g Mayonnaise ♥ 5 EL Tomatenketchup
- 2 EL Worcestersoße ♥ 1 EL Weinbrand
- 1 EL Zitronensaft ♥ Zucker

**1** Garnelen auftauen lassen. Paprika und Salat putzen, waschen und in feine Streifen schneiden. Ananas gut abtropfen lassen und klein schneiden. Knoblauch schälen und fein hacken.

**2** Garnelen waschen und trocken tupfen. Im heißen Öl ca. 5 Minuten unter Wenden braten. Knoblauch kurz mitbraten. Mit Salz und Pfeffer würzen. Garnelen herausnehmen und auskühlen lassen.

**3** Mayonnaise, Ketchup, Worcestersoße, Weinbrand und Zitronensaft verrühren. Mit Salz, Pfeffer und 1 Prise Zucker würzig abschmecken.

**4** Vorbereitete Salatzutaten mit der Soße vorsichtig mischen und nochmals abschmecken. In Gläsern oder einer Schale anrichten.

ZUBEREITUNGSZEIT ca. 30 Min. + Wartezeit mind. 30 Min.
PORTION ca. 230 kcal
E 13 g · F 13 g · KH 13 g

## Orientalischer Couscoussalat

ZUTATEN FÜR 10 PERSONEN
- 12 EL Olivenöl
- 3 TL Gemüsebrühe (instant)
- 750 g Couscous (grober Hartweizengrieß)
- 500 g grüne Bohnen ♥ 750 g Möhren
- 1 großes Bund Lauchzwiebeln ♥ Salz
- etwas gemahlener Koriander und Zimt
- 1 EL gemahlener Kreuzkümmel ♥ Pfeffer
- 600 ml Orangensaft
- 200 g getrocknete Datteln
- 150–200 g Mandelkerne
- 200 g Frühstücksspeck in dünnen Scheiben

**1** ¾ l Wasser aufkochen. 6 EL Öl, Brühe und Couscous einrühren. Topf vom Herd nehmen und ca. 3 Minuten quellen lassen (s. auch Packungsanweisung). Couscous mit einer Gabel auflockern und auskühlen lassen.

**2** Bohnen, Möhren und Lauchzwiebeln putzen bzw. schälen, waschen. Möhren längs halbieren. Bohnen und Möhren in Stücke, Lauchzwiebeln fein schneiden.

**3** Bohnen in wenig kochendem Salzwasser zugedeckt 10–12 Minuten dünsten. Möhren in 2 EL heißem Öl rundum anbraten. Mit Koriander, Zimt, Kreuzkümmel, Salz und Pfeffer würzen. Orangensaft zugießen, aufkochen und 6–8 Minuten köcheln. Bohnen abschrecken. Alles auskühlen lassen.

**4** Datteln evtl. entsteinen und klein schneiden. Mandeln grob hacken. Speckscheiben dritteln und in einer Pfanne ohne Fett knusprig braten. Mandeln kurz mitrösten. Auf Küchenpapier abtropfen lassen. Evtl. Lauchzwiebeln im Bratfett kurz andünsten.

**5** Couscous mit Gemüse und Datteln mischen. Nochmals mit Salz, Pfeffer und Koriander abschmecken. Mit 4 EL Öl beträufeln und mit der Speck-Mandel-Mischung bestreuen.

ZUBEREITUNGSZEIT ca. 1 Std. + Wartezeit ca. 2 Std.
PORTION ca. 670 kcal
E 18 g · F 28 g · KH 82 g

## Antipastisalat mit Kartoffeln

ZUTATEN FÜR 10 PERSONEN

- 250 g Schalotten
- 1 kg kleine neue Kartoffeln
- 3 Zucchini (ca. 600 g)
- 1 Aubergine (ca. 300 g)
- 3 Paprikaschoten (grün, gelb und rot)
- 1 frische Knoblauchknolle
- 1 Dose (425 ml) Artischockenherzen
- 2 Zitronen (davon 1 bio)
- 150 ml Olivenöl
- grobes Meersalz ♥ Pfeffer
- 1 Glas (314 ml) getrocknete Tomaten (in Öl)
- 2 Dosen (à 425 ml) große weiße Bohnenkerne
- 6 Stiele Basilikum
- 375 g Mozzarella
- 150–200 ml Balsamico-Essig

**1** Schalotten in kochendem Wasser ca. 1 Minute blanchieren. Abschrecken, schälen und evtl. halbieren. Kartoffeln waschen und halbieren. Zucchini, Aubergine und Paprika putzen und waschen. Aubergine längs halbieren und in Scheiben schneiden. Paprika und Zucchini in Stücke schneiden. Knoblauchknolle in Zehen teilen. Artischocken abtropfen lassen und halbieren.

**2** Bio-Zitrone heiß waschen und in Spalten schneiden. Übrige Zitrone auspressen. Öl und Zitronensaft verrühren und mit den vorbereiteten Salatzutaten mischen. Auf zwei Backbleche verteilen. Mit Meersalz und Pfeffer bestreuen. Zusammen in den vorgeheizten Backofen (E-Herd: 200 °C/ Umluft: 175 °C/Gas: s. Hersteller) schieben. Das Gemüse ca. 1 Stunde rösten. Nach etwa 45 Minuten wenden und die Bleche tauschen. Gemüse abkühlen lassen.

**3** Tomaten abtropfen lassen, dabei Öl auffangen. Tomaten klein schneiden. Bohnen abspülen, abtropfen lassen. Basilikum waschen, die Blättchen abzupfen und in Streifen schneiden. Mozzarella würfeln. Alles unters Gemüse mischen. Tomatenöl und etwas Balsamico verschlagen, darüberträufeln. Rest Balsamico zum Selberwürzen dazustellen. Dazu passt Ciabatta.

ZUBEREITUNGSZEIT ca. 2 Std. + Wartezeit ca. 30 Min.
PORTION ca. 430 kcal
E 16 g · F 24 g · KH 34 g

## Makkaroni-Mais-Salat mit Rippchen

ZUTATEN FÜR 8–10 PERSONEN

- 500 g kurze Makkaroni ♥ Salz
- 2 Dosen (à 425 ml) Mais
- 5–6 Gewürzgurken + 100 ml Gurkenwasser (Glas)
- 250 g Gouda
- 200 g Fleischwurst oder Kochschinken (Scheiben)
- 250 g Salatmayonnaise
- 150 g Joghurt ♥ Pfeffer
- 2 kg Spareribs
- 1 TL Edelsüßpaprika ♥ 4 EL Öl
- 5 EL flüssiger Honig
- 3 Stiele Petersilie ♥ Backpapier

**1** Nudeln in reichlich kochendem Salzwasser nach Packungsanweisung kochen. Abschrecken und auskühlen lassen. Mais abtropfen lassen. Gurken in Scheiben, Käse in Stifte und Wurst in Streifen schneiden. Mayonnaise, Joghurt und Gurkensud verrühren. Mit Salz und Pfeffer abschmecken. Vorbereitete Salatzutaten mit der Soße mischen. Zugedeckt mindestens 1 Stunde ziehen lassen.

**2** Spareribs waschen, trocken tupfen und die fast durchsichtige Silberhaut entfernen. In einzelne Rippchen teilen. Salz, Pfeffer, Paprika, Öl und Honig verrühren. Fleisch damit einstreichen und auf einem mit Backpapier ausgelegten Backblech verteilen. Im vorgeheizten Ofen (E-Herd: 200 °C/Umluft: 175 °C/Gas: s. Hersteller) ca. 1 Stunde braten. Zwischendurch einmal wenden. Petersilie waschen und fein schneiden. Salat nochmals abschmecken und mit Petersilie bestreuen. Mit den Spareribs anrichten.

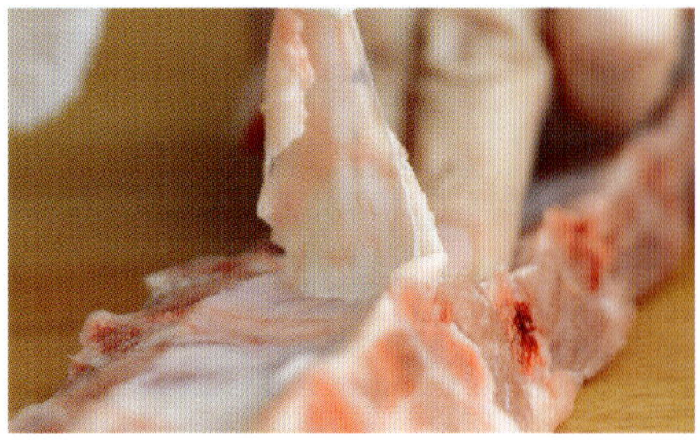

ZUBEREITUNGSZEIT ca. 1 ½ Std. + Wartezeit mind. 2 Std.
PORTION ca. 810 kcal
E 38 g · F 43 g · KH 63 g

## Gyrossalat mit Tacochips

ZUTATEN FÜR 10 PERSONEN

- 3 große Zwiebeln
- 1,5 kg gewürztes Gyrosfleisch (Fleischtheke)
- 250 g Schlagsahne
- 1 Dose (850 ml) Kidneybohnen
- 1 Dose (425 ml) Mais
- 1 Glas (370 ml) milde Peperoni
- 2 Minirömersalate (ca. 350 g)
- 2 Knoblauchzehen
- ½ Salatgurke ♥ 500 g Joghurt
- 250 g Magerquark ♥ Salz
- Pfeffer ♥ 2 EL Zitronensaft
- 400 ml Tomatensalsa (Flasche)
- 200 g Taco- oder Tortillachips

**1** Zwiebeln schälen, halbieren und in Scheiben schneiden. Mit dem Fleisch auf der Fettpfanne des Backofens verteilen. Im vorgeheizten Ofen (E-Herd: 200 °C/Umluft: 175 °C/Gas: s. Hersteller) ca. 1 Stunde braten. Nach ca. 45 Minuten Garzeit Sahne darübergießen. Herausnehmen, auskühlen lassen.

**2** Bohnen abspülen. Bohnen, Mais und Peperoni abtropfen lassen. Salat putzen, waschen und in Streifen schneiden. Knoblauch und Gurke schälen. Gurke raspeln, Knoblauch fein hacken. Beides mit Joghurt und Quark verrühren. Mit Salz, Pfeffer und Zitronensaft abschmecken.

**3** Gyros, Mais, Peperoni, Bohnen, Salat, Tsatsiki und Salsa auf eine Platte schichten. Kurz vorm Servieren mit einigen Chips bestreuen. Übrige Chips extra dazu reichen.

ZUBEREITUNGSZEIT ca. 1 ½ Std. +
Wartezeit ca. 1 Std.
PORTION ca. 560 kcal
E 38 g · F 27 g · KH 38 g

## Bunter Reissalat mit Shrimps

ZUTATEN FÜR 10 PERSONEN

- 750 g TK-Shrimps
- 2 Zwiebeln ♥ 16 EL Öl
- 750 g Basmatireis
- 4 TL Curry
- 2 EL Brühe (instant) ♥ 450 g TK-Erbsen
- 10 EL Weißweinessig
- Salz ♥ Pfeffer ♥ Zucker
- 4–5 dicke Möhren (ca. 600 g)
- 4 Knoblauchzehen
- abgeriebene Schale und Saft von 2 Bio-Zitronen
- 3–4 Stiele Minze
- 1 kg Vollmilchjoghurt

**1** Shrimps auftauen. Zwiebeln schälen, hacken und in 2 EL heißem Öl andünsten. Reis und Curry zufügen, kurz mitdünsten. Gut 1 ½ l Wasser zugießen, aufkochen. Brühe einrühren. Zugedeckt bei schwacher Hitze ca. 15 Minuten köcheln. Erbsen untermischen. Essig, Salz, Pfeffer, etwas Zucker und 10 EL Öl verschlagen. Unter den Reis mischen, auskühlen lassen.

**2** Möhren und Knoblauch schälen. Möhren waschen und in feine Stifte schneiden. Knoblauch hacken. Shrimps abspülen, trocken tupfen. Möhren in 1 EL heißem Öl kurz andünsten. Mit Salz und Zucker würzen, herausnehmen. Shrimps und Knoblauch in 3 EL heißem Öl ca. 3 Minuten braten. Zitronenschale und -saft zufügen. Würzen, auskühlen lassen.

**3** Minze waschen, Blättchen fein schneiden. Mit Joghurt, Salz und Pfeffer verrühren. Reis, Möhren und Shrimps mischen und abschmecken. Minzjoghurt dazu reichen.

ZUBEREITUNGSZEIT ca. 1 ¼ Std. +
Wartezeit mind. 2 Std.
PORTION ca. 620 kcal
E 27 g · F 21 g · KH 77 g

# Unsere besten Ofenhits

Einfach toll, diese Ofenknüller! Während alles wie von allein im Backofen brutzelt, können Sie sich in Ruhe um Ihre Gäste kümmern

# Nackensteaks in Cidre

ZUTATEN FÜR 8 PERSONEN

- 500 g Zwiebeln
- 2 Knoblauchzehen
- 100 g Frühstücksspeck in Scheiben
- 2 kg Kartoffeln
- 8 Schweinenackensteaks (ca. 1,5 kg)
- 3 EL Öl
- Salz ♥ Pfeffer ♥ Muskat
- ½ l trockener Cidre (Apfelwein)

1 Zwiebeln und Knoblauch schälen. Zwiebeln in Ringe schneiden oder hobeln. Knoblauch hacken. Speck fein würfeln. Kartoffeln schälen, waschen und in Scheiben hobeln oder schneiden.

2 Fleisch waschen und trocken tupfen. Öl in einer großen Pfanne erhitzen. Fleisch darin portionsweise von beiden Seiten kräftig anbraten. Mit Salz und Pfeffer würzen und herausnehmen. Knoblauch im heißen Bratfett kurz anbraten.

3 Kartoffeln, Zwiebeln und Knoblauch mischen. Kräftig mit Salz, Pfeffer und Muskat würzen. Ca. ⅔ Kartoffel-Zwiebel-Mischung in einen Bräter (mit Deckel) schichten. Die Fleischscheiben etwas überlappend darauflegen. Mit übriger Kartoffel-Zwiebel-Mischung bedecken und mit Speck bestreuen. Cidre angießen.

4 Zugedeckt im vorgeheizten Ofen (E-Herd: 150 °C/Umluft: 125 °C/Gas: s. Hersteller) ca. 2 ½ Stunden backen. Nach ca. 1 Stunde den Deckel abnehmen, fertig backen.

ZUBEREITUNGSZEIT ca. 3 ¼ Std.
PORTION ca. 590 kcal
E 39 g · F 34 g · KH 22 g

## Lachs-Spinat-Lasagne

ZUTATEN FÜR CA. 8 STÜCKE

- 2 Packungen (à 450 g) TK-Rahmspinat
- Fett für die Form
- 500 g Schmand ♥ 8 Lasagneplatten
- 400 g geräucherter Lachs in dünnen Scheiben
- 10 Eier
- Salz ♥ Pfeffer ♥ Muskat
- 200 g geriebener Käse

1 Gefrorenen Spinat in einem Topf zugedeckt bei mittlerer Hitze ca. 15 Minuten auftauen lassen. Dabei öfter umrühren. Abkühlen lassen.

2 Eine Auflaufform (ca. 22 x 30 cm, ca. 6 cm hoch) fetten. Schmand glatt rühren und eine dünne Schicht auf den Formboden streichen. 4 Lasagneplatten darauflegen. Mit einer weiteren dünnen Schicht Schmand bestreichen. Hälfte Lachs darauflegen.

3 Eier verquirlen und mit Salz, Pfeffer und Muskat kräftig würzen. Unter den Spinat rühren und auf die Lachsschicht gießen. Erst übrigen Lachs, dann Rest Lasagneplatten darauflegen. Mit übrigem Schmand bestreichen und mit Käse bestreuen.

4 Im vorgeheizten Backofen (E-Herd: 200 °C/Umluft: 175 °C/Gas: s. Hersteller) 50–60 Minuten backen. Lasagne in ca. 8 Stücke schneiden. Schmeckt warm und kalt.

ZUBEREITUNGSZEIT ca. 1 ½ Std.
STÜCK ca. 510 kcal
E 29 g · F 37 g · KH 11 g

# Rouladen-Schichttopf mit Roten Beten

ZUTATEN FÜR 8 PERSONEN

- 8 Rinderrouladen (ca. 1,6 kg)
- 3 große Zwiebeln
- 750 g Möhren
- 600 g Rote Beten
- 1,5 kg Kartoffeln
- 2 Lorbeerblätter
- 3–4 TL getrockneter Oregano
- 200 g Frühstücksspeck in Scheiben
- Salz ♥ Pfeffer
- 2 TL Gemüsebrühe (instant)
- ½ l trockener Rotwein

1 Rouladenfleisch trocken tupfen und quer halbieren. Zwiebeln schälen und in Ringe schneiden. Möhren, Rote Beten (Vorsicht, sie färben stark, s. Tipp) und Kartoffeln schälen, waschen und in dünne Scheiben schneiden oder hobeln. Lorbeer fein zerbröseln und mit dem Oregano mischen.

2 Vorbereitete Zutaten und die Speckscheiben in einen großen Bräter (mit Deckel) schichten. Dabei jede Gemüse-, Kartoffel- und Fleischlage mit Salz, Pfeffer und der Oreganomischung würzen. Mit Speckscheiben abschließen.

3 ½ l Wasser aufkochen und Brühe darin auflösen. Rotwein und Brühe angießen (Bräter sollte ca. zur Hälfte mit Flüssigkeit gefüllt sein). Bräter verschließen und im vorgeheizten Backofen (E-Herd: 175 °C/Umluft: 150 °C/Gas: s. Hersteller) ca. 2 Stunden schmoren. Schichttopf die letzten ca. 15 Minuten ohne Deckel fertig garen.

**ZUBEREITUNGSZEIT** ca. 2 ½ Std.
**PORTION** ca. 630 kcal
E 54 g · F 22 g · KH 40 g

***KEINE ROTEN HÄNDE***
*Weil Rote Beten stark färben, am besten beim Schälen Einmalhandschuhe anziehen.*

## Mafiatorte mit Paprika

ZUTATEN FÜR CA. 20 STÜCKE

- 3 Scheiben Toast ♥ 2 Zwiebeln
- 2 Knoblauchzehen
- je 6 Stiele Petersilie und Basilikum
- 1,5 kg gemischtes Hack ♥ 2 Eier
- 2 EL Senf ♥ Salz ♥ Pfeffer ♥ Edelsüßpaprika
- Fett für die Fettpfanne
- 1 Gemüsezwiebel
- 1 kg Paprikaschoten (z. B. rot, gelb, grün)
- 2 Fleischtomaten
- 1 Glas (370 ml) ganze Champignonköpfe
- 4 EL Öl ♥ 1 Flasche (250 ml) Zigeunersoße
- 100 g Tomatenketchup
- 150 g Crème fraîche
- 200 g geriebener Gouda
- 50 g paprikagefüllte Oliven

**1** FÜR DIE HACKMASSE Toast in kaltem Wasser einweichen. Zwiebeln und Knoblauch schälen und fein hacken. Kräuter waschen und fein hacken. Toast gut ausdrücken. Mit Hack, Eiern, Zwiebeln, Knoblauch, Senf und Kräutern verkneten. Mit Salz, Pfeffer und Paprika herzhaft würzen.

**2** Fettpfanne (ca. 32 x 39 cm) fetten. Hackmasse darauf verteilen und andrücken. Im vorgeheizten Backofen (E-Herd: 225 °C/Umluft: 200 °C/Umluft: s. Hersteller) zunächst ca. 15 Minuten backen.

**3** FÜR DEN BELAG inzwischen Gemüsezwiebel schälen und in Ringe schneiden. Paprika putzen, waschen und würfeln. Tomaten waschen und in Scheiben schneiden. Pilze abtropfen lassen und halbieren.

**4** Öl portionsweise in einer Pfanne erhitzen. Zwiebeln darin andünsten, herausnehmen. Paprika im heißen Bratfett ca. 3 Minuten anbraten. Mit Salz und Pfeffer würzen. Zwiebeln und Pilze untermischen. Zigeunersoße, Ketchup und Crème fraîche verrühren.

**5** Backofentemperatur auf 200 °C (Umluft: 175 °C/Gas: s. Hersteller) herunterschalten. Hackpizza herausnehmen. Zuerst mit Tomaten, dann mit Gemüsemischung belegen. Soße darüber verteilen und mit Käse bestreuen. Ca. 45 Minuten weiterbacken. Oliven hacken und darüberstreuen.

ZUBEREITUNGSZEIT ca. 1 ½ Std.
STÜCK ca. 270 kcal
E 20 g · F 16 g · KH 9 g

# Makkaroniauflauf mit Brätbällchen

ZUTATEN FÜR 8 PERSONEN

- 800 g Makkaroni ♥ Salz
- 750 g Brokkoli
- 1 Zwiebel ♥ 2 EL Öl
- 4 feine ungebrühte Bratwürste (ca. 500 g)
- 3 EL Tomatenmark
- 1 Dose (850 ml) Tomaten
- 5–6 Stiele Thymian
- Pfeffer ♥ 1–2 TL Zucker
- Fett für die Form
- 250 g Gouda (Stück)

1 Makkaroni einmal durchbrechen. In reichlich kochendem Salzwasser nach Packungsanweisung garen. Brokkoli putzen, waschen und in Röschen teilen. In wenig kochendem Salzwasser ca. 3 Minuten dünsten. Nudeln und Brokkoli abtropfen lassen.

2 Zwiebel schälen, fein würfeln. Öl in einer großen Pfanne erhitzen. Wurstbrät direkt als Klößchen aus der Haut ins heiße Öl drücken und rundherum anbraten. Herausnehmen.

3 Zwiebel im heißen Bratfett andünsten. Tomatenmark einrühren, kurz mit anschwitzen. Tomaten samt Saft zufügen, aufkochen. Tomaten mit dem Pfannenwender etwas zerkleinern. Thymian waschen, Blättchen abzupfen und in die Soße rühren. Alles ca. 5 Minuten köcheln. Soße mit Salz, Pfeffer und Zucker abschmecken.

4 Nudeln, Brokkoli, Brätbällchen und Soße in einer gefetteten Auflaufform oder auf der Fettpfanne verteilen. Gouda darüberraspeln. Im vorgeheizten Ofen (E-Herd: 200 °C/Umluft: 175 °C/Gas: s. Hersteller) ca. 30 Minuten backen. Alles anrichten.

ZUBEREITUNGSZEIT ca. 1 ¼ Std.
PORTION ca. 780 kcal
E 33 g · F 34 g · KH 80 g

# Hackröllchen à la Cordon bleu

ZUTATEN FÜR 8 PERSONEN

- 1,5 kg Porree ♥ Salz
- Pfeffer ♥ Edelsüßpaprika
- Fett für die Form
- 2 Zwiebeln ♥ 4 Stiele Petersilie
- 500 g gemischtes Hack
- 500 g Schweinemett ♥ 2 Eier
- 2 EL Tomatenmark
- 8 Scheiben gekochter Schinken (ca. 200 g)
- 6 Scheiben mittelalter Gouda (ca. 150 g)
- 2 Dosen (à 425 ml) Pizzatomaten
- 250 g Schlagsahne

1 Porree putzen, waschen und in Ringe schneiden. In wenig kochendem Salzwasser zugedeckt ca. 5 Minuten dünsten. Abtropfen lassen und in einer großen ofenfesten Form oder auf der Fettpfanne verteilen.

2 Zwiebeln schälen und fein würfeln. Petersilie waschen und fein hacken. Beides mit Hack, Mett, Eiern und Tomatenmark verkneten. Mit Pfeffer, Paprika und wenig Salz würzen.

3 Schinkenscheiben mit je 1 Scheibe Käse belegen. Hackmasse darauf verteilen und flach drücken. Schinken aufrollen und mit der Nahtseite nach unten auf den Porree legen.

4 Pizzasoße und Sahne verrühren, würzen und darübergießen. Im vorgeheizten Ofen (E-Herd: 200 °C/Umluft: 175 °C/Gas: s. Hersteller) 30–40 Minuten backen.

ZUBEREITUNGSZEIT ca. 1 ¼ Std.
PORTION ca. 780 kcal
E 60 g · F 49 g · KH 18 g

## Nudelauflauf mit Schinken & Béchamel

ZUTATEN FÜR 6 PERSONEN

- 500 g Champignons
- 2 Zwiebeln
- 2 EL Olivenöl ♥ Salz ♥ Pfeffer
- 4 EL (40 g) Butter ♥ 3 EL (40 g) Mehl
- ½ l Milch
- 300 g Kräuterschmelzkäse ♥ Muskat
- 300 g gekochter Schinken in Scheiben
- 75 g Parmesan (Stück)
- 9 Lasagneplatten ♥ Fett für die Form

1 Pilze putzen, waschen und in dünne Scheiben schneiden. Zwiebeln schälen und fein würfeln. Öl in einer Pfanne erhitzen. Pilze darin in 2 Portionen ca. 5 Minuten anbraten. Zwiebeln zufügen und ca. 2 Minuten mitbraten. Alles mit Salz und Pfeffer würzen.

2 FÜR DIE BÉCHAMEL Butter erhitzen. Mehl darin hell anschwitzen. ½ l Wasser und Milch einrühren. Aufkochen und ca. 5 Minuten köcheln. Schmelzkäse unter Rühren in der Soße schmelzen. Mit Salz, Pfeffer und Muskat kräftig abschmecken.

3 Schinken in kleine Würfel schneiden. Parmesan fein reiben. Lasagneplatten quer halbieren. Sechs kleine Auflaufförmchen (à ca. 11 x 11 cm; 4 cm hoch) oder eine große Auflaufform fetten. Je 1 EL Soße in die Förmchen geben. Halbe Lasagneplatte darauflegen, jeweils Pilze, Schinken und Béchamel darauf verteilen. Übrige Zutaten ebenso einschichten. Mit Béchamel abschließen und mit Parmesan bestreuen. Im vorgeheizten Backofen (E-Herd: 175 °C/Umluft: 150 °C/Gas: s. Hersteller) ca. 40 Minuten backen.

**ZUBEREITUNGSZEIT** ca. 1 ¼ Std.
**PORTION** ca. 550 kcal
E 33 g · F 31 g · KH 31 g

# Kasseler-Schlemmerschnitten

ZUTATEN FÜR 8 SCHEIBEN

- 3 mittelgroße Zwiebeln
- 1 kg Champignons
- 8 Kasselersteaks (ca. 1 kg; Kotelettstück)
- 4 EL Öl ♥ Salz ♥ Pfeffer
- 1 gehäufter EL Mehl
- 250 g Schlagsahne
- 1 EL Brühe (instant)
- 2–3 TL mittelscharfer Senf
- 8 Scheiben Graubrot
- 200 g Edelpilzkäse
- Backpapier

**1** Zwiebeln schälen und fein hacken. Pilze putzen, waschen und in Scheiben schneiden. Fleisch evtl. waschen und trocken tupfen.

**2** Fleisch in 2 EL heißem Öl in einer großen Pfanne ca. 3 Minuten anbraten. Herausnehmen. Zwiebeln im heißen Bratfett andünsten, herausnehmen. Pilze in 2 EL heißem Öl portionsweise kräftig anbraten. Gesamte Pilze und Zwiebeln in die Pfanne geben, mit Salz und Pfeffer würzen. Mehl darüberstäuben und kurz anschwitzen. Sahne, ½ l Wasser und Brühe einrühren, aufkochen. Alles kurz köcheln. Mit Senf, Pfeffer und etwas Salz abschmecken.

**3** Brot auf einem mit Backpapier ausgelegten Backblech verteilen. Im vorgeheizten Ofen (E-Herd: 200 °C/Umluft: 175 °C/Gas: s. Hersteller) ca. 5 Minuten rösten. Käse in Scheiben schneiden. Kasseler, Käse und Pilzrahm auf dem Brot verteilen. Im heißen Ofen ca. 15 Minuten überbacken.

ZUBEREITUNGSZEIT ca. 50 Min.
PORTION ca. 570 kcal
E 40 g · F 32 g · KH 27 g

## Kraut-Mett-Auflauf mit Kartoffelkruste

ZUTATEN FÜR 8 PERSONEN

- 1,2 kg festkochende Kartoffeln
- 2 Zwiebeln
- 1 kg Schweinemett
- 1 EL Öl ♥ Pfeffer
- 1 Dose (850 ml) + 1 Dose (580 ml) Sauerkraut
- 1 Lorbeerblatt
- Salz ♥ Zucker ♥ gemahlener Kümmel
- Fett für die Form
- 4 EL Butter
- 2 gestrichener EL Mehl
- ¼ l Milch ♥ 200 g Schlagsahne
- 1 TL Gemüsebrühe (instant)
- 2 Scheiben Toast

1 Kartoffeln waschen und zugedeckt ca. 20 Minuten kochen. Abschrecken, schälen und abkühlen lassen.

2 Zwiebeln schälen und fein würfeln. Mett im heißen Öl portionsweise krümelig anbraten. Zwiebeln zufügen und kurz mit andünsten. Alles mit Pfeffer würzen, herausnehmen.

Sauerkraut aus beiden Dosen gut ausdrücken und im heißen Bratfett anbraten. 200 ml Wasser und Lorbeer zufügen. Zugedeckt ca. 10 Minuten schmoren. Mit Salz, Zucker und nach Belieben mit Kümmel abschmecken. In eine gefettete große Auflaufform füllen. Mett darauf verteilen. Kartoffeln in Scheiben schneiden und dachziegelartig darauflegen.

3 2 EL Butter erhitzen. Mehl darin anschwitzen. Milch, Sahne, ⅛ l Wasser und Brühe einrühren. Aufkochen und ca. 5 Minuten köcheln. Soße mit Salz und Pfeffer abschmecken. Über die Kartoffeln gießen.

4 2 EL Butter schmelzen. Toast fein zerbröseln und mit der Butter mischen. Brösel auf dem Auflauf verteilen. Im vorgeheizten Backofen (E-Herd: 200 °C/Umluft: 175 °C/Gas: s. Hersteller) ca. 30 Minuten backen.

ZUBEREITUNGSZEIT ca. 1 ¼ Std.
PORTION ca. 720 kcal
E 35 g · F 47 g · KH 33 g

## Zwiebel-Sahne-Hähnchen vom Blech

ZUTATEN FÜR 8 PERSONEN

- 750 g Zwiebeln
- 4 rote Paprikaschoten
- 2 küchenfertige Hähnchen (à ca. 1,5 kg)
- 4 EL Öl
- 2–3 TL Rosenpaprika
- Salz
- Pfeffer
- 2 TL Hühnerbrühe (instant)
- 250 g Schlagsahne
- ⅛ l Milch
- 4 Stiele Petersilie

1 Zwiebeln schälen und in Ringe schneiden bzw. hobeln. Paprika putzen, waschen und in Stücke schneiden. Beides auf der Fettpfanne des Backofens verteilen.

2 Hähnchen waschen und trocken tupfen. Jedes Hähnchen in 8 Teile zerteilen. Keulen im Gelenk halbieren. Öl und Paprikapulver verrühren. Die Hähnchenteile damit bestreichen, mit Salz und Pfeffer würzen und auf das Gemüse legen.

3 Brühe in ⅜ l heißem Wasser auflösen. Mit Sahne und Milch auf die Fettpfanne gießen. Im vorgeheizten Backofen (E-Herd: 200 °C/Umluft: 175 °C/Gas: s. Hersteller) ca. 1 Stunde braten. Petersilie waschen, trocken schütteln und fein hacken. Zwiebel-Sahne-Hähnchen anrichten und mit gehackter Petersilie bestreuen. Dazu passen Röstkartoffeln oder Baguette.

ZUBEREITUNGSZEIT ca. 1 ¾ Std.
PORTION ca. 590 kcal
E 43 g · F 41 g · KH 7 g

# Champignon-Rahmschnitzel

ZUTATEN FÜR 6 PERSONEN

- 600 g Zwiebeln
- 750 g Champignons
- 6 Schweineschnitzel (à ca. 175 g)
- 3–4 EL Öl
- Salz ♥ Pfeffer
- Fett für die Form
- 1 TL getrockneter Majoran
- 400 g Schlagsahne
- 1 TL klare Brühe (instant)
- Alufolie

1 Zwiebeln schälen und in Ringe schneiden. Pilze putzen, waschen und in Scheiben schneiden. Schnitzel waschen, trocken tupfen. Öl portionsweise in einer großen Pfanne erhitzen. Schnitzel darin von beiden Seiten kräftig anbraten. Mit Salz und Pfeffer würzen und in eine gefettete Auflaufform legen.

2 Zwiebeln und Pilze im Bratfett portionsweise unter Wenden goldbraun anbraten. Mit Salz, Pfeffer und Majoran würzen. Sahne, ¼ l Wasser und Brühe einrühren, aufkochen.

3 Pilzsoße über die Schnitzel gießen. Form mit Alufolie abdecken und im vorgeheizten Ofen (E-Herd: 200 °C/Umluft: 175 °C/Gas: s. Hersteller) zunächst ca. 1 Stunde schmoren. Offen bei 175 °C (Umluft: 150 °C/Gas: s. Hersteller) weitere ca. 40 Minuten schmoren. Dazu schmeckt Baguette.

**ZUBEREITUNGSZEIT** ca. 2 ¼ Std.
**PORTION** ca. 500 kcal
E 46 g · F 30 g · KH 8 g

## FÜR VIELE GÄSTE

*Wenn Sie eine größere Menge brauchen, lässt sich dieses Rezept ganz einfach verdoppeln. Verteilen Sie die Schnitzel dann auf der Fettpfanne des Backofens. Die Garzeit bleibt gleich.*

# Italienisches Buffet

Trattoria-Gemütlichkeit und viele nette Gäste – oh, wie ist das Leben schön … Buon appetito!

Weiße Bohnen in Thymian-Tomatensoße Seite 118

Oliven-Mandel-Pesto Seite 118

Mozzarella-Speck-Pralinen Seite 118

Buntes Balsamicogemüse Seite 118

# Rustikales Olivenciabatta

ZUTATEN FÜR 4 BROTE (À CA. 15 SCHEIBEN)

- 1 Würfel (42 g) Hefe
- 800 g Mehl • 400 g Roggenmehl
- Salz • 6 EL Olivenöl
- 150 g Rucola
- 150 g schwarze Oliven (ohne Stein)
- Mehl zum Formen • Backpapier

**1** CA. 5 STUNDEN VORHER die Hefe in einer sehr großen Schüssel in 800 ml lauwarmem Wasser auflösen. 800 g Mehl, 400 g Roggenmehl und 3 gestrichene EL Salz mischen, zur Hefe geben. Öl zufügen. Alles mit dem Handrührgerät zügig zum glatten Teig verkneten. Zugedeckt an einem warmen Ort ca. 4 Stunden gehen lassen.

**2** Nach ca. 1 Stunde Gehzeit Rucola putzen, waschen, trocken tupfen und grob schneiden. Oliven hacken. Beides locker unterkneten und den Teig fertig gehen lassen.

**3** Teig auf einer gut bemehlten Arbeitsfläche vierteln (nicht mehr kneten, damit die Luft im Teig bleibt!) und zu 4 ca. 30 cm langen schmalen Broten formen. Auf ein mit Backpapier ausgelegtes Backblech legen und nochmals ca. 15 Minuten gehen lassen.

**4** Im heißen Ofen (E-Herd: 200 °C/Umluft: 175 °C/Gas: s. Hersteller) ca. 40 Minuten backen. Brote auf einem Rost auskühlen lassen. Dazu schmeckt Gorgonzola-Tomaten-Dip (s. unten).

ZUBEREITUNGSZEIT ca. 1 ¼ Std. + Gehzeit ca. 4 ¼ Std.
SCHEIBE ca. 90 kcal
E 2 g · F 2 g · KH 15 g

## Gorgonzola-Tomaten-Dip

ZUTATEN FÜR 8–10 PERSONEN

**75 g getrocknete Softtomaten** grob hacken. **150 g cremigen Gorgonzolakäse** mit der Gabel leicht zerdrücken. Mit **300 g Doppelrahmfrischkäse** und **ca. 8 EL Milch** glatt rühren. Tomaten unterheben. Mit **Salz, Pfeffer** und **Edelsüßpaprika** abschmecken. Zum Olivenbrot reichen.

## Chili-Knoblauch-Garnelen

ZUTATEN FÜR 8–10 PERSONEN
- 750 g TK-Garnelen (geschält und blanchiert)
- 1 kleine rote Chilischote
- 2 Knoblauchzehen
- 1–2 Zweige Rosmarin
- 5–6 EL Olivenöl • Salz

1 Garnelen auftauen lassen. Chili einritzen, entkernen, waschen und hacken. Knoblauch schälen und in Scheiben schneiden. Rosmarin waschen und die Nadeln abzupfen.

2 Garnelen abspülen und trocken tupfen. Im heißen Öl in 2 Portionen ca. 4 Minuten kräftig anbraten. Nach ca. 1 Minute Knoblauch, Rosmarin und Chili zufügen. Mit Salz würzen und auskühlen lassen.

ZUBEREITUNGSZEIT ca. 25 Min. + Wartezeit ca. 1 Std.
PORTION ca. 110 kcal
E 12 g · F 7 g · KH 0 g

## Mozzarella-Speck-Pralinen

ZUTATEN FÜR 16 STÜCK
- 250 g Mozzarella
- 16 dünne Scheiben (ca. 160 g) Südtiroler Speck • 3 EL Olivenöl
- 3–4 EL Basilikumpesto (Glas)
- evtl. 16 Holzspießchen

1 Mozzarella trocken tupfen und in insgesamt 16 Stücke schneiden. Jedes mit Speck umwickeln. Evtl. feststecken.

2 Öl in einer beschichteten Pfanne erhitzen. Mozzarella-Speck-Pralinen darin unter Wenden 2–3 Minuten braten. Herausnehmen. Mit Pesto beträufeln, etwas abkühlen lassen. Lauwarm oder kalt servieren.

ZUBEREITUNGSZEIT ca. 20 Min.
STÜCK ca. 210 kcal
E 7 g · F 19 g · KH 0 g

## Weiße Bohnen in Thymian-Tomatensoße

ZUTATEN FÜR 8–10 PERSONEN
- 2 Dosen (à 425 ml) weiße Bohnenkerne
- 1 kleine Zwiebel
- 6 Stiele Thymian
- 4–5 EL Olivenöl
- 1 EL Tomatenmark
- 400 g stückige Tomaten (Dose)
- Salz • Pfeffer • Zucker

1 Bohnen abspülen und gut abtropfen lassen. Zwiebel schälen und fein hacken. Thymian waschen, Blättchen abzupfen und grob hacken.

2 Zwiebel in 2 EL heißem Öl andünsten. Tomatenmark kurz mit anschwitzen. Stückige Tomaten und 5–6 EL Wasser zufügen. Mit Salz, Pfeffer und 1 Prise Zucker würzen. Soße aufkochen und offen ca. 10 Minuten köcheln.

3 Bohnen und Thymian in die Tomatensoße geben, aufkochen. Ca. 2 Minuten köcheln. Nochmals abschmecken. Bohnen abkühlen lassen und vorm Servieren mit 2–3 EL Öl beträufeln.

ZUBEREITUNGSZEIT ca. 30 Min.
PORTION ca. 120 kcal
E 5 g · F 5 g · KH 12 g

### Oliven-Mandel-Pesto

ZUTATEN FÜR 8–10 PERSONEN

**2 Gläser (à 370 ml) grüne Oliven (ohne Stein)** gut abtropfen lassen. **100 g Mandelkerne (ohne Haut)** in einer Pfanne ohne Fett rösten, herausnehmen. **10 Stiele Basilikum** waschen, trocken tupfen. Basilikum, Oliven und Mandeln fein hacken. Mit **100 ml Orangensaft** und **4 EL Olivenöl** verrühren. Mit **Pfeffer, wenig grobem Meersalz** und **etwas Zucker** abschmecken. Schmeckt ebenfalls super zum Olivenbrot von Seite 117.

## Buntes Balsamicogemüse

ZUTATEN FÜR 8–10 PERSONEN
- 2 Paprikaschoten (z. B. gelb und rot)
- 2 mittelgroße Zucchini
- 500 g kleine Champignons
- 3 mittelgroße Möhren
- 1 frische Knoblauchknolle
- 5 Stiele Thymian • 8 EL Olivenöl
- grobes Meersalz • Pfeffer
- 4–5 EL heller Balsamico-Essig • Zucker

1 Paprika, Zucchini und Pilze putzen. Möhren schälen. Gemüse und Pilze waschen. Paprika und Zucchini in Stücke schneiden. Möhren längs halbieren und in schräge dicke Scheiben schneiden. Knoblauch in Zehen teilen, evtl. schälen. Thymian waschen, Blättchen abzupfen und grob hacken.

2 3 EL Öl in einer großen beschichteten Pfanne erhitzen. Möhren darin bei mittlerer Hitze 8–10 Minuten braten. Mit Salz und Pfeffer würzen, herausnehmen. Paprika und Zucchini in 2 EL heißem Öl 3–5 Minuten braten. Würzen und mit den Möhren mischen.

3 3 EL Öl in der Pfanne erhitzen. Pilze und Knoblauch darin anbraten. Thymian zufügen, kurz mitbraten. Mit Salz und Pfeffer würzen und mit dem Gemüse mischen. Alles mit Essig, Salz, Pfeffer und etwas Zucker abschmecken. Gemüse auskühlen lassen.

ZUBEREITUNGSZEIT ca. 40 Min.
PORTION ca. 90 kcal
E 2 g · F 8 g · KH 3 g

## Knusprige Grissini

ZUTATEN FÜR 50–60 STÜCK

- ½ Würfel (21 g) Hefe
- 1 TL Zucker
- 360 g + etwas Mehl
- Salz ♥ 7 EL Olivenöl
- 1 Eiweiß (Gr. M)
- 1 EL + 1 TL getrocknete Chiliflocken
- Backpapier

**1** Hefe und Zucker in 150 ml lauwarmem Wasser auflösen. 360 g Mehl, 1 TL Salz, 5 EL Öl, Eiweiß und 1 EL Chiliflocken in einer Schüssel mischen. Hefe zugießen und alles mit den Knethaken des Rührgerätes glatt verkneten. Zugedeckt an einem warmen Ort ca. 1 Stunde gehen lassen.

**2** Teig halbieren und jeweils zur Rolle formen. Jede Rolle in 25–30 Stücke schneiden. Auf etwas Mehl erst zu Kugeln, dann zu dünnen Stangen (ca. 18 cm lang) formen.

**3** Grissini auf zwei bis drei mit Backpapier ausgelegte Bleche legen. 2 EL Öl und 1 TL Chiliflocken verrühren. Die Grissini damit bestreichen. Nacheinander im vorgeheizten Backofen (E-Herd: 200 °C/Umluft: 175 °C/Gas: s. Hersteller) 15–18 Minuten goldbraun backen. Auskühlen lassen, trocken aufbewahren.

ZUBEREITUNGSZEIT ca. 1 Std. + Gehzeit ca. 1 Std.
STÜCK ca. 30 kcal
E 1 g · F 1 g · KH 5 g

## Gut vorbereitet

**Hier ein paar Tipps zum Zeitplan – damit auch Sie Ihre Party ganz entspannt genießen können**

*Antipasti möglichst früh vorbereiten: Weiße Bohnen, Balsamicogemüse und Grissini können Sie bereits am Vortag machen, Mozzarellapralinen, Garnelen, Mozzarellahappen und Panini aber erst am Partytag. Bevor die Gäste kommen, alles noch mal abschmecken.*

○○○

*Auch Dip und Pesto können Sie schon am Vortag fix und fertig anrühren und über Nacht kalt stellen.*

○○○

*Den Chiantibraten bereits am Vortag schmoren. Tomatensoße, Béchamel und Gemüse für die Lasagne am Partytag vorbereiten und einschichten. Wenn die Gäste kommen – ab in den Backofen. Gnocchi al forno aber frisch zubereiten.*

○○○

*Das Tiramisu zum Dessert können Sie schon am Vortag einschichten und kalt stellen. Vorm Servieren mit Schokodeko und Pflaumen verzieren.*

○○○

*Das Ciabatta muss zwar lange gehen, schmeckt aber frisch am besten – also lieber nicht vorbereiten. Ebenso die Focaccini erst kurz vorher machen.*

## Bunte Mozzarella-happen

ZUTATEN FÜR 8–10 PERSONEN

- 375 g Mozzarella
- 100 g gegrillte Paprika (Glas)
- 1–2 EL schwarze Oliven
- 1 EL eingelegter Knoblauch (Glas)
- 100 g getrocknete Tomaten (in Öl)
- 100 g italienische Salami in dünnen Scheiben
- 100 g Coppa (luftgetrockneter Schweinenacken) oder Parmaschinken
- Pfeffer ♥ Holzspießchen

**1** Mozzarella, Paprika, Oliven, Knoblauch und Tomaten abtropfen lassen. Ca. 2 EL Tomatenöl aufheben. Mozzarella in Scheiben, Paprika in Stücke schneiden.

**2** Mozzarella mit Paprika, Oliven, Knoblauch, Tomaten, Salami oder Coppa belegen, feststecken. Mit Tomatenöl beträufeln und mit Pfeffer würzen.

**ZUBEREITUNGSZEIT** ca. 20 Min.
**PORTION** ca. 260 kcal
E 14 g · F 20 g · KH 4 g

## Panini mit Thunfisch & Schinken

ZUTATEN FÜR 8–10 PERSONEN

- 4 Eier ♥ 350 g Salatmayonnaise
- 300 g stichfeste saure Sahne
- 3–4 EL Weißweinessig
- 1 Dose (200 g) Thunfisch
- 2 EL Kapern (Glas)
- Salz ♥ Pfeffer ♥ einige Salatblätter
- 8 Ciabattabrötchen ♥ 200 g Gorgonzola
- 4 Scheiben (ca. 125 g) gekochter Schinken
- ca. 50 g Rucola
- 4–5 EL grünes Pesto (Glas)
- Holzspießchen

**1** FÜR DIE THUNFISCH-PANINI Eier hart kochen. Abschrecken, schälen, abkühlen lassen. Mayonnaise, saure Sahne und Essig verrühren. Thunfisch abtropfen lassen. Eier würfeln. Alles mit Kapern mischen, abschmecken. Salatblätter waschen, kleiner zupfen. 4 Brötchen halbieren. Untere Hälften mit Salat belegen und mit Thunfischcreme bestreichen. Deckel leicht andrücken und feststecken. In je 3 Stücke schneiden.

**2** FÜR DIE SCHINKEN-PANINI Käse in dünne Scheiben schneiden. Schinken halbieren. Rucola waschen, abtropfen lassen. 4 Brötchen aufschneiden. Untere Hälften jeweils mit Pesto bestreichen. Mit Schinken, Rucola und Gorgonzola belegen. Deckel feststecken. In jeweils 3 Stücke schneiden.

**ZUBEREITUNGSZEIT** ca. 40 Min. + Wartezeit ca. 30 Min.
**PORTION** ca. 600 kcal
E 22 g · F 40 g · KH 34 g

## Knusprige Focaccini

ZUTATEN FÜR 8–10 PERSONEN

- ½ Würfel (ca. 21 g) Hefe
- 1 TL Zucker
- 1 TL Salz
- 250 g + etwas Mehl
- 1 EL + gut ¼ l Olivenöl
- 2 Zweige Rosmarin
- 1 junge Knoblauchknolle
- grobes Salz

1 Hefe zerbröckeln und mit Zucker in 150 ml lauwarmem Wasser auflösen. Salz und 250 g Mehl in einer Schüssel mit dem Hefewasser und 1 EL Öl glatt verkneten. Zugedeckt an einem warmen Ort ca. 45 Minuten gehen lassen.

2 Rosmarin waschen und trocken tupfen. Knoblauch waschen und ungeschält in Zehen teilen.

3 Teig nochmals durchkneten. Portionsweise auf etwas Mehl dünn ausrollen und in Quadrate (ca. 3 x 3 cm) schneiden.

4 ¼ l Öl in einer hohen Pfanne erhitzen. Knoblauch und Rosmarin darin frittieren, herausnehmen. Teigstücke portionsweise im heißen Öl 2–3 Minuten goldbraun frittieren. Auf Küchenpapier abtropfen lassen. Mit grobem Salz bestreuen. Mit Knoblauch und Rosmarin anrichten.

**ZUBEREITUNGSZEIT** ca. 45 Min. + Gehzeit ca. 45 Min.
**PORTION** ca. 240 kcal
E 3 g · F 14 g · KH 23 g

### Leuchtende Tischdeko

*Schöne Konservendosen mit italienischen Motiven leeren und reinigen. Kerzenreste oder Wachsgranulat (Bastelladen) im Wasserbad schmelzen. Nach Belieben mit Wachsfärbetabletten (Bastelladen) rot färben. Dochte (Bastelladen) an Holzstäbchen befestigen und in die Dosen hängen. Wachs in die Dosen gießen und aushärten lassen.*

## Gnocchi al forno mit Steakstreifen

ZUTATEN FÜR 8–10 PERSONEN

- 1,5 kg Brokkoli
- Salz
- 1,8 kg frische Gnocchi (Kühlregal)
- 2 Zwiebeln
- 2 Knoblauchzehen
- 1 kg Tomaten
- 5 Stiele Basilikum
- 4 EL Öl
- 3 EL Tomatenmark
- 500 g passierte Tomaten (Packung)
- Pfeffer
- Zucker
- 4 Rumpsteaks (à ca. 200 g)
- 250 g Mozzarella
- 50 g Pinienkerne

1 Brokkoli putzen, waschen und in Röschen teilen. In wenig kochendem Salzwasser ca. 4 Minuten dünsten. Abschrecken und abtropfen lassen. Gnocchi in reichlich kochendem Salzwasser nach Packungsanweisung garen. Abtropfen lassen.

2 Zwiebeln und Knoblauch schälen, fein würfeln. Tomaten waschen und würfeln. Basilikum waschen, trocken schütteln und die Blättchen in Streifen schneiden.

3 Zwiebeln und Knoblauch in 2 EL heißem Öl andünsten. Tomatenmark und Tomaten kurz mitdünsten. Mit passierten Tomaten und 150 ml Wasser ablöschen, aufkochen und ca. 15 Minuten köcheln. Mit Salz, Pfeffer, 1 Prise Zucker und Basilikum würzen.

4 Steaks trocken tupfen. In 2 EL heißem Öl von jeder Seite ca. 3 Minuten braten. Mit Salz und Pfeffer würzen. Herausnehmen, ca. 10 Minuten ruhen lassen. Steaks in Streifen schneiden.

5 Mozzarella in Scheiben schneiden. Brokkoli, Gnocchi und Steakstreifen mit der Tomatensoße in einer großen ofenfesten Form mischen. Mozzarella und Pinienkerne darauf verteilen.

6 Im vorgeheizten Backofen (E-Herd: 200 °C/Umluft: 175 °C/Gas: s. Hersteller) ca. 15 Minuten überbacken.

**ZUBEREITUNGSZEIT** ca. 1 ¼ Std.
**PORTION** ca. 540 kcal
E 35 g · F 15 g · KH 62 g

# Gemüselasagne vom Blech

ZUTATEN FÜR 8–10 PERSONEN

- 2 mittelgroße Zwiebeln
- 2 Knoblauchzehen
- 6 EL Olivenöl ♥ 3 EL Tomatenmark
- 2 Dosen (à 850 ml) Tomaten
- Salz ♥ Pfeffer ♥ Zucker ♥ Muskat
- 100 g Mehl ♥ 100 g Butter
- ½ l Milch ♥ 2 TL Gemüsebrühe (instant)
- Muskat ♥ 500 g Möhren
- 2 mittelgroße Zucchini
- 500 g Schneidebohnen
- 2 Dosen (à 425 ml) Artischockenherzen ♥ 10 Stiele Basilikum
- 150 g Parmesan (Stück)
- Fett für die Fettpfanne
- ca. 16 Lasagneplatten
- 500 g Mozzarella

**1** FÜR DIE TOMATENSOSSE Zwiebeln und Knoblauch schälen, fein würfeln. In 2 EL heißem Öl andünsten. Tomatenmark kurz mit anschwitzen. Tomaten samt Saft zufügen und etwas zerkleinern. Mit Salz, Pfeffer und etwas Zucker würzen, aufkochen. Offen ca. 30 Minuten köcheln, bis die Soße leicht dicklich wird.

**2** FÜR DIE BÉCHAMEL inzwischen Mehl in heißer Butter hell anschwitzen. ¾ l Wasser, Milch und Brühe einrühren, aufkochen. Ca. 5 Minuten köcheln. Mit Salz, Pfeffer und Muskat abschmecken.

**3** Möhren und Zucchini schälen bzw. putzen, waschen und in Scheiben schneiden. Schneidebohnen putzen, waschen und in Stücke schneiden. Artischocken abtropfen lassen und halbieren. Basilikum waschen, fein schneiden.

**4** Bohnen in kochendem Salzwasser ca. 5 Minuten garen. Abtropfen lassen. Möhren in 3 EL heißem Öl ca. 5 Minuten anbraten. Zucchini 2–3 Minuten mitbraten. Würzen und herausnehmen. Bohnen und Artischocken in 1 EL heißem Öl anbraten. Mit Salz und Pfeffer würzen, mit Möhren und Zucchini mischen. Basilikum unter die Tomatensoße rühren. Mit Salz, Pfeffer und etwas Zucker abschmecken. Parmesan reiben.

**5** Eine hohe Fettpfanne (ca. 32 x 39 cm) fetten. Etwas Béchamelsoße darauf verteilen. Ca. 8 Nudelplatten darauflegen. Hälfte Gemüse darauf verteilen, mit 50 g Parmesan bestreuen. Je Hälfte Béchamel- und Tomatensoße darübergießen. Mit 8 Nudelplatten abdecken.

**6** Rest Gemüse, 50 g Parmesan, Rest Béchamel- und Tomatensoße daraufschichten. Mozzarella in Scheiben schneiden und mit Rest Parmesan auf der Lasagne verteilen. Im heißen Ofen (E-Herd: 200 °C/Umluft: 175 °C/Gas: s. Hersteller) ca. 45 Minuten backen. Schmeckt auch toll als Beilage zum Chiantibraten.

ZUBEREITUNGSZEIT ca. 1 ¾ Std.
PORTION ca. 590 kcal
E 28 g · F 29 g · KH 49 g

# Zweimal geschmorter Rinderbraten in Chianti

ZUTATEN FÜR 8–10 PERSONEN

- 500 g Möhren
- 500 g Stangensellerie
- 3 mittelgroße Zwiebeln
- 4 Knoblauchzehen
- 3 kg Rinderschmorbraten (aus der Keule)
- 3 EL Öl ♥ Salz ♥ Pfeffer
- 4 EL Tomatenmark
- 1 l trockener Rotwein (z. B. Chianti)
- 2–3 Lorbeerblätter ♥ 60 g Butter
- 3 gehäufte EL Mehl
- 6 Stiele Petersilie
- 1 Bio-Zitrone ♥ Zucker

**1** AM VORTAG Gemüse schälen bzw. putzen und waschen. Möhren klein würfeln und Sellerie in Scheiben schneiden. Zwiebeln und Knoblauch schälen, fein würfeln. Fleisch waschen und trocken tupfen.

**2** Öl im Bräter erhitzen. Fleisch mit Salz und Pfeffer würzen. Im heißen Öl rundherum kräftig anbraten. Herausnehmen. Gemüse im Bratfett anbraten und würzen.Tomatenmark kurz mit anschwitzen. Nach und nach mit Wein und ½ l heißem Wasser ablöschen. Lorbeer zufügen und aufkochen.

**3** Fleisch in den Bräter legen und zugedeckt bei mittlerer Hitze ca. 3 Stunden schmoren. Fleisch in der Soße über Nacht auskühlen lassen.

**4** AM NÄCHSTEN TAG Fleisch in Scheiben schneiden. Soße erhitzen. Butter und Mehl verkneten. Nach und nach in Flöckchen in die Soße rühren und ca. 4 Minuten köcheln. Bratenscheiben darin zugedeckt weitere 1–1 ½ Stunden schmoren.

**5** Petersilie waschen, hacken. Zitrone heiß waschen, Schale abreiben. Beides mischen. Soße mit Salz, Pfeffer und etwas Zucker abschmecken. Braten und Soße anrichten. Mit der Petersilienmischung bestreuen.

ZUBEREITUNGSZEIT ca. 5 Std. + Wartezeit ca. 12 Std.
PORTION ca. 590 kcal
E 63 g · F 24 g · KH 9 g

## *Typisch italienisch – Latte macchiato*

*Dafür aufgeschäumte Milch in ein Glas geben und ein Tässchen Espresso vorsichtig hineinlaufen lassen. Für cremigen Milchschaum die ca. 70 °C warme Milch am besten mit einem einfachen Handaufschäumer mit Batterie aufschlagen (ersatzweise einen Schneebesen verwenden).*

## Tiramisu mit Amarettopflaumen

ZUTATEN FÜR 10–12 PERSONEN

- 1,2 kg Pflaumen/Zwetschen (ersatzweise 2 Gläser (à 720 ml) Pflaumen
- 175 g + 100 g Zucker
- 100 ml Apfelsaft
- 100 ml Amaretto
- 1 leicht gehäufter EL Speisestärke
- 100 g Zartbitterschokolade
- 2 EL Kaffee-/Espressobohnen
- 500 g Mascarpone
- 750 g Sahnequark
- 200 g Löffelbiskuits
- 200 ml kalter Espresso/Kaffee
- 1 EL Kakao
- Backpapier

**1** FÜR DAS KOMPOTT Pflaumen waschen und entsteinen (Pflaumen aus dem Glas gut abtropfen lassen). 175 g Zucker goldgelb karamellisieren. Apfelsaft zugießen, aufkochen und so lange rühren, bis sich der Karamell gelöst hat. Amaretto und Pflaumen zufügen. Zugedeckt ca. 5 Minuten köcheln. Stärke und 3 EL Wasser verrühren. Pflaumenkompott damit binden. Auskühlen lassen.

**2** FÜR DIE SCHOKODEKO Backblech mit Backpapier auslegen. Schokolade in Stücke teilen und unter Rühren im heißen Wasserbad schmelzen. Kaffeebohnen fein zerstoßen oder hacken. Schokolade dünn auf das Backpapier streichen und Kaffeebohnen daraufstreuen. Auskühlen lassen.

**3** Mascarpone, Quark und 100 g Zucker verrühren. Hälfte Biskuits in eine Auflaufform (ca. 17 x 27 cm) legen. Mit Hälfte Espresso beträufeln und Hälfte Creme daraufstreichen. Ca. ¾ Kompott darauf verteilen. Übrige Biskuits darauflegen, mit übrigem Espresso beträufeln. Restliche Creme daraufstreichen und alles mindestens 4 Stunden kühlen.

**4** Die fest gewordene Mokkaschokolade in Stücke teilen und auf das Tiramisu streuen. Mit Kakao bestäuben und mit restlichem Kompott verzieren. Dazu schmeckt Latte macchiato.

ZUBEREITUNGSZEIT ca. 50 Min. + Wartezeit mind. 6 Std.
PORTION ca. 560 kcal
E 13 g · F 29 g · KH 55 g

## Crodino Tonic

ZUTATEN FÜR 8 GROSSE GLÄSER

Reichlich **Eiswürfel** auf acht Gläser verteilen und **je 1 Fläschchen (à 9,8 cl) Crodino (ital. Bitteraperitif ohne Alkohol)** darübergießen. Mit **1 l gut gekühltem Tonicwater** auffüllen. Nach Belieben mit **je 1 Orangenscheibe** verzieren.

## Rhabarberprosecco

ZUTATEN FÜR 10 GROSSE GLÄSER

**½ l gut gekühlten Rhabarbernektar** auf zehn Gläser verteilen. Mit **2 Flaschen (à 0,75 l)** ebenfalls **gut gekühltem Prosecco** auffüllen. Nach Belieben **einige Blättchen Minze** mit hineingeben.

# Gartenparty

„Kommt doch zum Grillen!“ Dieser Einladung folgen alle gern. Besonders wenn es so viele leckere Sachen gibt

## Kartoffelsalat mit Radieschen und Gurke

ZUTATEN FÜR 6–8 PERSONEN

- 2 kg festkochende Kartoffeln
- 2 mittelgroße Zwiebeln
- 1–2 TL Gemüsebrühe (instant)
- ⅛ l Weißweinessig
- Salz ♥ Pfeffer ♥ Zucker
- 2 Bund Radieschen
- 1 Salatgurke
- 2 Bund Schnittlauch
- 250 g Remoulade (z. B. dänische)
- 250 g Dickmilch

**1** Kartoffeln waschen und zugedeckt ca. 20 Minuten kochen. Abschrecken, schälen und auskühlen lassen.

**2** Zwiebeln schälen und fein würfeln. Mit 200 ml Wasser, Brühe, Essig, etwas Salz, Pfeffer und 1 TL Zucker aufkochen. Kartoffeln in Scheiben schneiden. In einer großen Schüssel mit der heißen Marinade mischen. Mindestens 1 Stunde zugedeckt ziehen lassen.

**3** Radieschen putzen, waschen und klein schneiden. Gurke und Schnittlauch waschen. Gurke evtl. schälen, längs vierteln und in Stücke, Schnittlauch in Röllchen schneiden.

**4** Remoulade und Dickmilch glatt rühren, abschmecken. Mit Gurke, Radieschen und Schnittlauch unter die Kartoffeln heben. Mindestens 1 Stunde ziehen lassen. Salat nochmals abschmecken.

ZUBEREITUNGSZEIT ca. 1 Std.
Wartezeit mind. 3½ Std.
PORTION ca. 270 kcal
E 6 g · F 11 g · KH 36 g

## Tomaten-Schinken-Röstbrot

ZUTATEN FÜR 6–8 PERSONEN

- 4 Stiele Salbei
- 5 Tomaten (ca. 500 g)
- 1 Ciabatta (ca. 375 g)
- 5 EL Olivenöl ♥ Salz ♥ Pfeffer
- 125 g Parmaschinken in dünnen Scheiben
- evtl. Holzspießchen

**1** Salbei waschen, Blättchen von den Stielen zupfen. Tomaten waschen und in Scheiben schneiden.

**2** Brot in 12–16 Scheiben schneiden und mit Öl beträufeln. Mit Tomaten und Salbei belegen. Mit Salz und Pfeffer würzen. Mit je 1 Scheibe Schinken fest umwickeln, evtl. feststecken. Von jeder Seite 2–3 Minuten grillen.

ZUBEREITUNGSZEIT ca. 30 Min.
PORTION ca. 210 kcal
E 6 g · F 9 g · KH 25 g

## Knoblauch-Kräuterbutter

ZUTATEN FÜR 8 PERSONEN

**2 Schalotten** und **Knoblauchzehen** schälen und sehr fein hacken. **½ Bund Schnittlauch** und **4 Stiele Petersilie** waschen. **Schnittlauch** in feine Röllchen schneiden, **Petersilie** hacken. **250 g weiche Butter** mit den Schneebesen des Rührgerätes cremig rühren. Kräuter, Knoblauch und Schalotten unterrühren. Mit **Salz** und **Pfeffer** würzen. Dazu schmeckt **Fladenbrot.**

# T-Bone-Steak mit Nudelsalat

ZUTATEN FÜR 6–8 PERSONEN

- 500 g kurze Nudeln (z. B. Hörnchen)
- Salz ♥ 4 Eier
- 1 Dose (425 ml) Mais
- 1 Bund Radieschen
- 1 Salatgurke
- 1 mittelgroße Zwiebel
- 100 g Frühstücksspeck in Scheiben
- 8 EL heller Balsamico-Essig
- Pfeffer ♥ Zucker
- 6 EL Olivenöl
- 4 große T-Bone-Steaks (à ca. 450 g)

**1** Nudeln in reichlich kochendem Salzwasser nach Packungsanweisung garen. Eier hart kochen. Beides abschrecken. Nudeln abtropfen lassen, Eier schälen. Auskühlen lassen.

**2** Mais abtropfen lassen. Radieschen putzen, waschen und klein schneiden. Gurke waschen, evtl. schälen, längs halbieren und in Scheiben schneiden. Zwiebel schälen und fein würfeln.

**3** Speck in einer Pfanne ohne Fett knusprig braten. Herausnehmen und auf Küchenpapier abtropfen lassen. Zwiebel im heißen Speckfett andünsten. Essig, Salz, Pfeffer und etwas Zucker zufügen. Vom Herd nehmen und Öl darunterschlagen. Nudeln mit der Marinade mischen.

**4** Eier grob hacken. Mit Mais, Radieschen und Gurke unter die Nudeln heben. Mindestens 1 Stunde ziehen lassen. Speckscheiben halbieren und untermischen. Salat abschmecken.

**5** Steaks trocken tupfen und mit Pfeffer würzen. Von jeder Seite ca. 6 Minuten grillen. Mit Salz würzen, halbieren und mit dem Nudelsalat anrichten. Dazu passt Kräuterbutter.

ZUBEREITUNGSZEIT ca. 1 Std. + Wartezeit mind. 1 Std.
PORTION ca. 680 kcal
E 46 g · F 29 g · KH 53 g

## WOHLTEMPERIERT

*Das Fleisch für den Grill immer etwa 1 Stunde vorher aus der Kühlung nehmen. So gart es später beim Grillen besser durch und wird aromatischer.*

## Marinierte Spareribs

ZUTATEN FÜR 6–8 PERSONEN
- 1 Zwiebel • 2 Knoblauchzehen
- 1 Stück (ca. 2 cm) Ingwer
- 8 EL Orangensaft
- 6 EL flüssiger Honig • 3 EL Öl
- 6 EL Tomatenketchup
- 1 EL Worcestersoße • 7 EL Sojasoße
- 3 kg Spareribs (Schälrippen; am besten portionieren lassen)
- evtl. Alugrillschalen

**1** Zwiebel, Knoblauch und Ingwer schälen, fein hacken. Mit Orangensaft, Honig, Öl, Ketchup, Worcestersoße und Sojasoße verrühren. Spareribs waschen, trocken tupfen. Fleisch und Marinade in einer großen Schüssel oder auf der Fettpfanne mischen. Mindestens 1 Stunde marinieren.

**2** Rippchen abtropfen lassen und die Marinade aufbewahren. Fleisch portionsweise auf dem heißen Grill unter Wenden kräftig anrösten. Dann in Grillschalen legen oder bei weniger Hitze weitere ca. 15 Minuten fertig grillen. Dabei mehrmals mit übriger Marinade bestreichen. Lecker dazu: Käsefladen und Guacamole (s. unten und rechts).

ZUBEREITUNGSZEIT ca. 1 Std. + Wartezeit ca. 1 Std.
PORTION ca. 420 kcal
E 31 g · F 28 g · KH 8 g

## Guacamole

**1 Knoblauchzehe** schälen und grob hacken. **2 große reife Avocados** halbieren und entsteinen. Fruchtfleisch herauslösen. Mit **Knoblauch** und **2 TL Zitronensaft** pürieren. **1 rote Chilischote** putzen, längs einritzen, entkernen, waschen und hacken. Mit **150 g Vollmilchjoghurt** unter das Avocadopüree rühren. Guacamole mit **Salz, Pfeffer** und **1 Prise Zucker** abschmecken.

## Käsefladen

ZUTATEN FÜR 6–8 PERSONEN
- 200 g Gouda (Stück)
- 8 kleine Weizentortillas (15 cm Ø)
- 150 g Crème fraîche
- Alufolie

Käse reiben. Tortillas mit Crème fraîche bestreichen. 4 Fladen mit Käse bestreuen. Übrige Tortillas darauflegen und andrücken. Käsefladen auf Alufolie legen und von jeder Seite 2–3 Minuten grillen. In Stücke schneiden.

ZUBEREITUNGSZEIT ca. 30 Min.
PORTION ca. 230 kcal
E 8 g · F 13 g · KH 19 g

## Grillfackeln mit Röstzwiebelquark

ZUTATEN FÜR 6–8 PERSONEN

- 6 EL Öl ♥ ½ TL Curry
- 1 TL Edelsüßpaprika
- 2–3 mittelgroße Zwiebeln
- 16 dünne Scheiben magerer Schweinebauch (ca. 1,2 kg)
- 2 Knoblauchzehen
- 200 g Schmand
- 250 g Sahnequark
- 4 EL (ca. 50 g) fertige Röstzwiebeln
- Salz ♥ Pfeffer ♥ Zucker
- 16 Grillspieße (z. B. Holzspieße)

**1** FÜR DIE FACKELN Holzspieße ca. 1 Stunde in Wasser einweichen. Öl, Curry und Paprikapulver verrühren. Zwiebeln schälen und in breite Spalten schneiden.

**2** 1 Zwiebelspalte auf jeden Spieß stecken und nach unten schieben. Fleischscheiben jeweils mit einem Ende auf einen Spieß stecken und nach unten schieben. Fleisch um den Spieß nach oben wickeln und das Ende mit aufspießen. Spieße mit Marinade einstreichen und mindestens 30 Minuten ziehen lassen.

**3** FÜR DEN ZWIEBELQUARK Knoblauch schälen und fein hacken. Mit Schmand, Quark und Röstzwiebeln verrühren. Mit Salz, Pfeffer und 1 Prise Zucker abschmecken.

**4** Spieße rundum ca. 10 Minuten knusprig grillen. Dabei öfter mit übriger Marinade bestreichen und mit Salz würzen. Zwiebelquark dazu reichen.

ZUBEREITUNGSZEIT ca. 50 Min. + Wartezeit mind. 1 ½ Std.
PORTION ca. 260 kcal
E 14 g · F 20 g · KH 3 g

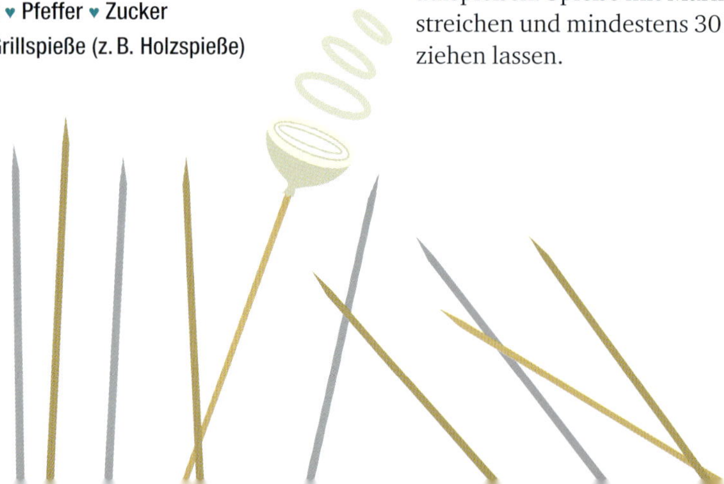

## Wolfsbarsch mit Kräuterfüllung

ZUTATEN FÜR 6–8 PERSONEN

- 1,2 kg neue Kartoffeln
- 6–8 küchenfertige Wolfsbarsche (à ca. 400 g; oder s. Tipp)
- 6–8 Stiele Petersilie
- 4 kleine Zweige Rosmarin
- 1 Bio-Zitrone
- Salz ♥ Pfeffer
- 6–8 kleine Lorbeerblätter
- 3–4 TL + 5–6 EL Olivenöl
- 3 EL Weißweinessig ♥ Zucker
- 300 g Babysalatmix
- 300 g Tomaten
- Alugrillschalen

**1** Kartoffeln gut waschen und zugedeckt ca. 20 Minuten kochen. Fische innen und außen waschen, gut trocken tupfen. Petersilie und Rosmarin waschen, trocken schütteln. Zitrone heiß waschen, trocken reiben und in Scheiben schneiden. Fische innen mit Salz und Pfeffer würzen. Mit Kräutern, Lorbeerblättern und Zitronenscheiben füllen. Mit 3–4 TL Öl einstreichen.

**2** FÜR DIE VINAIGRETTE Essig, Salz, Pfeffer und 1 Prise Zucker verrühren. 3 EL Öl kräftig unterschlagen. Salat waschen und trocken schütteln. Tomaten waschen und klein schneiden.

**3** Kartoffeln abgießen. Mit 2–3 EL Öl mischen, in Grillschalen verteilen. Mit Salz und Pfeffer würzen. Fische jeweils in einer Fischgrillzange auf dem heißen Grill pro Seite 6–8 Minuten grillen. Kartoffeln in den Grillschalen ca. 10 Minuten grillen. Salat, Tomaten und Vinaigrette mischen und alles anrichten.

ZUBEREITUNGSZEIT ca. 50 Min.
PORTION ca. 390 kcal
E 42 g · F 13 g · KH 24 g

### FISCH-ALTERNATIVEN

*Wolfsbarsch (Loup de mer) hat angenehm grätenarmes Fleisch und einen feinen, milden Geschmack. Sie können aber ebenso gut auch Doraden oder Forellen für dieses Gericht verwenden.*

# Hähnchen-Souvlaki und gefüllte Pilze

ZUTATEN FÜR 6–8 PERSONEN
- 3 gelbe Paprikaschoten
- 2 mittelgroße Zwiebeln
- 1 Stück (ca. 3 cm) Ingwer
- 75 g Zucker ♥ 150 ml Orangensaft
- 3 EL Weißweinessig
- Curry ♥ Salz ♥ Pfeffer
- 1,2 kg Hähnchenfilet
- 1 TL getrockneter Oregano
- 5–6 EL Zitronensaft ♥ 3 EL Olivenöl
- 1 Bund Lauchzwiebeln
- 8 sehr große Champignons
- 75 g Schinkenwürfel
- 250 g Doppelrahmfrischkäse
- 3–4 EL Milch ♥ 8 Holzspieße

**1** FÜR DEN PAPRIKAKETCHUP Paprika putzen und waschen. Zwiebeln und Ingwer schälen. Alles würfeln. Zucker und ca. 7 EL Wasser aufkochen. Paprika, Zwiebeln, Ingwer und Orangensaft zufügen, aufkochen. Zugedeckt ca. 20 Minuten köcheln. Ab und zu umrühren. Alles mit dem Stabmixer pürieren. Mit Essig, Curry, Salz und Pfeffer kräftig abschmecken. Ketchup kalt stellen.

**2** FÜR DIE SOUVLAKI Holzspieße in Wasser einweichen. Fleisch waschen, trocken tupfen und würfeln. Oregano, Zitronensaft, 2 EL Öl und Pfeffer verrühren. Fleisch damit einstreichen und mindestens 1 Stunde kalt stellen.

**3** FÜR DIE PILZE Lauchzwiebeln putzen, waschen und in feine Ringe schneiden. Pilze putzen, waschen und die Stiele herausdrehen. Stiele fein würfeln und mit den Schinkenwürfeln in 1 EL heißem Öl knusprig braten. Abkühlen lassen. Frischkäse, Milch, Lauchzwiebeln und Schinkenmischung verrühren. Mit Salz und Pfeffer würzen.

**4** Fleisch auf die Spieße stecken. Mit Salz und Pfeffer würzen. Rundherum ca. 12 Minuten grillen. Pilze goldbraun grillen und mit der Frischkäsemasse füllen. Alles mit dem Ketchup anrichten.

ZUBEREITUNGSZEIT ca. 1 ½ Std. + Wartezeit mind. 1 Std.
PORTION ca. 400 kcal
E 40 g · F 17 g · KH 18 g

## Knuspriges Baguette

ZUTATEN FÜR 2 BAGUETTES (À CA. 16 SCHEIBEN)
- 250 g Dinkelmehl (Type 630)
- 250 g Weizenmehl • Salz • 10 g frische Hefe
- Mehl für die Arbeitsfläche • Backpapier

**1** AM VORTAG beide Mehlsorten und 2 TL Salz in einer großen Schüssel mischen. Hefe zerbröckeln und in 300 ml eiskaltem Wasser auflösen. Zum Mehl geben und mit den Knethaken des Rührgerätes zu einem glatten Teig verkneten. Zugedeckt (am besten mit Frischhaltefolie) über Nacht kalt stellen.

**2** AM NÄCHSTEN TAG den Teig mit einer Teigkarte auf eine bemehlte Arbeitsfläche geben (nicht mehr kneten!). In 2 Portionen teilen und jedes Stück auf etwas Mehl zum länglichen Laib (ca. 25 cm lang) formen, dabei jeden Laib zwei- bis dreimal verdrehen. Beide Baguettes auf ein mit Backpapier ausgelegtes Backblech legen und 15 Minuten ruhen lassen. Im vorgeheizten Backofen (E-Herd: 250 °C/Umluft: 225 °C/Gas: s. Hersteller) ca. 15 Minuten backen. Ofentemperatur herunterschalten (E-Herd: 200 °C/Umluft: 175 °C/Gas: s. Hersteller) und ca. 15 Minuten weiterbacken. Auskühlen lassen.

ZUBEREITUNGSZEIT ca. 45 Min. + Gehzeit ca. 12 Std.
SCHEIBE ca. 70 kcal
E 2 g · F 0 g · KH 14 g

## Soßen & Dip zu Brot und Fleisch

### Honig-Senf-Soße

**100 ml flüssigen Honig** und **150 g mittelscharfen Senf** glatt verrühren. **1 Bund Dill waschen,** fein schneiden und unterrühren.

### Barbecuesoße

**1 kleine Zwiebel** und **1 Knoblauchzehe** schälen und fein hacken. Mit **300 ml Tomatenketchup, 2 EL scharfem Senf, 4 EL Worcestersoße, 2 EL Balsamico-Essig, 2–3 EL Whiskey** und **3 EL Ahornsirup** oder **braunem Zucker** verrühren. Evtl. mit **Salz** und **Chilipulver** abschmecken.

### Currydip

**400 g Schmand** mit **100 g Salatmayonnaise** und **2 TL Curry** verrühren. **1 Bund Schnittlauch** waschen, fein schneiden und unter den Schmand rühren. Mit **Salz** und evtl. etwas **Asiagewürz** abschmecken.

Lecker zu …

# Nackenbraten mit Honig-Bier-Glasur

ZUTATEN FÜR 6–8 PERSONEN

- 150 ml Bier (z. B. Pils)
- 3 TL Tomatenmark
- 2–3 EL flüssiger Honig
- 4 EL Öl • Pfeffer
- Edelsüßpaprika • Salz
- 2 kg Schweinenackenbraten (Knochen vom Fleischer auslösen und mitgeben lassen)
- 3 Paprikaschoten (z. B. grün, gelb und rot)
- 100 g geräucherter durchwachsener Speck
- 1–1,2 kg fertiger Krautsalat

**1** FÜR DEN BRATEN Bier, Tomatenmark, Honig, Öl, 1 TL Pfeffer und 2 TL Paprikapulver verrühren. Braten waschen, trocken tupfen und mit der Marinade einstreichen. Mindestens 1 Stunde ziehen lassen.

**2** Braten salzen und auf dem Knochen auf den Grillrost legen. Im heißen Kugelgrill zugedeckt bei indirekter Hitze ca. 2 Stunden grillen (oder den Braten im vorgeheizten Backofen bei 175 °C ca. 2 Stunden braten).

**3** FÜR DEN KRAUTSALAT Paprika putzen, waschen und fein schneiden. Speck würfeln und ohne Fett knusprig braten, herausnehmen. Paprika im heißen Speckfett kurz anbraten. Beides unter den Krautsalat mischen. Alles anrichten.

ZUBEREITUNGSZEIT ca. 2 ¼ Std. + Wartezeit mind. 1 Std.
PORTION ca. 740 kcal
E 41 g · F 47 g · KH 30 g

# 3 tolle Grillmarinaden für Fleisch & Fisch

## Orangen-Whiskey-Marinade

**1 Knoblauchzehe** schälen und durchpressen. Mit dem **Saft von ½ Orange, 1 TL Sojasoße, 4–5 EL Tomatensaft, 2 EL Whiskey** und **1 TL Ahornsirup** oder **flüssigem Honig** verrühren. Mit **Pfeffer** würzen.

**Lecker zum BESTREICHEN von …**

**… SCHWEINEFLEISCH, GEFLÜGEL und FISCHFILET**

## Ingwer-Limetten-Marinade

**1 Stück (ca. 3 cm) Ingwer** schälen und fein hacken. **1 TL Fenchelsamen** in einer Pfanne ohne Fett leicht rösten, herausnehmen. **1 Limette** auspressen. Limettensaft, **4 EL Öl, 1 TL flüssigen Honig** mit Ingwer und Fenchel verrühren.

**Lecker zum BESTREICHEN von …**

**…FISCH und SCHWEINESTEAKS**

## Schalottenmarinade mit Thymian

**2 Schalotten** schälen und fein würfeln. **2 Stiele Thymian** waschen, Blättchen abzupfen und hacken. **6 EL Olivenöl, einige Spritzer Worcestersoße und 1 TL braunen Zucker** verrühren.

**Lecker zum MARINIEREN von…**

**…FLEISCH und GEFLÜGEL**

# Grillkäsepäckchen mit Kräuterbutter

ZUTATEN FÜR 6–8 PERSONEN

- ½ Bund Schnittlauch
- je 1–2 Stiele Petersilie, Basilikum und Thymian
- 4 Knoblauchzehen
- 125 g weiche Butter ♥ Salz ♥ Pfeffer
- einige Spritzer Zitronensaft
- 2 mittelgroße Zucchini
- 1 Glas (370 ml) geröstete rote Paprika
- 2 EL Olivenöl
- 600–800 g Grill- und Pfannenkäse (6–8 Stücke; z. B. Halloumi)
- Alufolie

1 FÜR DIE KRÄUTERBUTTER alle Kräuter waschen, trocken schütteln und fein schneiden bzw. hacken. 1 Knoblauchzehe schälen und ebenfalls fein hacken. Butter, Knoblauch und Kräuter verrühren und mit Salz, Pfeffer und etwas Zitronensaft würzen. Kalt stellen.

2 FÜR DIE PÄCKCHEN Zucchini putzen, waschen, längs vierteln und in Stücke schneiden. 3 Knoblauchzehen schälen und grob hacken. Paprika gut abtropfen lassen und in Streifen schneiden. Alles mit dem Öl mischen und mit Salz und Pfeffer würzen.

3 Grillkäse nach Belieben von jeder Seite kurz auf dem heißen Grill angrillen. Dann je 1 Scheibe Käse mit etwas von der Gemüsemischung und 1 TL Kräuterbutter auf einem großen Stück Alufolie verteilen. Folie zu Päckchen fest verschließen und auf dem heißen Grill ca. 15 Minuten grillen. Restliche Kräuterbutter dazu reichen. Dazu schmeckt Fladenbrot.

**ZUBEREITUNGSZEIT** ca. 40 Min.
**PORTION** ca. 380 kcal
E 15 g · F 32 g · KH 5 g

Vegetarisch

# Fruchtspieße mit Schmandcreme

ZUTATEN FÜR 8 SPIESSE

- 2–3 Stiele Minze
- 500 g Vollmilchjoghurt
- 200 g Schmand
- 3–4 EL Honig
- 1 Zuckermelone (z. B. Cantaloupe oder Charentais)
- 6 Aprikosen
- 2 mittelgroße Bananen
- 2–3 EL Zitronensaft
- 2 EL gehackte Pistazien
- 8 Holzspieße

**1** FÜR DIE SCHMANDCREME Minze waschen, Blättchen abzupfen und in feine Streifen schneiden. Joghurt, Schmand, Honig und Minze verrühren. Schmandcreme kalt stellen.

**2** FÜR DIE SPIESSE Melone entkernen, in Spalten schneiden und schälen. Fruchtfleisch in mundgerechte Stücke schneiden. Aprikosen waschen, halbieren und entsteinen. Bananen schälen und in jeweils 3–4 Stücke schneiden. Mit Zitronensaft beträufeln.

**3** Früchte abwechselnd auf Spieße stecken. Auf dem heißen Grill (oder in einer Grillpfanne auf dem Herd) rundherum ca. 5 Minuten grillen. Fruchtspieße mit Pistazien bestreuen. Schmandcreme dazu reichen.

**ZUBEREITUNGSZEIT** ca. 20 Min.
**SPIESS** ca. 220 kcal
E 5 g · F 10 g · KH 25 g

## AUCH KALT LECKER

*Fürs Buffet brauchen Sie die Spieße nicht zu grillen – richten Sie sie einfach mit Schmandcreme an. Toll für Kinder: Schokolade (weiß oder braun) schmelzen und die Früchte hineintauchen. Gut zum Aufspießen eignen sich auch Ananas und Trauben.*

## Toll für Kinder

Vor allem Kinder lieben **Marshmallows** am Spieß. Besonders groß ist der Spaß mit Maximarshmallows (Supermarkt). Einfach aufspießen und über die glühende Holzkohle halten. Dabei immer wieder drehen. Der Schaumzucker ist gut, wenn er anfängt vom Spieß zu rutschen. Besonders lecker schmecken die Marshmallows zwischen 2 Butterkeksen.

# Spanischer Abend

Bei leckeren Tapas & Co. fühlen sich Ihre Gäste fast wie auf Mallorca

## Typisch spanisch

*Zu den traditionellen Happen trinkt man ganz klassisch Sherry oder einen spanischen Cava (Sekt). Immer mit dabei: Oliven, Manchego, Schinken, Chorizo, Salzmandeln und natürlich frisches Brot.*

## Migas (geröstete Brotwürfel)

ZUTATEN FÜR 6 PERSONEN

- 250 g Weißbrot (vom Vortag)
- 1 TL Edelsüßpaprika
- 2 Knoblauchzehen ▾ 1 getrocknete Chilischote
- 100 ml Olivenöl
- 100 g geräucherter durchwachsener Speck in dünnen Scheiben ▾ Salz

**1** Brot entrinden und würfeln. In einer Schale mit etwas kaltem Wasser so beträufeln, dass alle Brotwürfel benetzt, aber nicht durchweicht sind. Mit Paprika mischen. Zugedeckt 2–3 Stunden ruhen lassen.

**2** Knoblauch schälen, fein würfeln. Chili fein hacken. Öl in einer großen Pfanne erhitzen. Speck darin knusprig braten, herausnehmen. Brotwürfel im heißen Bratfett goldbraun braten. Zuletzt Knoblauch, Chili und Speck kurz mitbraten. Etwas salzen und anrichten.

ZUBEREITUNGSZEIT ca. 30 Min. +
Wartezeit 2–3 Std.
PORTION ca. 330 kcal
E 4 g · F 28 g · KH 14 g

## Zorongollo (Paprikasalat)

ZUTATEN FÜR 6 PERSONEN

- 4 rote Paprikaschoten ▾ etwas + 75 ml Olivenöl
- 2–3 Knoblauchzehen ▾ 2 EL Essig
- Pfeffer ▾ Salz ▾ ca. ½ TL gemahlener Kreuzkümmel
- 1 Zwiebel

**1** Paprika putzen, waschen und längs vierteln. Mit der Hautseite nach oben auf ein geöltes Backblech legen. Im heißen Ofen (E-Herd: 250 °C/Umluft: 225 °C/Gas: s. Hersteller) ca. 20 Minuten rösten. Herausnehmen und ca. 10 Minuten mit einem feuchten Geschirrtuch bedecken. Haut abziehen, Paprika in Streifen schneiden.

**2** Knoblauch schälen und hacken. Mit Essig, Pfeffer, etwas Salz, Kreuzkümmel und 75 ml Öl verrühren. Paprika darin ca. 3 Stunden kalt stellen. Zwiebel schälen, in dünne Spalten schneiden. Paprika nochmals abschmecken und mit den Zwiebeln anrichten.

ZUBEREITUNGSZEIT ca. 1 Std. +
Wartezeit ca. 3 Std.
PORTION ca. 100 kcal
E 2 g · F 9 g · KH 4 g

## Salsa verde

ZUTATEN FÜR 6–8 PERSONEN

- 3 Knoblauchzehen
- je 4 Stiele Petersilie, Dill, Basilikum, Minze und Kerbel
- 1 EL Kapern (Glas) • 1 EL Rotweinessig
- 1 TL Senf • 200 ml Olivenöl
- Salz • Pfeffer

Knoblauch schälen und hacken. Kräuter waschen und abzupfen. Beides mit Kapern, Essig und Senf im hohen Rührbecher pürieren. Dabei das Öl einlaufen lassen. Mit Salz und Pfeffer würzen. Passt gut zu Salbeischnitzeln.

ZUBEREITUNGSZEIT ca. 15 Min.
PORTION ca. 230 kcal
E 0 g · F 25 g · KH 0 g

## Salbeischnitzel

ZUTATEN FÜR 16 STÜCK

- 8 dünne Schweineschnitzel (à ca. 120 g)
- Salz • Pfeffer
- 3–4 Stiele Salbei oder Petersilie
- 8 Scheiben Frühstücksspeck
- 3 EL Olivenöl • Holzspießchen

Fleisch waschen, trocken tupfen und etwas flacher klopfen. Schnitzel halbieren und würzen. Salbei waschen. Speck halbieren. Schnitzel mit 1–2 Salbeiblättern und je 1 Speckscheibe belegen. Umklappen und zustecken. Im heißen Öl 6–8 Minuten braten. Schmecken warm und kalt.

ZUBEREITUNGSZEIT ca. 30 Min.
STÜCK ca. 110 kcal
E 14 g · F 6 g · KH 0 g

## Speckdatteln

ZUTATEN FÜR 24 STÜCK

- 24 Mandeln (ohne Haut)
- 12 Scheiben Frühstücksspeck
- 24 entsteinte getrocknete Datteln
- 5 EL Olivenöl • Holzspießchen

Mandeln ohne Fett rösten. Speckscheiben halbieren. Datteln mit Mandeln füllen, mit Speck umwickeln. Feststecken. Im heißen Öl knusprig braten. Schmecken warm und kalt.

ZUBEREITUNGSZEIT ca. 25 Min.
STÜCK ca. 80 kcal
E 1 g · F 6 g · KH 5 g

# Spanische Ofenpaella

ZUTATEN FÜR 8 PERSONEN

- 350 g rohe Garnelen (ohne Kopf, mit oder ohne Schale; TK oder frisch)
- 8 Hähnchenunterkeulen oder 4 Hähnchenkeulen
- 500 g Schweineschnitzel
- 300 g Chorizo (spanische Paprikawurst)
- 500 g grüne Bohnen ♥ Salz
- 250 g Kirschtomaten
- 2 rote Paprikaschoten
- 2 Zwiebeln ♥ 2 Knoblauchzehen
- 5 EL Olivenöl ♥ Pfeffer
- 600 g Paella- oder Risottoreis
- 6–8 TL Hühnerbrühe (instant)
- 1 Döschen (0,1 g) gemahlener Safran
- 3 Stiele Petersilie
- 1 Bio-Zitrone

1 TK-Garnelen auftauen lassen. Keulen waschen und trocken tupfen. Ganze Keulen im Gelenk halbieren. Schnitzel waschen, trocken tupfen und grob würfeln. Wurst in Scheiben schneiden.

2 Bohnen putzen und waschen. In wenig kochendem Salzwasser ca. 8 Minuten dünsten. Abschrecken und abtropfen lassen. Tomaten waschen und halbieren. Paprika putzen, waschen und in kleine Würfel schneiden. Zwiebeln und Knoblauch schälen, fein hacken. Garnelen mit oder ohne Schale waschen, trocken tupfen (Spanier braten die frischen mit Schale an). Am Rücken längs einschneiden und den Darm entfernen.

3 Wurst in einer großen Pfanne anbraten, herausnehmen. 2 EL Öl in der Pfanne erhitzen. Hähnchen darin rundum anbraten. Mit Salz und Pfeffer würzen, herausnehmen. Schnitzel im heißen Bratfett kurz anbraten. Mit Salz und Pfeffer würzen, herausnehmen. 1 EL Öl erhitzen. Garnelen kurz anbraten. Herausnehmen und beiseitestellen.

4 2 EL Öl in der Pfanne erhitzen. Zwiebeln, Knoblauch und Paprika darin andünsten. Mit Salz und Pfeffer würzen. Reis und Tomaten kurz mit andünsten. 2 l Wasser, Brühe und Safran einrühren, aufkochen. Reis samt Flüssigkeit auf der Fettpfanne des Backofens verteilen. Bohnen, Fleisch und Hähnchenteile daraufgeben.

5 Im vorgeheizten Backofen (E-Herd: 200 °C/Umluft: 175 °C/Gas: s. Hersteller) ca. 45 Minuten garen, bis der Reis die Flüssigkeit aufgesogen hat. Zwischendurch nicht rühren! Evtl. noch etwas Wasser nachgießen.

6 Garnelen und Wurst 5 Minuten vor Ende der Garzeit auf der Paella verteilen. Petersilie waschen und in Streifen schneiden. Fertige Paella mit Petersilie betreuen. Mit Zitrone anrichten.

ZUBEREITUNGSZEIT ca. 1 ¾ Std. + Wartezeit ca. 1 Std.
PORTION ca. 830 kcal
E 59 g · F 35 g · KH 63 g

## Tortilla mit grünem Spargel

ZUTATEN FÜR CA. 12 STÜCKE

- 500 g grüner Spargel • Salz
- 1 Zwiebel • 300 g Kartoffeln
- 4 EL Olivenöl • Pfeffer
- 6 Eier • Edelsüßpaprika

1 Spargel waschen und die holzigen Enden großzügig abschneiden. Spargel in kleine Stücke schneiden. In wenig kochendem Salzwasser ca. 3 Minuten dünsten, abtropfen lassen.

2 Zwiebel schälen und fein hacken. Kartoffeln schälen, waschen und grob reiben. Öl in einer beschichteten Pfanne (ca. 20 cm Ø) erhitzen. Kartoffeln und Zwiebel darin bei schwacher Hitze ca. 10 Minuten weich dünsten (nicht bräunen). Mit Salz und Pfeffer würzen.

3 Eier, Salz, Pfeffer und Edelsüßpaprika verquirlen. Erst Spargel, dann Eier unter die Kartoffeln mischen und stocken lassen. Tortilla mithilfe eines flachen Deckels wenden und 2–3 Minuten weiterbraten. Schmeckt warm und kalt. Dazu passt Serranoschinken.

ZUBERTEITUNGSZEIT ca. 50 Min.
STÜCK ca. 300 kcal
E 15 g · F 20 g · KH 12 g

## Käse-Schinken-Kroketten

ZUTATEN FÜR 6 PERSONEN

- 100 g Manchego
- 75 g luftgetrockneter Schinken (z. B. Serrano)
- 1 Zwiebel • 50 g Butter
- 50 g + etwas Mehl
- ¼ l Milch • Salz • Pfeffer • etwas Öl
- 1 Ei • ca. 125 g Semmelbrösel
- ca. 1 l Öl zum Frittieren

1 Käse fein reiben. Schinken in feine Würfel schneiden. Zwiebel schälen und fein hacken. Butter erhitzen. Zwiebel darin glasig dünsten. 50 g Mehl darin hell anschwitzen. Milch einrühren. Unter Rühren ca. 4 Minuten köcheln. Käse in der dickflüssigen Soße schmelzen. Schinken unterrühren. Alles mit Salz und Pfeffer abschmecken. Masse in eine geölte flache Form streichen und auskühlen lassen. 2–3 Stunden kalt stellen.

2 Ei, etwas Salz und Pfeffer verquirlen. Aus der Käsemasse mit bemehlten Händen ca. 20 Kroketten formen. Nacheinander in Semmelbröseln, Ei und nochmals in Semmelbröseln wenden. Ca. 1 Stunde kalt stellen.

3 Öl in einer Fritteuse oder in einem hohen Topf auf ca. 180 °C erhitzen. Kroketten darin portionsweise ca. 5 Minuten goldbraun frittieren und auf Küchenpapier abtropfen lassen. Schmecken warm oder kalt.

ZUBEREITUNGSZEIT ca. 1 Std. + Wartezeit 4–5 Std.
PORTION ca. 380 kcal
E 14 g · F 24 g · KH 24 g

# Dreierlei Fleisch mit Safran-Knoblauch-Püree

ZUTATEN FÜR 8 PERSONEN

- 4–5 frische Knoblauchknollen
- ½ Döschen Safranfäden
- ⅛ l Olivenöl • Salz
- je 500 g Rumpsteak, Schweinefilet und Putenbrust
- 6 EL Öl • Pfeffer • Edelsüßpaprika
- je ½ TL getrockneter Thymian und Rosmarin

1 Für das Püree Knoblauchknollen in eine kleine ofenfeste Form legen. Kochendes Wasser ca. 1 cm hoch angießen. Im vorgeheizten Backofen (E-Herd: 200 °C/Umluft: 175 °C/Gas: s. Hersteller) ca. 50 Minuten garen. Aus dem Ofen nehmen, abkühlen lassen.

2 Safranfäden und 4 EL Wasser verrühren. Knoblauchzehen aus den Häuten drücken. Knoblauch und Olivenöl in einen hohen Rührbecher geben und mit dem Stabmixer fein pürieren. Safranfäden samt Wasser ins Püree rühren, alles mit Salz abschmecken.

3 Für die Fleischwürfel gesamtes Fleisch waschen, trocken tupfen und grob würfeln. Öl in 3 Portionen in einer Pfanne erhitzen. Zuerst Putenwürfel darin rundherum ca. 4 Minuten braten. Mit Salz, Pfeffer und Paprika würzen. Warm stellen. Schweinefilet im heißen Öl ca. 4 Minuten braten und mit Salz, Pfeffer und Thymian würzen. Warm stellen. Zum Schluss die Steakwürfel ca. 3 Minuten braten und mit Salz, Pfeffer und Rosmarin würzen. Alle Fleischwürfel mit dem Knoblauchpüree anrichten. Dazu schmecken Oliven und knuspriges Baguette.

ZUBEREITUNGSZEIT ca. 1 ½ Std. + Wartezeit ca. 45 Min.
PORTION ca. 830 kcal
E 59 g · F 35 g · KH 63 g

# Sopa Boba (Hühnersuppe mit Mandeln)

ZUTATEN FÜR 8 PERSONEN

- 1 großes Bund Suppengrün
- 2 mittelgroße Zwiebeln
- 2 Knoblauchzehen
- 4 getrocknete Softtomaten
- 2 Hähnchenbrüste mit Haut und Knochen (à ca. 450 g) oder 1 Hähnchen (ca. 1 kg)
- 300 g Schinkenspeck (mit Schwarte)
- Salz • Pfeffer
- 3 Scheiben Bauernbrot
- 2 EL Olivenöl
- 200 g gemahlene Mandeln (ohne Haut)

1 Suppengrün putzen bzw. schälen, waschen und grob würfeln. Zwiebeln und Knoblauch schälen und hacken. Tomaten in Streifen schneiden.

2 Hähnchenbrüste waschen. Mit Schinken, Suppengrün, Zwiebeln, Knoblauch, Tomaten und 2 TL Salz in einen großen Topf geben. Mit 2 ½ l Wasser bedecken. Alles aufkochen und zugedeckt bei schwacher Hitze ca. 1 Stunde köcheln. Dabei entstehenden Schaum öfter abschöpfen.

3 Brot würfeln. Olivenöl in einer Pfanne erhitzen. Brot darin rundherum goldbraun rösten. Mit etwas Salz würzen. Herausnehmen.

4 Fleisch und Schinkenspeck aus der Brühe heben, etwas abkühlen lassen. Gemüse in der Brühe mit einem Stabmixer pürieren. Mandeln darunterrühren und aufkochen. Suppe mit Salz und Pfeffer abschmecken.

5 Hähnchenfleisch von Haut und Knochen lösen, würfeln. Schwarte vom Schinkenspeck schneiden. Speck in kleine Stücke schneiden. Fleisch und Speck in der Suppe erhitzen. Mit gerösteten Brotwürfeln servieren.

ZUBEREITUNGSZEIT ca. 1 ½ Std.
PORTION ca. 530 kcal
E 29 g · F 38 g · KH 15 g

# Ensaïmadas (Hefeschnecken)

ZUTATEN FÜR 16 STÜCK

- ⅛ l + 5 EL Milch • 500 g + etwas Mehl
- 1 Würfel (42 g) Hefe • 1 TL Zucker • Salz
- 200 g Schweineschmalz
- 2 Eier (Gr. M) + 1 Eigelb
- 100 g + etwas Puderzucker
- Backpapier

**1** ⅛ l Milch erwärmen. In 500 g Mehl eine Mulde drücken. Hefe hineinbröckeln, mit Zucker, 5 EL warmer Milch und etwas Mehl zum Vorteig verrühren. Zugedeckt am warmen Ort ca. 15 Minuten gehen lassen.

**2** 100 g Schmalz schmelzen. Mit Eiern, ⅛ l warmem Wasser, Rest warmer Milch, 1 Msp. Salz und 100 g Puderzucker verrühren. Alles zum Mehl geben und ca. 3 Minuten zum glatten Teig verkneten. Zugedeckt am warmen Ort mindestens 45 Minuten gehen lassen.

**3** 100 g Schmalz schmelzen. Teig auf etwas Mehl kurz durchkneten, zur Rolle formen. In 16 Stücke schneiden. Jeweils auf etwas Mehl sehr dünn zum Rechteck (ca. 16 x 28 cm) ausrollen. Jedes Teigstück mit Schmalz bestreichen. Von einer Ecke aus diagonal aufrollen. Locker zur Schnecke drehen, das Endstück unterstecken.

**4** Jeweils 8 Schnecken auf ein mit Backpapier ausgelegtes Backblech legen und nochmals ca. 20 Minuten gehen lassen. Eigelb und 5 EL Milch verquirlen. Schnecken damit bestreichen. Nacheinander im heißen Backofen (E-Herd: 200 °C/Umluft: 175 °C/Gas: s. Hersteller) 15–20 Minuten backen. Ensaïmadas abkühlen lassen und mit Puderzucker bestäuben.

ZUBEREITUNGSZEIT ca. 1 ¼ Std. + Gehzeit mind. 1 ¼ Std.
STÜCK ca. 260 kcal
E 5 g · F 13 g · KH 30 g

## Sangriabowle

ZUTATEN FÜR 16 GLÄSER

**4 Pfirsiche** häuten. Mit **½ Wassermelone** würfeln. **1 Bio-Zitrone** in Scheiben schneiden. **¼ l Orangensaft** und **1 Flasche spanischen Rotwein** mischen. Gut kühlen. Zum Servieren mit **2 Flaschen eiskaltem Sekt (z. B. Cava)** auffüllen.

# Wintergrillen

**Grillen macht nicht nur im Sommer Spaß! Bei heißer Suppe, Punsch und köstlichem Fleisch bekommt garantiert keiner kalte Füße**

Zwiebel-Kasseler-Päckchen

Kasseler „Hawaii“

# Mixed Grill mit Kasseler & Co.

ZUTATEN FÜR 10 PERSONEN

FÜR DAS KASSELER

- 2 kg ausgelöstes Kasselerkotelett
- 4 mittelgroße Zwiebeln
- 4 Stiele frischer oder 1 TL getrockneter Majoran
- ½ TL Edelsüßpaprika ▪ 5 EL Butter
- 1 Dose (580 ml) Ananasringe
- 10 Scheiben (ca. 250 g) Gouda ▪ 10 TL Chilisoße
- Alufolie ▪ 2 Alugrillschalen

FÜR DEN LEBERKÄSE

- 5 Scheiben (600–700 g) Leber- oder Fleischkäse
- 5–6 EL Öl ▪ bunter Pfeffer
- 1 TL getrockneter Thymian
- 150 g Crème fraîche ▪ 5 EL süßer Senf

1 FÜR DAS KASSELER ausgelöstes Kasselerkotelett in ca. 20 Scheiben schneiden. Zwiebeln schälen, in feine Spalten schneiden. Majoran waschen, Blättchen abzupfen. Mit Zwiebeln und Edelsüßpaprika mischen.

2 10 Scheiben Kasseler auf je ein Stück Alufolie legen. Zwiebelmischung und Butter in Stückchen darauf verteilen. Alufolie über dem Fleisch gut verschließen. Auf dem heißen Grill ca. 15 Minuten grillen.

3 Ananas abtropfen lassen. Übrige Kasselerscheiben von jeder Seite ca. 2 Minuten grillen, in die Grillschalen legen. Mit Ananas und Käse belegen. Ca. 6 Minuten grillen, bis der Käse geschmolzen ist. Je 1 TL Chilisoße darauf verteilen.

4 FÜR DEN LEBERKÄSE Leberkäse vierteln. Öl, Pfeffer und Thymian verrühren. Fleischkäse mit dem Öl bestreichen. Dann auf dem heißen Grill unter Wenden ca. 8 Minuten grillen. Mit Crème fraîche und Senf garnieren. Dazu schmecken Laugenbrezeln.

ZUBEREITUNGSZEIT ca. 45 Min.
PORTION ca. 730 kcal
E 56 g · F 48 g · KH 14 g

## Amaretto-Apfel-Punsch

FÜR 10 GLÄSER

**2 l Apfelsaft** erhitzen. **½ l Amaretto** zugießen. **Ca. 20 getrocknete Apfelringe** zufügen und servieren. Für Kinder: **Früchtetee** und **Apfelsaft** im Verhältnis 1 : 1 erwärmen.

## Linsensalat mit Pfifferlingen

ZUTATEN FÜR 10 PERSONEN

- 1,5 kg festkochende Kartoffeln
- 350 g Tellerlinsen
- 1 Glas (580 ml) Pfifferlinge
- 1 mittelgroße Zwiebel
- 200 g durchwachsener Räucherspeck
- 6 EL Öl • 2 TL klare Brühe (instant)
- 10 EL heller Balsamico-Essig
- 1–2 EL mittelscharfer Senf
- Salz • Pfeffer • Zucker
- 1 Bund Schnittlauch

1 Kartoffeln waschen und zugedeckt ca. 20 Minuten kochen. Abschrecken, schälen und auskühlen lassen.

2 Linsen in ca. 800 ml Wasser zugedeckt bei schwacher Hitze ca. 30 Minuten garen. Ab und zu umrühren. Dann abtropfen lassen.

3 Pfifferlinge abtropfen lassen. Zwiebel schälen und fein würfeln. Speck in feine Würfel schneiden und in 2 EL Öl knusprig ausbraten.

4 Zwiebel und Pfifferlinge kurz mitbraten. Mit 3/8 l Wasser ablöschen, aufkochen. Brühe, Essig, Senf und 4 EL Öl einrühren. Mit Salz, Pfeffer und Zucker abschmecken. Kartoffeln in Scheiben schneiden und mit den Linsen untermischen. Zugedeckt mindestens 2 Stunden ziehen lassen.

5 Schnittlauch waschen, in Röllchen schneiden und unter den Salat mischen. Mit Salz und Pfeffer nochmals abschmecken. Schmeckt lecker zu gegrilltem Fleisch.

ZUBEREITUNGSZEIT ca. 1 Std. + Wartezeit mind. 3 Std.
PORTION ca. 380 kcal
E 13 g · F 19 g · KH 36 g

## Spieße, Steaks & Kräuterbaguette

ZUTATEN FÜR 10 PERSONEN

FÜR DIE HÄHNCHENSPIESSE

- 750 g Hähnchenfilet
- 200 ml Teriyakisoße
- 10 lange Holzspieße

FÜR DIE NACKENSTEAKS

- 1,2 kg Schweinenacken (ohne Knochen)
- Salz • Pfeffer • Edelsüßpaprika

FÜR DAS KRÄUTERBAGUETTE

- 2 Knoblauchzehen
- 4 Stiele Petersilie
- 1 Baguette • 75 g weiche Butter

1 FÜR DIE HÄHNCHENSPIESSE Holzspieße ca. 30 Minuten in kaltem Wasser einweichen. Hähnchen waschen, trocken tupfen und in Würfel schneiden. Dicht an dicht auf die Spieße stecken. Mit Teriyakisoße beträufeln, ca. 2 Stunden marinieren. Ab und zu wenden.

2 Spieße gut abtropfen lassen und auf dem heißen Grill rundherum ca. 10 Minuten grillen.

3 FÜR DIE NACKENSTEAKS Fleisch waschen, trocken tupfen, in 10 Scheiben schneiden. Mit Salz, Pfeffer und Edelsüßpaprika würzen. Steaks auf dem heißen Grill ca. 12 Minuten grillen.

4 FÜR DAS KRÄUTERBAGUETTE Knoblauch schälen und halbieren. Petersilie waschen, Blättchen abzupfen, hacken. Brot längs halbieren. Schnittflächen mit Knoblauch einreiben, mit Butter bestreichen. Petersilie darüberstreuen. Jede Brothälfte in ca. 10 Stücke schneiden und 3–4 Minuten knusprig grillen.

ZUBEREITUNGSZEIT ca. 50 Min. + Wartezeit ca. 2 Std.
PORTION ca. 460 kcal
E 41 g · F 24 g · KH 16 g

## Tomaten-Peperoni-Salsa

ZUTATEN FÜR 6–8 PERSONEN

**5 eingelegte milde Peperoni** in Ringe schneiden. **1 Zwiebel** und **1 Knoblauchzehe** schälen und fein würfeln. Beides in **2 EL heißem Olivenöl** andünsten. **1 Packung (400 g) stückige Tomaten** und Peperoni zufügen, aufkochen. Zugedeckt ca. 5 Minuten köcheln. Salsa auskühlen lassen. **100 g Feta** zerbröckeln und in die Salsa rühren. Mit **Salz, Pfeffer** und **Zucker** abschmecken.

## Gemüse & Trockenobst vom Spieß

ZUTATEN FÜR 10 PERSONEN

**FÜR DIE GEMÜSESPIESSE**

- 4 mittelgroße Zwiebeln (z. B. weiße und rote)
- 2 kleine Zucchini
- 200 g Champignons
- 2 Paprikaschoten (z. B. gelbe und rote)
- Salz
- Pfeffer
- 10 lange Holzspieße

**FÜR DIE OBSTSPIESSE**

- 200 g getrocknete Softaprikosen
- 200 g getrocknete Softpflaumen
- 100 g Mandelkerne
- 15 Scheiben Frühstücksspeck
- 10 lange Holzspieße

1 Alle Holzspieße ca. 30 Minuten in kaltem Wasser einweichen.

2 **FÜR DIE GEMÜSESPIESSE** Zwiebeln schälen, in Spalten schneiden. Zucchini putzen, waschen und in dicke Scheiben schneiden. Pilze und Paprika putzen, waschen. Paprika in Stücke schneiden. Alles im Wechsel auf zehn Spieße stecken. Mit Salz und Pfeffer würzen und rundherum ca. 8 Minuten grillen.

3 **FÜR DIE OBSTSPIESSE** Aprikosen und Pflaumen mit je 1 Mandel füllen. Speckscheiben evtl. halbieren und aufrollen. Mit Aprikosen und Pflaumen im Wechsel auf zehn Spieße stecken. Obstspieße rundherum ca. 6 Minuten grillen.

ZUBEREITUNGSZEIT ca. 40 Min.
PORTION ca. 220 kcal
E 7 g · F 11 g · KH 23 g

### WAS SONST NOCH PASST

*Senf, Ketchup, Chutney und Remoulade nicht vergessen!*

*Spaß für Kinder: knuspriges Stockbrot. Dafür Brotteig (Backmischung) spiralförmig um saubere Bambus- oder Holzstöcke wickeln. Langsam über der Glut grillen.*

*Kartoffeln entweder in einer Pfanne mit auf den Rost stellen oder bereits fertig gewürzte Grillkartoffeln mitbacken.*

# Kartoffelsuppe mit Grillwürstchen

ZUTATEN FÜR 10 PERSONEN

- 2 kg Kartoffeln
- 2 Bund Suppengrün
- 2 Zwiebeln
- 1 kleine rote Chilischote
- 200 g durchwachsener Räucherspeck
- 1 EL Öl
- 3–4 EL Gemüsebrühe (instant)
- 1 TL getrockneter Majoran
- Salz
- Pfeffer
- 20 kleine Rostbratwürstchen

1 Kartoffeln schälen, waschen und klein schneiden. Suppengrün putzen., waschen, Porree beiseitelegen. Übriges Gemüse klein schneiden. Zwiebeln schälen, würfeln. Chili putzen, entkernen, waschen und fein hacken.

2 Speck fein würfeln. In einem großen Topf im heißen Öl knusprig braten. Herausnehmen. Zwiebeln im heißen Speckfett glasig dünsten. Kartoffeln und Suppengrün kurz mitbraten. Mit gut 3 l Wasser ablöschen. Brühe, Chili und Majoran zufügen, aufkochen. Alles ca. 20 Minuten köcheln.

3 Suppe mit einem Stabmixer pürieren. Porree in feine Ringe schneiden. Mit dem Speck in die Suppe rühren und ca. 5 Minuten mitgaren. Mit Salz und Pfeffer abschmecken. Suppe z. B. auf dem Grill warm stellen. Würstchen auf dem heißen Grill 8–10 Minuten grillen und in der Suppe anrichten.

ZUBEREITUNGSZEIT ca. 1 Std.
PORTION ca. 440 kcal
E 14 g · F 27 g · KH 31 g

# Bratäpfel mit Vanille-Eierlikör

ZUTATEN FÜR 10 PERSONEN

- 1 l Milch
- 2 Päckchen Vanillesoßenpulver
- 5 EL Zucker
- 10 Äpfel
- 10 Dominosteine
- Butter für die Form
- 3 EL Mandelblättchen
- 100 ml Apfelsaft
- ¼ l Eierlikör
- 2 EL Puderzucker
- 1 große Aluschale
- Alufolie

1 ¾ l Milch aufkochen. Soßenpulver, Zucker und übrige Milch verrühren. In die kochende Milch rühren und unter Rühren ca. 1 Minute köcheln. Soße auskühlen lassen. Öfter umrühren.

2 Äpfel waschen und die Kerngehäuse großzügig ausstechen. Dominosteine in die Äpfel drücken. Aluschale fetten, die Äpfel hineinsetzen. Mit Mandeln bestreuen und Apfelsaft angießen. Form mit Folie verschließen. Auf dem heißen Grill ca. 25 Minuten braten.

3 Soße halbieren. Unter eine Hälfte Eierlikör rühren. Bratäpfel mit Puderzucker bestäuben. Soßen dazu reichen.

**ZUBEREITUNGSZEIT** ca. 1 Std.
**PORTION** ca. 340 kcal
E 6 g · F 8 g · KH 49 g

## Süße Idee: Schokolade am Stiel

*Einfach selbst gemacht: **Kuvertüre oder Schokolade** im heißen Wasserbad schmelzen. In flexiblen Silikonförmchen (z. B. für Eiswürfel) fest werden lassen. Kurz vorher Stiele hineinstecken! Dann in einem Becher heißer Milch auflösen – köstlich!*

## *Wie viel Fleisch?*

*Kleine Faustregel: Es sollten 2–3 Stück Fleisch pro Person sein plus Beilagen und Brot. Für Kinder dürfen es evtl. noch ein paar Grillwürstchen sein.*

## Hähnchenfilets mit Zwiebel-Steaksoße

ZUTATEN FÜR 10 PERSONEN

- 6 Stiele Thymian (oder 1 TL getrockneter Thymian)
- ⅛ l Olivenöl ▾ ca. 2 TL Zitronenpfeffer
- 1 TL Kräuter der Provence
- 5 Hähnchenfilets (à ca. 150 g)
- 1 große Zwiebel
- 1 Flasche (250 ml) Steaksoße
- 1–2 TL brauner Zucker
- 2–3 EL Whiskey ▾ 3 EL Sonnenblumenöl
- 4 mittelgroße Tomaten
- 1 Minirömersalat ▾ Salz
- 1 ½ Fladenbrote

1 Thymian waschen, Blättchen abzupfen. Mit Olivenöl, Zitronenpfeffer und Kräutern der Provence verrühren.Fleisch waschen und trocken tupfen. 5 EL Marinade beiseitestellen. Rest Marinade und Fleisch mischen. Zugedeckt mindestens 3 Stunden kalt stellen.

2 Zwiebel schälen und fein reiben. Mit Steaksoße, Zucker und Whiskey verrühren. Sonnenblumenöl unterrühren. Tomaten waschen und in Scheiben schneiden. Salat putzen, waschen und abtropfen lassen.

3 Fleisch auf dem heißen Grill ca. 12 Minuten grillen. Dabei mehrmals mit der übrigen Marinade bestreichen. Fleisch mit Salz würzen.

4 Fladenbrot evtl. erwärmen und in Tortenstücke schneiden. Von der Spitze her einschneiden. Hähnchenfilets in Scheiben schneiden. Mit Zwiebel-Steaksoße, Tomaten und Salat im Brot anrichten.

ZUBEREITUNGSZEIT ca. 50 Min. + Wartezeit mind. 3 Std.
PORTION ca. 310 kcal
E 19 g · F 10 g · KH 31 g

### DAS HEIZT EIN

*Damit keiner frieren muss, servieren Sie heißen Tee mit Schuss, Glühwein, Punsch oder Feuerzangenbowle. Und die Kleinen freuen sich über süßen Kakao und Kinderpunsch.*

## Feurige Steaks & Schusterkarbonaden

ZUTATEN FÜR 10 PERSONEN

- 2 Knoblauchzehen ▾ 100 g Ketchup
- 5 EL Sojasoße ▾ ca. 2 TL Sambal Oelek
- 5 EL Olivenöl
- 5 Rinder- oder Schweinenackensteaks
- 5 dünne Scheiben Schweinebauch (Schusterkarbonaden)
- 1 ½ Fladenbrote
- ca. 6 EL Senfcreme (z. B. Dijonnaise)
- ca. 6 EL Röstzwiebeln

1 Knoblauch schälen und fein hacken. Mit Ketchup, Sojasoße und Sambal Oelek verrühren. Öl unterrühren. Steaks und Bauchscheiben waschen, trocken tupfen und mit der Marinade bestreichen.

2 Fleisch auf dem heißen Grill von jeder Seite 5–8 Minuten knusprig braun grillen. Fladenbrot evtl. erwärmen und in Tortenstücke schneiden. Von der Spitze her einschneiden.

3 Fleischsorten einzeln oder z. B. mit 2–3 EL Schmorkohl (Rezept s. rechts), etwas Senfcreme und Röstzwiebeln im Brot anrichten. Dazu passen Countrykartoffeln (Rezept s. unten).

ZUBEREITUNGSZEIT ca. 40 Min.
PORTION ca. 520 kcal
E 26 g · F 28 g · KH 38 g

## Countrykartoffeln

ZUTATEN FÜR 10 PERSONEN

- 2,5 kg Kartoffeln
- 2–3 Zweige Rosmarin (oder ca. 1 EL getrockneter Rosmarin)
- 8 EL Öl ▾ 2 TL Edelsüßpaprika
- Pfeffer ▾ grobes Salz

1 Kartoffeln schälen, waschen und in dicke Spalten schneiden. Rosmarin waschen und Nadeln abzupfen. Kartoffeln und Rosmarin mit Öl, Paprika, Pfeffer und grobem Salz mischen. Alles auf der Fettpfanne verteilen.

2 Kartoffeln im vorgeheizten Backofen (E-Herd: 200 °C/Umluft: 175 °C/Gas: s. Hersteller) ca. 1 Stunde goldbraun braten.

ZUBEREITUNGSZEIT ca. 1 ½ Std.
PORTION ca. 180 kcal
E 3 g · F 7 g · KH 25 g

## Schmorkohl mit Porree und Paprika

ZUTATEN FÜR 10 PERSONEN

- 1 Weißkohl (ca. 1,2 kg)
- 1 kg Porree
- 3 rote Paprikaschoten (ca. 500 g)
- 100 g geräucherter durchwachsener Speck
- 3 EL Öl ▾ Salz ▾ Pfeffer
- 1–2 TL Gemüsebrühe (instant)

1 Kohl, Porree und Paprika putzen, waschen und abtropfen lassen. Kohl und Paprika in Streifen, Porree in Ringe schneiden. Speck würfeln.

2 Öl in einem großen Bräter erhitzen. Speck darin knusprig braten. Gesamtes Gemüse zufügen, kräftig anbraten. Mit Salz und Pfeffer würzen. ⅜ l Wasser angießen, Brühe zufügen und aufkochen. Alles zugedeckt ca. 30 Minuten schmoren. Nochmals abschmecken.

ZUBEREITUNGSZEIT ca. 1 Std.
PORTION ca. 110 kcal
E 3 g · F 8 g · KH 5 g

**LICHTERGLANZ**
*Teelichter in vielen bunten Gläsern zaubern im Nu eine schöne Stimmung auf den Tisch und bringen das Eis zum Schmelzen …*

# Advents-brunch

Eine festlich geschmückte Tafel mit feinen Häppchen, bunten Salaten, Süppchen, Auflauf und Dessert … Genießen Sie die gemütliche Zeit mit Familie & Freunden

# Steckrübencreme mit Mettklößchen

ZUTATEN FÜR 8 PERSONEN

- 2 Zwiebeln • 2 Möhren
- 1 Steckrübe (ca. 1,5 kg)
- 350 g Kartoffeln • 4 EL Öl
- 1–2 TL Zucker • Salz • Pfeffer
- 250 g Schlagsahne
- 2 EL Gemüsebrühe (instant)
- 750 g Schweinemett
- 5 Stiele Petersilie

**1** Zwiebeln schälen, würfeln. Gemüse und Kartoffeln schälen, waschen und klein schneiden. 2 EL Öl in einem großen Topf erhitzen. Zwiebeln, Möhren, Kartoffeln und Steckrübe darin kurz andünsten. Zucker darüberstreuen. Mit Salz und Pfeffer würzen. 2 l Wasser und Sahne angießen, aufkochen. Brühe einrühren, alles zugedeckt ca. 40 Minuten garen.

**2** Aus dem Mett mit angefeuchteten Händen kleine Klößchen formen. 2 EL Öl portionsweise in einer großen Pfanne erhitzen. Klößchen darin in Portionen rundherum 3–4 Minuten bei mittlerer Hitze braten. Herausnehmen.

**3** Petersilie waschen, trocken schütteln und fein hacken. Suppe von der Herdplatte ziehen und mit einem Stabmixer kurz pürieren. Klößchen in der Suppe erhitzen. Abschmecken, mit Petersilie bestreuen.

ZUBEREITUNGSZEIT ca. 1 ½ Std.
PORTION ca. 530 kcal
E 25 g · F 36 g · KH 22 g

## Begrüßungs-drink

*Wir starten mit einem farbenfrohen Cocktail aus* **Granatapfelsirup** *und* **gut gekühltem Prosecco.** *Für die Kleinen füllen wir den Sirup mit* **Mineralwasser** *auf. Rechnen Sie pro Glas ca. 1 EL Sirup.*

## Pumpernickel-„Petits fours“

ZUTATEN FÜR 27 STÜCK

- 300 g Frischkäse mit Kräutern
- 12 eckige Scheiben Pumpernickel
- 300 g geräucherter Lachs in Scheiben
- 3–4 Stiele Dill

**1** Frischkäse glatt rühren. 9 Brotscheiben mit Frischkäse bestreichen. Lachs darauf verteilen. Jeweils 3 Scheiben Brot aufeinandersetzen. Mit je 1 Brotscheibe abschließen.

**2** Geschichtete Brote in jeweils 9 Würfel schneiden. Dill waschen, abzupfen und trocken schütteln. „Petits fours“ damit garnieren.

ZUBEREITUNGSZEIT ca. 15 Min.
STÜCK ca. 80 kcal
E 4 g · F 4 g · KH 7 g

### Gut geplant

**Suppe & Klößchen** *können Sie getrennt schon am Vortag zubereiten. Nach dem Auskühlen abdecken und kalt stellen!* ***TIPP:*** *Suppe langsam wieder erhitzen und öfter umrühren, dann setzt nichts an. Die* **Marmelade** *schmeckt noch aromatischer, wenn Sie sie 1 Woche vorher zubereiten.*

## Fruchtiger Käsecocktail

ZUTATEN FÜR 8 PERSONEN

- 500 g Porree ♥ Salz
- 1 Dose (314 ml) Mandarinen
- je 250 g Emmentaler und Appenzeller
- 125 g Joghurtsalatcreme
- 125 g Schmand ♥ Pfeffer ♥ 1 TL Curry

**1** Porree putzen, waschen und in feine Ringe schneiden. In kochendem Salzwasser ganz kurz blanchieren. Sofort abschrecken und abtropfen lassen. Mandarinen abtropfen lassen, Saft dabei auffangen. Käse entrinden und klein würfeln. Salatcreme und Schmand in einer Schüssel glatt rühren. Mit Salz und Pfeffer würzen. Curry und 3 EL Mandarinensaft unterrühren.

**2** Alle vorbereiteten Zutaten mit der Currycreme mischen. Abschmecken und mindestens 2 Stunden kalt stellen. Dazu schmeckt Bauernbrot.

ZUBEREITUNGSZEIT ca. 30 Min. + Wartezeit mind. 2 Std.
PORTION ca. 340 kcal
E 19 g · F 25 g · KH 8 g

## Geflügel-Eier-Cocktail

ZUTATEN FÜR 8 PERSONEN

- 3 Eier ♥ 1 große rote Paprikaschote
- 500 g geräucherte Putenbrust (Stück)
- 125 g Schmand ♥ 125 g Joghurtsalatcreme
- Salz ♥ Pfeffer ♥ 1 TL mittelscharfer Senf
- 1 EL Orangensaft ♥ 1 Bund Schnittlauch

**1** Eier hart kochen. Abschrecken, schälen und abkühlen lassen. Paprika putzen und waschen. Paprika und Putenbrust klein würfeln.

**2** Schmand und Salatcreme glatt rühren. Mit Salz und Pfeffer würzen. Senf und Saft unterrühren. Schnittlauch waschen, in Röllchen schneiden und unterheben.

**3** Eier würfeln. Eier, Paprika, Putenbrust und Senfcreme mischen. Mindestens 2 Stunden kalt stellen. Dazu passt Baguette.

ZUBEREITUNGSZEIT ca. 45 Min. + Wartezeit mind. 2 Std.
PORTION ca. 170 kcal
E 18 g · F 9 g · KH 3 g

**PRAKTISCH** *Sie können die Basis für das Dressing zusammen anrühren, halbieren und individuell würzen. Übrigens: Beide Cocktails lassen sich prima vorbereiten.*

## Gratinierte Schweinemedaillons im Kartoffelbett

ZUTATEN FÜR 8 PERSONEN
- 1,2 kg Kartoffeln ♥ 2 Zwiebeln
- 1,2 kg Schweinefilet ♥ Salz ♥ Pfeffer
- 2 EL Öl ♥ 4 EL Tomatenmark
- 600 g Schlagsahne ♥ 4 Stiele Basilikum
- 4 Tomaten ♥ 250 g Mozzarella

**1** Kartoffeln waschen und ca. 20 Minuten kochen. Abschrecken, schälen und abkühlen lassen. Zwiebeln schälen und fein würfeln.

**2** Fleisch waschen, trocken tupfen und mit Salz und Pfeffer einreiben. Im heißen Öl rundherum kräftig 5–6 Minuten anbraten. Herausnehmen. Zwiebeln im heißen Bratfett andünsten. Tomatenmark kurz mit anschwitzen. Sahne einrühren, aufkochen und ca. 2 Minuten köcheln. Abschmecken.

**3** Basilikum waschen, Blättchen abzupfen. Tomaten waschen. Mozzarella abtropfen lassen. Tomaten, Mozzarella und Kartoffeln in Scheiben schneiden. Kartoffeln in einer großen Auflaufform verteilen. Filet in ca. 3 cm dicke Scheiben schneiden und darauf verteilen. Mit Tomaten, Mozzarella und Basilikum belegen. Dabei mit Salz und Pfeffer würzen. Heiße Soße darübergießen. Im heißen Backofen (E-Herd: 225 °C/Umluft: 200 °C/Gas: s. Hersteller) ca. 15 Minuten überbacken.

ZUBEREITUNGSZEIT ca. 1 ½ Std.
PORTION ca. 620 kcal
E 45 g · F 35 g · KH 28 g

## Zimtquarkbrötchen

ZUTATEN FÜR CA. 18 STÜCK
- 50 g Rosinen ♥ 500 g Mehl
- 1 Päckchen Backpulver
- 100 g + 2 EL Zucker ♥ 2 TL + 1 Msp. Zimt
- 1 Päckchen Vanillezucker ♥ Salz
- 100 ml + 2 EL Milch ♥ 100 ml neutrales Öl
- 250 g Magerquark ♥ 1 Ei
- 125 g Puderzucker ♥ Backpapier

**1** Rosinen waschen und gut abtropfen lassen. Mehl, Backpulver, 100 g Zucker, 2 TL Zimt, Vanillezucker und 1 Prise Salz mischen. 100 ml Milch, Öl und Quark zufügen. Alles mit den Knethaken des Rührgerätes zu einem glatten Teig verkneten. Teig halbieren und unter eine Hälfte Rosinen kneten. Jede Teighälfte in ca. 9 Stücke teilen und zu Brötchen formen. Auf zwei mit Backpapier ausgelegte Backbleche setzen.

**2** Ei verquirlen und die Brötchen damit bestreichen. 2 EL Zucker und 1 Msp. Zimt mischen und darüberstreuen. Im vorgeheizten Backofen (E-Herd: 175 °C/Umluft: 150 °C/Gas: s. Hersteller) ca. 30 Minuten backen. Auskühlen lassen. Puderzucker und 2 EL Milch verrühren. Brötchen ohne Rosinen damit bestreichen. Guss trocknen lassen. Dazu passt Bratapfelmarmelade (s. Rezept rechts).

ZUBEREITUNGSZEIT 1 ½ Std. + Wartezeit
STÜCK ca. 230 kcal
E 5 g · F 6 g · KH 37 g

## Bratapfelmarmelade mit Mandeln

ZUTATEN FÜR 6 GLÄSER (À CA. 200 ML)
- 2,5 kg säuerliche Äpfel (z. B. Boskop)
- 1 ½ TL Zimt
- 1 Msp. gemahlene Gewürznelken
- 50 g Mandelstifte ♥ Saft von 2 Zitronen
- 1 Packung (500 g) Gelierzucker (2 : 1)

**1** Äpfel waschen und trocken reiben. Kerngehäuse mit einem Apfelausstecher ausstechen. Äpfel auf eine Fettpfanne setzen. Zimt und Nelken mischen, darüberstreuen. Im heißen Ofen (E-Herd: 200 °C/Umluft: 175 °C/Gas: s. Hersteller) ca. 30 Minuten braten. 10 Minuten vor Garzeitende Mandeln mit aufs Blech geben. Apfelblech auf ein Kuchengitter setzen und ca. 20 Minuten abkühlen lassen.

**2** Schale der Äpfel vorsichtig abziehen. Fruchtfleisch, entstandenen Saft und Mandeln mit einem Teigschaber von der Fettpfanne nehmen. Genau 1 kg Apfelfruchtfleisch abwiegen (Rest anderweitig verwenden) und in einen weiten hohen Topf geben.

**3** Zitronensaft und Gelierzucker zufügen und gut verrühren. Alles unter Rühren aufkochen und ca. 6 Minuten unter Rühren sprudelnd weiterkochen (Gelierprobe machen). Sofort in vorbereitete Twist-off-Gläser füllen, gut verschließen und umgedreht auskühlen lassen. Hält sich ca. 6 Monate.

## After-Eight-Creme

ZUTATEN FÜR 8 PORTIONEN

- 75 g Zartbitterschokolade
- 600 g Schlagsahne
- 2 Packungen (à 200 g) Schoko-Mint-Täfelchen (z. B. „After Eight“)
- evtl. einige gebrannte Mandeln

**1** AM VORTAG Schokolade in Stücke teilen. Sahne in einem Topf lauwarm erwärmen. Minttäfelchen, bis auf 4 zum Verzieren, und Schokolade zur Sahne geben. Unter ständigem Rühren darin bei schwacher Hitze schmelzen. Schokosahne in eine Rührschüssel umfüllen und über Nacht kalt stellen.

**2** AM NÄCHSTEN TAG die Schokosahne mit den Schneebesen des Rührgerätes cremig aufschlagen. Mintcreme anrichten. Übrige Minttäfelchen halbieren. Creme damit oder mit gehackten gebrannten Mandeln verzieren. Bis zum Servieren kalt stellen.

ZUBEREITUNGSZEIT ca. 30 Min. + Wartezeit ca. 12 Std.
PORTION ca. 370 kcal
E 2 g · F 22 g · KH 38 g

## Apfelpunsch

ZUTATEN FÜR 8 GLÄSER

**1 Bio-Orange** heiß waschen, trocken reiben, halbieren und in Scheiben schneiden. **2 l naturtrüben Apfelsaft, 1 Päckchen Vanillezucker, 2 Zimtstangen, 4 Beutel Glühweingewürz** und die **Orangenscheiben** erhitzen. Ca. 5 Minuten ziehen lassen. Für die Erwachsenen nach Belieben in jedes Glas Punsch und **2 EL Amaretto** oder **Obstler** geben. Sofort servieren.

## Heißer Hugo

ZUTATEN FÜR 8 GLÄSER

**1,5 l trockenen Weißwein, ca. 350 ml Holunderblütensirup** und **abgeriebene Schale** und **Saft** von **1 Bio-Limette** erhitzen. Je nach Säuregehalt des Weines etwas mehr oder weniger Sirup nehmen. **8 Zweige Minze** waschen, trocken schütteln und alles in hitzebeständige Gläser verteilen.

## Eierpunsch

ZUTATEN FÜR 8 GLÄSER

**150 g Zucker, 8 frische Eigelb, ½ TL Zimt** und **2–3 EL Zitronensaft** mit den Schneebesen des Rührgerätes ca. 10 Minuten dickschaumig aufschlagen. In einen hohen Topf füllen. **4 EL Rum** und **800 ml Weißwein** unterrühren. Bei schwacher Hitze unter Rühren erwärmen (nicht kochen!) und nochmals kurz aufschlagen. Sofort in Gläsern servieren.

***Bauplan für die Häuschenschablonen***

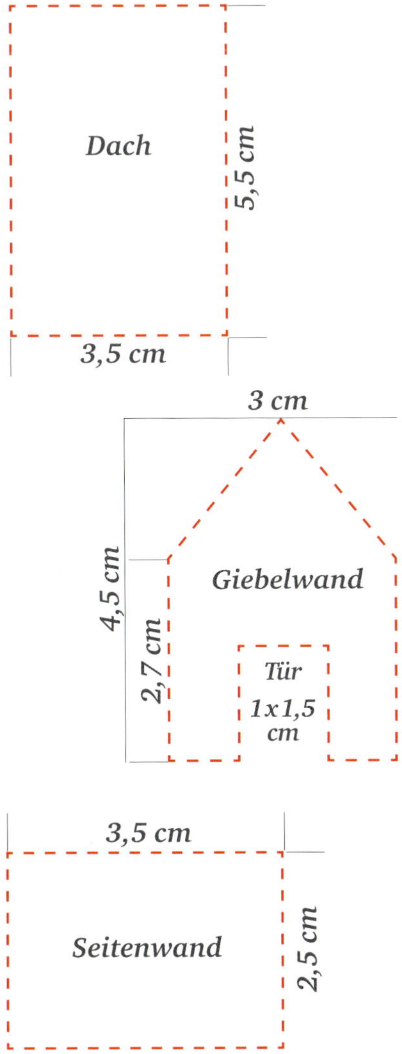


## Kleine Lebkuchenhäuschen

ZUTATEN FÜR 8 STÜCK

- 1 Packung (400 g) Lebkuchenteig (Kühlregal)
- 500 g Puderzucker
- 2 frische Eiweiß (Gr. M)
- einige Spritzer rote und grüne Lebensmittelfarbe
- kleine Süßigkeiten zum Verzieren
- Mehl für die Arbeitsfläche
- dünne Pappe für Schablonen
- Backpapier ♥ Einwegspritzbeutel

**1** Aus der Pappe 3 Schablonen für Seiten- und Giebelwände sowie die Dächer (Maße s. links) zuschneiden. Die Aussparung für die Tür hängt von der Randstärke des jeweiligen Glases oder Bechers ab. In unserem Fall ist sie 1 cm breit und 1,5 cm hoch. Die Aussparung sollte etwas breiter als der Rand sein, weil der Teig sich beim Backen ausbreitet.

**2** Teig ca. 20 Minuten vorm Verarbeiten aus dem Kühlschrank nehmen. Auf wenig Mehl 20 x 23 cm groß und ca. 3 mm dick ausrollen. Mithilfe der Schablonen aus dem Teig je 16 Seiten- und Giebelwände und Dächer ausschneiden. Teigreste zwischendurch verkneten und erneut ausrollen. Hausteile auf zwei mit Backpapier ausgelegten Backblechen im heißen Backofen (E-Herd: 175 °C/Umluft: 150 °C/Gas: s. Hersteller) nacheinander 6–8 Minuten backen. Auskühlen lassen.

**3** 250 g Puderzucker sieben und mit 1 Eiweiß mit den Schneebesen des Rührgerätes zum dicken Guss verrühren (falls zu fest, einige Tropfen Wasser zufügen). In einen Spritzbeutel füllen. Zuerst Seitenwände und Giebelwände mit Guss zusammenkleben. Ca. 20 Minuten fest werden lassen. Dann Dächer daraufkleben und ca. 20 Minuten fest werden lassen.

**4** Rest Puderzucker und das Eiweiß wie zuvor zum dicken Guss verrühren. Halbieren und rot bzw. grün einfärben. Häuschen verzieren.

ZUBEREITUNGSZEIT ca. 2 Std. + Wartezeit ca. 2 Std.

Wenn es draußen kalt ist, schmecken Kuchen, Punsch und frisch gebackene Waffeln besonders gut. Und weil's so gemütlich ist, gibt es auch noch Deftiges für später

# Gemütlicher Advents-nachmittag

## Aprikosen-Spekulatius-Torte

ZUTATEN FÜR CA. 16 STÜCKE

- 3 Eier (Gr. M) ♥ Salz ♥ 75 g + 75 g Zucker
- 3 Päckchen Vanillezucker ♥ 50 g Mehl
- 50 g Speisestärke ♥ 1 TL Backpulver
- 1 Päckchen Vanillepuddingpulver
- ½ l Milch ♥ 1 EL Spekulatiusgewürz
- 1 Dose (850 ml) Aprikosen
- 8 Blatt Gelatine
- 300 g + 450 g Schlagsahne
- 2–3 EL Mandelblättchen
- ca. 100 g Minispekulatius mit Schokolade
- Backpapier ♥ Frischhaltefolie

**1** Springform (26 cm Ø) am Boden mit Backpapier auslegen. Eier trennen. Eiweiß und 1 Prise Salz steif schlagen. 75 g Zucker und 1 Päckchen Vanillezucker dabei einrieseln lassen. Eigelb einzeln darunterschlagen. Mehl, Stärke und Backpulver daraufsieben, unterheben. In die Form streichen. Im vorgeheizten Ofen (E-Herd: 175 °C/Umluft: 150 °C/Gas: s. Hersteller) ca. 30 Minuten backen. Auskühlen lassen.

**2** Puddingpulver, 5 EL Milch und Gewürz glatt rühren. Rest Milch mit 75 g Zucker aufkochen. Puddingpulver einrühren. Ca. 1 Minute köcheln. Mit Folie bedecken. Auskühlen lassen.

**3** Aprikosen abtropfen lassen. Gelatine kalt einweichen. Biskuit halbieren. Formrand oder Tortenring um den unteren Boden legen. Pudding cremig rühren. Gelatine ausdrücken und bei schwacher Hitze vorsichtig auflösen. Erst 3–4 EL Pudding einrühren, dann in den übrigen Pudding rühren. 300 g Sahne steif schlagen und unterheben. Hälfte auf den Boden streichen. Aprikosen, bis auf 3 Hälften, und Rest Creme darauf verteilen. 2. Boden darauflegen. Zugedeckt über Nacht kalt stellen.

**4** Mandeln rösten, abkühlen lassen. 450 g Sahne und 2 Päckchen Vanillezucker steif schlagen. Torte mit gut der Hälfte Sahne einstreichen. Den unteren Rand mit Spekulatius verzieren. 5–6 Kekse fein hacken, mit den Mandeln mischen, auf die Torte streuen. Rest Aprikosen in Spalten schneiden. Torte mit Sahnetuffs und Aprikosen verzieren.

ZUBEREITUNGSZEIT ca. 2 Std. + Wartezeit ca. 14 Std.
STÜCK ca. 320 kcal
E 6 g · F 19 g · KH 30 g

## Butterwaffeln mit Bratapfelkompott

ZUTATEN FÜR CA. 8 STÜCK

- 1,2 kg säuerliche Äpfel
- 1 EL + 125 g weiche Butter
- ⅛ l Apfelsaft
- Saft von 1 Zitrone ♥ 1 Zimtstange
- 3–4 EL + 50 g Zucker
- 75 g Marzipanrohmasse
- 1 Päckchen Vanillezucker
- 2 TL Zimt ♥ Salz
- 3 Eier (Gr. M)
- 250 g Mehl ♥ 1 TL Backpulver
- ¼ l Milch ♥ Öl fürs Waffeleisen
- 3–4 TL Puderzucker

**1** FÜR DAS KOMPOTT Äpfel schälen, entkernen und grob würfeln. In 1 EL heißer Butter unter Wenden anbraten. Apfel-, Zitronensaft, Zimtstange und 3–4 EL Zucker zufügen, aufkochen. Zugedeckt ca. 5 Minuten dünsten. Ab und zu umrühren.

**2** Marzipan grob reiben, in das Kompott rühren und kurz weiterdünsten. Zimtstange entfernen. Kompott auskühlen lassen.

**3** FÜR DIE WAFFELN 125 g Butter, 50 g Zucker, Vanillezucker, Zimt und 1 Prise Salz cremig rühren. Eier einzeln unterrühren. Mehl und Backpulver mischen und im Wechsel mit der Milch unterrühren.

**4** Waffeleisen mit Öl einstreichen und vorheizen. Nacheinander ca. 8 Waffeln backen. Mit Puderzucker bestäuben. Mit Apfelkompott anrichten. Dazu schmeckt Vanille- oder Walnusseis.

ZUBEREITUNGSZEIT ca. 1 ½ Std.
STÜCK ca. 450 kcal
E 8 g · F 21 g · KH 54 g

### Super vorbereitet

*Die Rezepte für den Adventsnachmittag können Sie alle, bis auf die Waffeln, schon am Vortag zubereiten. Die Torte lässt sich sogar bestens einfrieren. Tipp für die Pizzataschen von Seite 163: Vorm Servieren im heißen Backofen bei 175 °C etwa 10 Minuten aufbacken.*

# Gulaschsuppe mit Röstbrotchips

ZUTATEN FÜR 8 PERSONEN

- 4 große Zwiebeln
- 500 g kleine Champignons
- 1,5 kg gemischtes Gulasch
- 6–7 EL Öl ♥ Salz ♥ Pfeffer
- 2 EL Mehl
- 3 EL Tomatenmark ♥ 2 EL Brühe (instant)
- 2 TL getrockneter Majoran
- 1 Glas (370 ml) geröstete Paprikaschoten
- 6 sehr dünne Scheiben Bauernbrot
- 4 Stiele Petersilie ♥ 150 g Crème fraîche

**1** Zwiebeln schälen und in Spalten schneiden. Pilze putzen, waschen und, je nach Größe, halbieren oder vierteln. Gulasch kleiner schneiden. 4 EL Öl in einem Topf erhitzen. Gulasch darin portionsweise kräftig anbraten. Mit Salz und Pfeffer würzen und herausnehmen.

**2** Pilze und Zwiebeln im Bratfett anbraten. Mehl und Tomatenmark kurz mit anschwitzen. Gut 2 l Wasser und Brühe einrühren, aufkochen. Fleisch und Majoran zufügen. Zugedeckt ca. 1 ½ Stunden schmoren.

**3** Paprika abtropfen lassen und in Streifen schneiden. Ca. 15 Minuten vor Ende der Garzeit im Gulasch erhitzen.

**4** Brot in grobe Stücke schneiden und auf ein Backblech legen. Mit 2–3 EL Öl beträufeln. Im vorgeheizten Backofen (E-Herd: 200 °C/Umluft: 175 °C/Gas: s. Hersteller) ca. 8 Minuten rösten. Petersilie waschen und hacken. Suppe abschmecken. Mit Brotchips, Crème fraîche und Petersilie anrichten.

ZUBEREITUNGSZEIT ca. 2 Std.
PORTION ca. 420 kcal
E 46 g · F 17 g · KH 20 g

## Kartoffelsalat „Hausfrauenart“

ZUTATEN FÜR 8 PERSONEN

- 2 kg festkochende Kartoffeln • 3 Eier • 3 Möhren • 2 Zwiebeln
- 2 EL Öl • 1 TL Gemüsebrühe (instant) • 5 EL Essig • 300 g TK-Erbsen
- 4 Gewürzgurken (Glas) + ca. 6 EL Gurkensud
- 3 EL Walnusskerne • 250 g Fleischwurst
- 250 g Salatmayonnaise • 150 g Joghurt • Salz • Pfeffer
- 2 säuerliche Äpfel • 1 Bund Schnittlauch

**1** Kartoffeln waschen und ca. 20 Minuten kochen. Eier hart kochen. Alles abschrecken, schälen und auskühlen lassen.

**2** Möhren schälen, waschen und würfeln. Zwiebeln schälen, hacken. Beides im heißen Öl andüsten. ¼ l Wasser, Brühe und Essig einrühren, aufkochen und ca. 5 Minuten köcheln. Erbsen zufügen. Kartoffeln in Scheiben schneiden und mit der Erbsenmarinade mischen. Beiseitestellen.

**3** Gurken würfeln. Nüsse grob hacken. Wurst aus der Haut lösen und in Streifen schneiden. Mayonnaise, Joghurt und Gurkensud verrühren. Mit Salz und Pfeffer würzen.

**4** Eier würfeln. Äpfel waschen, entkernen und klein schneiden. Schnittlauch waschen und in Röllchen schneiden. Alle vorbereiteten Salatzutaten vorsichtig unter die Kartoffeln mischen. Mindestens 1 Stunde kalt stellen. Nochmals abschmecken. Dazu passen Würstchen.

ZUBEREITUNGSZEIT ca. 1 ¼ Std. + Wartezeit ca. 2 Std.
PORTION ca. 590 kcal
E 15 g · F 36 g · KH 47 g

## Zweierlei Pizzataschen

ZUTATEN FÜR 12 STÜCK

- 4–5 milde Peperoni (Glas) • 2 EL paprikagefüllte Oliven
- 200 g Doppelrahmfrischkäse • 150 g geriebener Gouda • Pfeffer
- 40 g getrocknete Tomaten (in Öl) • 100 g gekochter Schinken
- 1 Dose (80 g) Thunfisch (in Öl) • 2–3 Lauchzwiebeln
- 2 Packungen (à 400 g) frischer Pizzateig (Kühlregal)
- etwas Mehl • 1 Ei • Backpapier

**1** Peperoni und Oliven klein würfeln. Mit Frischkäse und 50 g geriebenem Käse vermischen, mit Pfeffer würzen. Tomaten und Schinken würfeln, mischen. Thunfisch abtropfen lassen und klein zupfen. Lauchzwiebeln putzen, waschen und fein schneiden. Mit dem Thunfisch mischen.

**2** Teige entrollen, jeweils in 6 Quadrate schneiden und auf zwei mit Backpapier ausgelegte Backbleche verteilen. Käsecreme jeweils in die Mitte füllen und etwas verstreichen. Alle vier Teigecken zur Mitte klappen und andrücken. Ei verquirlen und die Taschen damit bestreichen.

**3** Auf 6 Stück Thunfischmischung und auf die übrigen die Schinkenmischung geben. Alle Taschen mit übrigem Käse bestreuen. Nacheinander im heißen Ofen (E-Herd: 175 °C/ Umluft: 150 °C/Gas: s. Hersteller) ca. 20 Minuten backen.

ZUBEREITUNGSZEIT ca. 1 ¼ Std.
STÜCK ca. 190 kcal
E 10 g · F 9 g · KH 17 g

## Walnussmuffins mit Sternfruchttannenbaum

ZUTATEN FÜR 12 STÜCK

**FÜR DEN TEIG**

- 75 g Walnusskerne • 250 g Mehl • 1 Päckchen Backpulver
- 2 Eier + 1 frisches Eigelb (Gr. M) • 150 g Zucker
- 2 Päckchen Vanillezucker • 8 EL Öl • 250 g Schmand
- abgeriebene Schale von 1 Bio-Orange
- 12 Papierbackförmchen (à ca. 5 cm Ø)

**FÜR GUSS UND VERZIERUNG**

- 1 frisches Eiweiß (Gr. M) • 200 g Puderzucker
- 6 Karambolen (Sternfrüchte) • 3 EL Zitronensaft
- ca. 30 Belegkirschen • 12 Holzspieße

**1** FÜR DEN TEIG die Mulden eines Muffinblechs (für 12 Stück) mit Papierförmchen auslegen. Walnüsse fein hacken. Mehl und Backpulver mischen. Eier, Eigelb, Zucker, Vanillezucker, Öl und Schmand verquirlen. Mehlmischung und Orangenschale kurz unterrühren. Nüsse unterheben.

**2** Teig in die Förmchen verteilen und im vorgeheizten Ofen (E-Herd: 175 °C/Umluft: 150 °C/Gas: s. Hersteller) ca. 20 Minuten backen. Muffins auskühlen lassen.

**3** FÜR DEN GUSS Eiweiß mit den Schneebesen des Rührgerätes steif schlagen. Dabei Puderzucker zufügen, bis ein dicker Guss entsteht. Guss mit einem Messer auf den Muffins verstreichen und trocknen lassen.

**4** Karambolen waschen, trocken tupfen und in Scheiben schneiden. Sofort mit Zitronensaft beträufeln. Je 9–11 Karambolescheiben auf einen Holzspieß stecken, dabei mit 1 kleinen Scheibe als „Stern" enden. Belegkirschen halbieren und als Weihnachtskugel auf die Fruchtscheiben setzen. Muffins mit den Tannenbäumen verzieren.

ZUBEREITUNGSZEIT ca. 1 ½ Std. + Wartezeit ca. 1 Std.
STÜCK ca. 360 kcal · E 6 g · F 14 g · KH 50 g

## Birnenschaum mit Mandelkrokant

ZUTATEN FÜR 8 PERSONEN

- 1 kg reife Birnen • 500 g Äpfel • ¼ l Apfelsaft • 2–3 EL Zitronensaft
- 75 g + etwas + 100 g Zucker • 1 Päckchen Vanillezucker
- 100 g Mandeln (mit Haut) • 400 g Schlagsahne • Backpapier

**1** Birnen und Äpfel schälen, entkernen und würfeln. Mit Apfel- und Zitronensaft, 75 g Zucker und Vanillezucker aufkochen. Zugedeckt ca. 8 Minuten köcheln, bis die Früchte zerfallen. Das Mus evtl. mit Zucker abschmecken, auskühlen lassen.

**2** Mandeln in einer Pfanne rösten, herausnehmen. 100 g Zucker bei mittlerer Hitze karamellisieren lassen. Mandeln unterrühren. Auf Backpapier verteilen und auskühlen lassen.

**3** Sahne steif schlagen und locker unter das Birnenmus heben. Gebrannte Mandeln grob hacken. Birnenschaum anrichten und mit Mandeln bestreuen.

ZUBEREITUNGSZEIT ca. 45 Min. + Wartezeit ca. 2 Std.
PORTION ca. 430 kcal
E 4 g · F 23 g · KH 49 g

## Holunder-Kirsch-Punsch

ZUTATEN FÜR 8 GLÄSER

- 2 Bio-Zitronen ♥ 1,5 l Glühwein (Flasche)
- 400 ml Holundernektar oder Fliederbeersaft
- 100 g getrocknete Kirschen oder Cranberrys
- 150 ml Kirschwasser ♥ evtl. Zucker

Zitronen heiß waschen, trocken reiben und in Scheiben schneiden. Glühwein, Holundernektar, Kirschen und Zitronenscheiben ca. 15 Minuten erhitzen (nicht kochen!). Kirschwasser zugießen. Nach Geschmack süßen. Punsch in Gläsern anrichten.

## Orangen-Apfel-Punsch

ZUTATEN FÜR 8 GLÄSER

- 1 säuerlicher Apfel ♥ ½ l Orangensaft
- 1,5 l naturtrüber Apfelsaft ♥ 3 Zimtstangen
- abgeriebene Schale von 1 Bio-Orange
- 8–16 EL Amaretto oder Mandelsirup

Apfel waschen, vierteln, entkernen und fein würfeln. Orangen- und Apfelsaft, Zimt, Orangenschale und Apfelwürfel ca. 15 Minuten erhitzen (nicht kochen!). In Gläser füllen und je 1–2 EL Amaretto oder Sirup darin verteilen.

## Heiße Chai-Schokolade

ZUTATEN FÜR 8 GLÄSER

- 2 l Milch
- 2 Päckchen Vanillezucker
- 6 Beutel Gewürztee (z. B. Chai)
- 200 g Vollmilchschokolade
- 2 EL Kakao ♥ 3–4 EL Zucker
- 250–300 g Schlagsahne
- 4 EL Raspelschokolade

Milch, bis auf 100 ml, mit Vanillezucker aufkochen. Vom Herd nehmen. Teebeutel darin mindestens 5 Minuten ziehen lassen. Schokolade hacken. Kakao, Zucker und übrige Milch verrühren. Sahne steif schlagen. Teebeutel aus der heißen Milch entfernen. Milch nochmals erhitzen. Schokolade darin unter Rühren schmelzen. Kakao einrühren. Heiße Chai-Schokolade in Gläser verteilen. Sahne und Raspelschokolade darauf verteilen.

# Silvesterbuffet

Mit Leckereien vom Buffet und einer Mitternachtssuppe halten Sie Ihre Gäste die ganze Nacht bei Laune

Kartoffel-Eier-Salat
Seite 168

Rosmarin-Hähnchenkeulen
Seite 168

Würziger Ajvarbraten

# Würziger Ajvarbraten

ZUTATEN FÜR 8–10 PERSONEN

- 4 Zwiebeln • 2 Knoblauchzehen
- 1 Glas (330 g) Ajvar (milde Paprikazubereitung)
- 1 TL getrockneter Thymian
- 1 TL getrockneter Oregano
- 3 Möhren
- 2,5 kg ausgelöster Schweinenacken
- Salz • Pfeffer
- Öl für die Fettpfanne
- 1 Bund Lauchzwiebeln
- 100 g Schlagsahne
- ca. 6 EL dunkler Soßenbinder • Zucker

1 Zwiebeln und Knoblauch schälen. 1 Zwiebel und Knoblauch sehr fein würfeln. Mit ⅔ Ajvar, Thymian und Oregano verrühren. Möhren schälen, waschen und in Stücke schneiden. Übrige 3 Zwiebeln grob würfeln.

2 Fleisch waschen und trocken tupfen. Mit Salz und Pfeffer würzen. Auf einer gefetteten Fettpfanne mit der Ajvarmischung bestreichen. Möhren und Zwiebelstücke darum verteilen. Im heißen Ofen (E-Herd: 175 °C/Umluft: 150 °C/Gas: s. Hersteller) ca. 2 ½ Stunden braten. Nach ca. 45 Minuten nach und nach ca. 1 l Wasser angießen.

3 Lauchzwiebeln putzen, waschen und in Ringe schneiden. Braten herausnehmen und warm stellen. Fond durchsieben. Rest Ajvar und Sahne einrühren, aufkochen. Soße binden und Lauchzwiebeln einrühren. Kurz köcheln. Soße mit Salz, Pfeffer und 1 Prise Zucker abschmecken. Alles anrichten. Dazu schmecken Brot und Krautsalat.

ZUBEREITUNGSZEIT ca. 3 Std.
PORTION ca. 480 kcal
E 38 g · F 32 g · KH 7 g

## SÄMIGE SOSSE

*Wer mag, kann für die Soße auch einen Teil der Möhren und Zwiebeln im Fond mit dem Stabmixer pürieren. Den Soßenbinder dann weglassen.*

## Feiner Kartoffel-Eier-Salat

ZUTATEN FÜR 8–10 PERSONEN

- 1,5 kg festkochende Kartoffeln
- 8 Eier • 1 Zwiebel
- 7–8 EL Weißweinessig
- 1 TL Gemüsebrühe (instant)
- 2 EL Kapern (Glas)
- 250 g Kirschtomaten
- 200 g Salatmayonnaise
- 500 g Joghurt oder saure Sahne
- Salz • Pfeffer • Zucker

1 Kartoffeln waschen und zugedeckt ca. 20 Minuten kochen. Eier hart kochen. Beides abschrecken, schälen und auskühlen lassen.

2 Zwiebel schälen und fein würfeln. 200 ml Wasser, Essig und Brühe aufkochen. Zwiebel zufügen und 2–3 Minuten köcheln. Kartoffeln in Scheiben schneiden und mit der heißen Marinade übergießen. Mindestens 1 Stunde ziehen lassen.

3 Kapern abtropfen lassen. Tomaten waschen und halbieren. Eier grob würfeln. Mayonnaise und Joghurt verrühren. Mit Salz, Pfeffer und etwas Zucker abschmecken. Joghurtmayonnaise unter die Kartoffeln mischen. Tomaten, Eier und Kapern unterheben. Mindestens 30 Minuten durchziehen lassen. Abschmecken. Mit Rucola garnieren.

ZUBEREITUNGSZEIT ca. 1 Std. +
Wartezeit mind. 2 Std.
PORTION ca. 310 kcal
E 11 g · F 18 g · KH 23 g

### *Gut geplant*

**AM VORTAG**
*Beide Salate zubereiten. Beim Kartoffelsalat Tomaten, Eier und Kapern erst am nächsten Tag untermischen. Hähnchenkeulen marinieren. Suppe kochen. Gemüsesalat für Fischhäppchen machen.*

**AM PARTYTAG**
*Fischhäppchen und Käseplatte zubereiten. Das Dessert einschichten und die Berliner backen. 3 Stunden vorher Braten in den Ofen schieben.*

## Coleslaw mit Paprika

ZUTATEN FÜR 8–10 PERSONEN

- 1 Weißkohl (ca. 1,5 kg)
- 2 mittelgroße Zwiebeln
- Salz • Zucker
- 2 rote Paprikaschoten
- 1 Bund Petersilie
- 10 EL Weißweinessig • 6 EL Öl
- 4 EL Mayonnaise • Pfeffer

1 Kohl putzen, waschen und vierteln. In feine Streifen hobeln bzw. schneiden. Zwiebeln schälen und fein würfeln. Beides mit 1–2 TL Salz und 2 EL Zucker mischen und gut durchkneten. Kohl mindestens 30 Minuten ziehen lassen.

2 Paprika putzen, waschen und fein schneiden. Petersilie waschen, trocken schütteln und hacken. Beides mit Essig, Öl und Mayonnaise unters Kraut mischen. Mit Salz und Pfeffer abschmecken. Zugedeckt mindestens 2 Stunden am kühlen Ort ziehen lassen.

ZUBEREITUNGSZEIT ca. 45 Min. +
Wartezeit mind. 2 ½ Std.
PORTION ca. 120 kcal
E 2 g · F 9 g · KH 7 g

## Rosmarin-Hähnchenkeulen

ZUTATEN FÜR 8–10 PERSONEN

- 16–20 Hähnchenunterkeulen (ca. 2 kg)
- Salz • Pfeffer
- 4 Knoblauchzehen
- 4 Zweige Rosmarin
- 6 EL Öl
- Backpapier

1 Keulen waschen, trocken tupfen und mit Salz und Pfeffer einreiben. Knoblauch schälen und durchpressen. Rosmarin waschen, Nadeln abzupfen und hacken. Beides mit Öl verrühren. Keulen damit bestreichen und zugedeckt über Nacht im Kühlschrank marinieren.

2 Keulen auf ein mit Backpapier ausgelegtes Backblech legen. Im vorgeheizten Backofen (E-Herd: 175 °C/ Umluft: 150 °C/Gas: s. Hersteller) ca. 40 Minuten braten. Schmecken warm und kalt.

ZUBEREITUNGSZEIT ca. 1 Std. +
Wartezeit ca. 12 Std.
PORTION ca. 160 kcal
E 19 g · F 9 g · KH 0 g

### *Schnell & köstlich* Bountybecher

**2 Dosen (à 425 ml) Mango** und **1 Dose (850 ml) Ananas** getrennt abtropfen lassen. Mango pürieren. Ananas sehr fein würfeln. Beides mischen. **500–600 g Kokosnussjoghurt** glatt rühren. **500 g Schlagsahne** steif schlagen. Dabei **je 2 Päckchen Vanillezucker und Sahnesteif** einrieseln lassen. Unter den Joghurt heben. **4 EL Kokosraspel** goldgelb rösten. **2 Kokosriegel (z. B. „Bounty")** gut gekühlt hacken. Beides mit **2–3 EL Schokoraspeln** und **1 EL braunem Zucker** mischen. Fruchtpüree, Kokoscreme und Streuselmischung in acht bis zehn Gläser schichten.

## Berliner mit Pflaumenmus

ZUTATEN FÜR CA. 12 STÜCK

- ¼ l Milch
- 1 Würfel (42 g) Hefe
- 500 g Mehl ♥ 50 g Zucker
- Salz ♥ 50 g weiche Butter
- 4 Eigelb
- Mehl zum Ausrollen
- 1 kg Frittierfett oder Öl zum Ausbacken
- ca. 2 EL Zucker zum Bestreuen
- 100 g Pflaumenmus
- 75 g Puderzucker
- 1–2 EL Zitronensaft

**1** Milch lauwarm erwärmen. Hefe hineinbröckeln und darin auflösen. Mehl, Zucker und 1 Prise Salz in einer Schüssel mischen. In die Mitte eine Mulde drücken. Hefemilch hineingießen und mit etwas Mehl vom Rand zum Vorteig verrühren. Zugedeckt ca. 15 Minuten gehen lassen.

**2** Butter in Stückchen und Eigelb zum Vorteig geben. Mit den Knethaken des Rührgerätes zu einem glatten Teig verkneten. Zugedeckt an einem warmen Ort ca. 30 Minuten gehen lassen.

**3** Teig nochmals gut durchkneten und auf etwas Mehl ca. 2 cm dick ausrollen. Mit einem runden Ausstecher ca. 12 Kreise (ca. 7,5 cm Ø) ausstechen. Zugedeckt am warmen Ort nochmals ca. 30 Minuten gehen lassen.

**4** Frittierfett in einem hohen Topf oder einer Fritteuse auf ca. 180 °C erhitzen. Berliner darin portionsweise goldgelb ausbacken. Mit einer Schaumkelle herausheben und auf Küchenpapier abtropfen lassen.

**5** Hälfte Berliner sofort mit Zucker bestreuen. Die übrigen abkühlen lassen. Pflaumenmus glatt rühren und in einen Spritzbeutel mit langer Spritztülle füllen. Berliner mit Pflaumenmus füllen. Puderzucker und Zitronensaft verrühren und die andere Hälfte Berliner damit bestreichen. Trocknen lassen.

**ZUBEREITUNGSZEIT** ca. 1 ¼ Std. + Gehzeit ca. 1 ¼ Std.
**STÜCK** 300 kcal
E 6 g · F 8 g · KH 50 g

## Currywurstsuppe mit „Pommes"

ZUTATEN FÜR 8–10 PERSONEN

- 1 Gemüsezwiebel (ca. 350 g) • 600 g Brat- oder Currywurst
- 3 EL Öl • ca. 2 EL Curry • 3 TL klare Brühe (instant)
- 2 Dosen (à 850 ml) Tomaten
- Salz • Pfeffer • ca. 1 EL brauner Zucker • 125 g Curryketchup
- ca. 300 g Schmand
- 1 Packung (100 g) Kartoffelsticks

1 Zwiebel schälen, würfeln. Würste in Scheiben schneiden. Im heißen Öl anbraten, herausnehmen. Zwiebel im Bratfett andünsten, Curry darüberstäuben und kurz anschwitzen. ¾ l Wasser, Brühe und Tomaten samt Saft einrühren. Tomaten etwas zerkleinern, aufkochen. Mit Salz, Pfeffer und Zucker würzen. Zugedeckt ca. 15 Minuten köcheln.

2 Suppe pürieren und Ketchup einrühren. Wurst darin erhitzen. Suppe abschmecken und mit Schmand und Kartoffelsticks anrichten. Mit Curry bestäuben.

ZUBEREITUNGSZEIT ca. 45 Min.
PORTION ca. 430 kcal
E 11 g · F 33 g · KH 18 g

*Auch toll nach Mitternacht*

## Edelfischhäppchen

ZUTATEN FÜR 28 STÜCK

- 1 kleine Zwiebel • 75 g Rote Bete (Glas)
- 2 Gewürzgurken + ca. 2–3 EL Sud (Glas)
- 4 Stiele Dill • 1 kleiner Apfel
- 1 gekochte Kartoffel (125 g; z. B. vom Kartoffelsalat abnehmen)
- 100 g Schmand • Pfeffer • Salz
- 1 Rolle (250 g, ca. 28 Scheiben) Pumpernickeltaler
- je ca. 75 g geräuchertes Aal- und Forellenfilet
- 1 geräuchertes Makrelenfilet (ca. 125 g)
- 4 dünne Scheiben Räucherlachs (ca. 75 g)

1 Zwiebel schälen. Rote Bete und Gurken abtropfen lassen. Dill waschen und, bis auf etwas, fein schneiden. Apfel waschen, vierteln und entkernen. Alles sowie die Kartoffel sehr fein würfeln.

2 Schmand und Gurkensud verrühren. Vorbereitete Zutaten unterheben. Mit Salz und Pfeffer würzen.

3 Je 1–2 TL Gemüsesalat auf dem Pumpernickel verteilen. Aal und Forelle in Stücke schneiden. Vom Makrelenfilet die Haut entfernen. Filet mundgerecht schneiden. Lachs etwas kleiner schneiden und aufrollen. Häppchen mit Fisch krönen und mit Rest Dill garnieren.

ZUBEREITUNGSZEIT ca. 45 Min.
STÜCK ca. 60 kcal
E 3 g · F 3 g · KH 5 g

# Käsepralinen und -spieße

ZUTATEN FÜR 8–10 PERSONEN

- 500 g Parmesan
- 400 g Doppelrahmfrischkäse
- 50 g Walnusskerne
- 50 g getrocknete Softaprikosen
- 40 g getrocknete Tomaten (in Öl)
- 50 g paprikagefüllte Oliven
- 2 TL Pesto (Glas)
- 125 g Weintrauben ♥ 2 Feigen
- 200 g Comtékäse
- 200 g Blauschimmelkäse
- evtl. 32 kleine Papiermanschetten
- 10–12 Spießchen

1 100 g Parmesan fein reiben und mit dem Frischkäse verrühren. Die Käsemasse halbieren.

2 FÜR DIE APRIKOSEN-KÄSE-PRALINEN Nüsse, bis auf 8 Hälften, und Aprikosen fein hacken. Mit Hälfte Käsemasse verrühren. Zu 16 Kugeln formen. Rest Nüsse halbieren, Pralinen garnieren.

3 FÜR DIE KÄSE-PESTO-PRALINEN Tomaten fein würfeln. Oliven sehr fein hacken. Tomaten, bis auf 1 TL, 1 TL Pesto und Oliven unter die übrige Käsemasse rühren. Zu 16 Kugeln formen. Pralinen mit Rest Tomaten und Pesto garnieren.

4 FÜR DIE KÄSE-OBST-SPIESSE Trauben waschen, abzupfen. Feigen waschen und in Spalten schneiden. Comté und Blauschimmelkäse würfeln. Käsewürfel und Obst aufspießen.

5 Käsepralinen evtl. in Papiermanschetten setzen. Mit Rest Parmesan im Stück und Käsespießen anrichten. Dazu schmecken Feigensenf und frisches Baguette.

ZUBEREITUNGSZEIT ca. 45 Min.
PORTION ca. 510 kcal
E 32 g · F 37 g · KH 8 g

# Fondue & Raclette

**Noch nichts geplant für die Feiertage oder die lange Silvesternacht? Wie wär's mal wieder mit gemeinsamem Kochen am Tisch?**

Durch die würzig marinierten Zutaten wird die Brühe nach und nach kräftiger

Mariniertes fürs Fondue

Garnelen, Entenbrust und Gemüse

## Brühe fürs Fondue

ZUTATEN FÜR 8 PERSONEN

- 2–3 Bund Suppengrün (ca. 1,2 kg) • 2 Tomaten
- 2 Zwiebeln • 6 Stiele Petersilie
- 2 Lorbeerblätter • 8–10 Wacholderbeeren
- 1 TL Pfefferkörner • 2 EL Öl • 2–3 TL Salz

**1** Suppengrün putzen bzw. schälen und waschen. In kleine Stücke schneiden. Tomaten waschen und Zwiebeln schälen. Beides vierteln. Petersilie waschen.

**2** Suppengrün, Tomaten, Zwiebeln und Gewürze im heißen Öl andünsten. Mit 2½ l Wasser ablöschen. Aufkochen, 2 TL Salz einrühren, Petersilie zugeben. Zugedeckt ca. 1 Stunde köcheln. Brühe durchsieben und wieder aufkochen. Im Fonduetopf aufs Rechaud stellen.

***Die Menge reicht prima für zwei Fonduetöpfe – so kommt man sich nicht in die Quere***

## Ab auf den Spieß und rein in die Brühe

***Vorher gewürzt, schmecken Fleisch und Fisch noch mal so gut! Marinaden mindestens 15 Minuten einziehen lassen***

**Entenbrust** *Von* ***2 Entenfilets (ca. 600 g)*** *die Haut abschneiden. Fleisch waschen, trocken tupfen und längs in dünne Streifen schneiden. Mit der Hälfte „Marinade 1" würzen. Entenhaut evtl. für den Linsensalat (s. Seite 177) verwenden.*

**Rinder- und Hähnchenfilet**
***500 g Rinderfilet*** *in Streifen schneiden. Mit der Hälfte „Marinade 2" mischen.* ***2 Hähnchenfilets (ca. 450 g)*** *waschen, trocken tupfen und längs in dünne Streifen schneiden. Mit übriger Hälfte „Marinade 1" würzen.*

**Garnelen** ***32 rohe Garnelen (ca. 600 g; mit Schale)*** *bis auf die Schwanzflosse schälen. Am Rücken längs einritzen und den schwarzen Darm entfernen. Garnelen waschen und trocken tupfen. Mit übriger Hälfte „Marinade 2" mischen.*

**Gemüse** ***400 g Champignons*** *putzen, waschen und halbieren.* ***2 rote Paprikaschoten*** *und* ***500 g Brokkoli*** *putzen, waschen und in mundgerechte Stücke bzw. Röschen schneiden.*

### Marinade 1

***Eine trockene Beize aus Rosmarin und Orangenschale***

ZUTATEN FÜR CA. 1 KG FLEISCH

***1 Bio-Orange*** *gut waschen, trocken reiben und die Schale fein abraspeln.* ***2–4 Zweige Rosmarin*** *waschen, trocken schütteln, Nadeln abzupfen, fein hacken. Beides mischen. Passt gut zu Hähnchen und Ente.*

### Marinade 2

***Diese feurige Mixtur ist blitzschnell fertig***

ZUTATEN FÜR CA. 1 KG FLEISCH

***150 ml Sojasoße*** *und* ***2–3 TL Sambal Oelek*** *verrühren. Passt besonders gut zu Rind und Garnelen.*

### Leckeres Mitternachtssüppchen

***... aus der übrigen Fonduebrühe. Das macht später am Abend alle wieder munter! Die kräftig-würzige Brühe und übrige Einlage ergeben ein köstliches Duo.***

## Szegediner-Pfännchen

ZUTATEN FÜR 8 PFÄNNCHEN

***1 Zwiebel** schälen und würfeln. **1 Dose (580 ml) Sauerkraut** gut abtropfen lassen, kleiner schneiden. Beides in **2 EL heißem Öl** ca. 5 Minuten kräftig anbraten und mit **Pfeffer** würzen. **200 g Kabanossi** in Scheiben schneiden. **8 Scheiben Raclette** entrinden, in Stücke schneiden. Kraut, Wurst, **200 g Paprikafrischkäse** und Käse in den Pfännchen verteilen. Ca. 5 Minuten überbacken. Mit **Edelsüßpaprika** und **Schnittlauch** bestreuen.*

Vegetarisch

## Pizza-Margherita-Pfännchen

ZUTATEN FÜR 8 PFÄNNCHEN

***12 Kirschtomaten** waschen und in Scheiben schneiden. **125 g Mozzarella** klein würfeln. Von **400 g frischem Pizzateig** (Kühlregal) 8 Stücke in Pfännchengröße ausschneiden (Rest anderweitig verwenden). In den Pfännchen ca. 5 Minuten unter dem Raclettegrill vorbacken. Mit Tomaten und Käse belegen und ca. 5 Minuten weiter überbacken. Mit **Pfeffer** würzen und mit **Basilikum** bestreuen.*

## Hawaii-Pfännchen

ZUTATEN FÜR 8 PFÄNNCHEN

***2 Hähnchenfilets** waschen, trocken tupfen und in einer Pfanne in **1 EL heißem Öl** pro Seite ca. 4 Minuten braten. Mit **Salz** und **Pfeffer** würzen. **4–6 Ananasscheiben** (frisch oder Dose) in Stücke bzw. halbe Scheiben schneiden. **4 Scheiben Kochschinken** klein und die Filets in Scheiben schneiden. Fleisch, Ananas, Schinken und **200 g** geriebenen **Hartkäse (z. B. Comté)** in den Pfännchen verteilen. Ca. 5 Minuten überbacken. Mit **Petersilie** bestreuen.*

# Pfanntastisches fürs Raclette

## Garnelen-Avocado-Pfännchen

ZUTATEN FÜR 8 PFÄNNCHEN

***1–2 Knoblauchzehen** schälen, fein hacken. **24 küchenfertige Garnelen ohne Schale** waschen, trocken tupfen. Das Fleisch von **1 reifen Avocado** auslösen und zerdrücken. **150 g Crème fraîche** und **1 EL Limettensaft** unterrühren. Mit **Salz** und **Pfeffer** würzen. Garnelen in einer Pfanne in **3 EL heißem Öl** ca. 2 Minuten braten. Knoblauch kurz mitbraten. Würzen. **8 Scheiben Raclette** entrinden. Garnelen, Avocadocreme und Käse in den Pfännchen verteilen. Mit **3 EL Mandelblättchen** bestreuen und ca. 5 Minuten überbacken.*

## Kartoffel-Speck-Pflaumen-Pfännchen

ZUTATEN FÜR 8 PFÄNNCHEN

***8 mittelgroße Kartoffeln** ca. 20 Minuten kochen. Schale abziehen. **16 getrocknete Softpflaumen** und **175 g Edelpilzkäse** klein schneiden. Kartoffeln in Stücke brechen. **8 Scheiben Bacon** halbieren und auf der Grillplatte des Raclettegerätes oder in einer Pfanne knusprig braten. Kartoffeln, Pflaumen und Bacon in den Pfännchen verteilen. Käse darauflegen und ca. 5 Minuten überbacken.*

## Raclette-Tortillachips-Pfännchen

ZUTATEN FÜR 8 PFÄNNCHEN

***12 Scheiben Raclette*** *entrinden und in Stücke schneiden.* ***150 g rote Jalapeños*** *oder* ***milde Peperoni*** *in Ringe schneiden und mit* ***100 g Tortillachips*** *in Pfännchen verteilen. Käse darauflegen, 3–4 Minuten überbacken.*

## Schinken-Ziegenkäse-Pfännchen

ZUTATEN FÜR 8 PFÄNNCHEN

***4 Birnenhälften (Dose)*** *in dünne Spalten schneiden.* ***12 Ziegenfrischkäsetaler*** *(à 20 g) einmal waagerecht halbieren. Birnen,* ***8 dünne Scheiben Schwarzwälder Schinken*** *und Ziegenkäse in den Pfännchen verteilen. Ca. 5 Minuten überbacken.* ***8 TL Preiselbeeren*** *daraufgeben.*

## Bœuf-Stroganoff-Pfännchen

ZUTATEN FÜR 8 PFÄNNCHEN

***8 mittelgroße Kartoffeln*** *ca. 20 Minuten kochen. Schale abziehen.* ***200 g Schmand*** *und* ***2 TL Senf*** *verrühren. Mit* ***Salz*** *und* ***Pfeffer*** *würzen.* ***16 Cornichons*** *schräg halbieren.* ***8 Scheiben Raclette*** *entrinden, klein schneiden. Kartoffeln in Stücke brechen.* ***8 Rinderminutensteaks*** *in Streifen schneiden und auf der Grillplatte des Raclettegerätes oder in einer Pfanne ca. 2 Minuten braten, dabei einmal wenden. Mit* ***Salz*** *und* ***Pfeffer*** *würzen. Kartoffeln, Cornichons und Fleisch in den Pfännchen verteilen. Schmand und Käse daraufgeben.* ***Pfeffern*** *und ca. 5 Minuten überbacken.*

## Emmentaler-Käsespätzle-Pfännchen

ZUTATEN FÜR 8 PFÄNNCHEN

***400 g frische Eierspätzle (Kühlregal)*** *in einer Pfanne in* ***2 EL Butter*** *ca. 3 Minuten braten.* ***100 g fertige Röstzwiebeln*** *kurz mitbraten. In den Pfännchen verteilen.* ***200 g geriebenen Emmentaler*** *daraufstreuen und ca. 5 Minuten überbacken. Mit* ***Petersilie*** *bestreuen.*

# Und zum Schluss was Süßes

## Crème-brûlée-Pfännchen

ZUTATEN FÜR 8 PFÄNNCHEN

***600 g gemischte TK-Beeren*** *antauen lassen.* ***250 g Sahnequark, 250 g Mascarpone, 1 Päckchen Vanillezucker*** *und* ***2 gehäufte EL Zucker*** *glatt rühren.* ***2 Eier (Gr. M)*** *unterrühren. Erst Früchte, dann Quark in die Pfännchen verteilen. Mit* ***4 EL braunem Zucker*** *bestreuen und 5–6 Minuten überbacken.*

## Cremiger Kartoffelsalat mit Kürbiskernen

ZUTATEN FÜR 8 PERSONEN
- 2 kg festkochende Kartoffeln
- 3 Zwiebeln ♥ 6–8 EL Öl ♥ 1 EL Zucker
- 150 ml Weißweinessig
- 1 TL Gemüsebrühe (instant) ♥ Salz ♥ Pfeffer
- 300 g Crème fraîche
- 3 EL Kürbiskernöl ♥ 75 g Feldsalat
- 4–5 EL Kürbiskerne

**1** Kartoffeln waschen und ca. 20 Minuten kochen. Abschrecken und die Schale abziehen. Kartoffeln abkühlen lassen und in Scheiben schneiden.

**2** Zwiebeln schälen und fein würfeln. Im heißen Öl glasig dünsten. Zucker darüberstreuen, kurz karamellisieren. Mit 150 ml Wasser, Essig und Brühe einrühren. Marinade aufkochen und ca. 3 Minuten köcheln. Mit Salz und Pfeffer kräftig würzen. Noch heiß über die Kartoffeln gießen, mischen und mindestens 1 Stunde ziehen lassen.

**3** Crème fraîche und Kürbiskernöl verrühren. Ebenfalls unter die Kartoffeln heben. Feldsalat putzen, dabei die Blätter lösen, waschen und gut abtropfen lassen. Kartoffelsalat nochmals abschmecken und mit Kürbiskernen und Feldsalat bestreuen.

ZUBEREITUNGSZEIT ca. 50 Min. +
Wartezeit mind. 2 Std.
PORTION ca. 380 kcal
E 7 g · F 24 g · KH 32 g

## Rote-Bete-Salat mit Frischkäseflocken

ZUTATEN FÜR 8 PERSONEN
- 6 rote Zwiebeln ♥ 100 g Zucker
- 200 ml heller Balsamico-Essig
- 1 kg Rote Beten (vakuumverpackt)
- 8 Stiele Thymian ♥ Salz ♥ Pfeffer
- 50 g Walnusskerne
- 250 g Frischkäse (z. B. Ziegenfrischkäse naturell)

**1** Zwiebeln schälen und in Spalten schneiden. Zucker in einer großen Pfanne goldgelb karamellisieren. Essig einrühren und unter Rühren aufkochen. Zwiebeln zufügen, nochmals aufkochen und bei mittlerer Hitze ca. 5 Minuten köcheln.

**2** Rote Beten abtropfen lassen und in Spalten schneiden. Thymian waschen, trocken schütteln und die Blättchen abzupfen. Rote Beten und Hälfte Thymian zu den Zwiebeln geben und weitere 1–2 Minuten köcheln. Mit Salz und Pfeffer würzen. Auskühlen lassen.

**3** Nüsse grob hacken und mit Thymian mischen. Mit dem Rote-Bete-Salat anrichten. Frischkäse mit einem Teelöffel zu Flöckchen abstechen und darauf verteilen.

ZUBEREITUNGSZEIT ca. 30 Min. +
Wartezeit ca. 1 Std.
PORTION ca. 240 kcal
E 5 g · F 12 g · KH 27 g

## Linsensalat mit Knuspertopping

ZUTATEN FÜR 8 PERSONEN
- 500 g Tellerlinsen ♥ 3 Möhren
- 200 g getrocknete Softpflaumen
- 2 Zwiebeln ♥ ca. 150 g Entenhaut (s. Rezept Brühfondue) ersatzweise Frühstücksspeck
- 150–200 ml Balsamico-Essig
- Salz ♥ Pfeffer ♥ Zucker
- 1 Bund Schnittlauch

**1** Linsen in kochendem Wasser ca. 40 Minuten garen. Möhren schälen, waschen und fein würfeln. In den letzten 5 Minuten kurz mitgaren.

**2** Pflaumen klein würfeln. Zwiebeln schälen, hacken. Entenhaut waschen, trocken tupfen und in Streifen oder Würfel schneiden. In einer heißen Pfanne knusprig braten. Mit Salz würzen und auf Küchenpapier abtropfen lassen. Entenfett zu ca. ⅔ abgießen. Im übrigen Fett Zwiebeln andünsten. Mit Essig ablöschen und mit Salz, Pfeffer und Zucker würzen.

**3** Linsen und Möhren abschrecken und abtropfen lassen. Mit Pflaumen und Marinade mischen. Mindestens 2 Stunden durchziehen lassen. Nochmals abschmecken und anrichten. Schnittlauch waschen, trocken tupfen und fein schneiden. Salat mit Schnittlauch und knuspriger Entenhaut bestreuen.

ZUBEREITUNGSZEIT ca. 40 Min. +
Wartezeit mind. 2 Std.
PORTION ca. 430 kcal
E 16 g · F 20 g · KH 43 g

# Gehören dazu – Dips und Salate

## Feine Cocktailsoße

ZUTATEN FÜR 8 PERSONEN

***1 mittelgroße Tomate*** *waschen, vierteln, entkernen. Fruchtfleisch klein würfeln.* ***150 g Salatcreme, 150 g Crème fraîche, 4 EL Tomatenketchup*** *und* ***2–3 TL Cognac*** *verrühren. Tomatenwürfel unterheben. Mit* ***Salz, Pfeffer*** *und* ***etwas Zucker*** *abschmecken.*

## Pflaumen-Meerrettich-Dip

ZUTATEN FÜR 8 PERSONEN

***300 g Pflaumenmus*** *und* ***2–3 TL Meerrettich (Glas)*** *verrühren.* ***2 Stiele Petersilie*** *waschen, trocken tupfen, fein hacken. Dip mit Petersilie bestreuen.*

## Erdnuss-Schmandcreme

ZUTATEN FÜR 8 PERSONEN

***300 g Schmand*** *und* ***3 EL Erdnussbutter*** *verrühren. Mit* ***2 EL Limettensaft, Salz*** *und* ***Pfeffer*** *abschmecken.* ***2 Lauchzwiebeln*** *putzen, waschen und in feine Ringe schneiden.* ***2 EL geröstete Erdnusskerne*** *hacken. Beides unter die Creme heben.*

Cremiger Kartoffelsalat
Rote-Bete-Salat
Linsensalat
Feine Cocktailsoße
Erdnuss-Schmandcreme
Pflaumen-Meerrettich-Dip

Im Winter am schönsten
Käsefondue all'arrabbiata
Romanesco
Gnocchi
Radicchio-Chicorée-Salat
Bündner Fleisch

## Käsefondue all'arrabbiata

ZUTATEN FÜR 6 PERSONEN
- 400 g Greyerzer (Stück)
- 200 g Parmesan (Stück)
- 200 g Emmentaler (Stück)
- 1 kleines Bund Petersilie
- 1–2 rote Chilischoten
- 1 Knoblauchzehe
- 350 ml Weißwein
- 4 TL Maisstärke
- 1 EL Tomatenmark

**1** Alle Sorten Käse grob reiben. Petersilie waschen, trocken schütteln, die Blättchen abzupfen und hacken. Chili putzen, waschen, entkernen und in feine Ringe schneiden.

**2** Knoblauch halbieren und den Fonduetopf (Caquelon) damit ausreiben. Wein, Stärke und Tomatenmark darin verrühren und bei mittlerer Hitze erwärmen. Dabei unter ständigem Rühren nach und nach den Käse einrühren und schmelzen. Chili und Petersilie zufügen. Wenn die Käsemasse heiß ist, Fonduetopf aufs Rechaud stellen.

*Kleine* **Pannenhilfe**
**Wenn die Käsemasse sich trennt,** *ein wenig Weißwein mit etwas Speisestärke verrühren und einrühren.* **Ist sie zu dünn?** *Erst ganz zum Schluss noch etwas angerührte Maisstärke einrühren.* **Ist sie zu dick?** *Dann noch etwas Weißwein unterrühren.*

## *Aufgepikst und eingetunkt – einfach oberlecker*

**Ganz klassisch tunkt man Baguettestückchen in den geschmolzenen Käse. Genauso gut schmecken aber auch …**

**Gemüse** **1 kleinen Romanesco** *oder* **Brokkoli** *putzen, waschen und in Röschen schneiden. In kochendem Salzwasser ca. 5 Minuten vorgaren und abtropfen lassen.*

**Gnocchi** **300 g frische Gnocchi (Kühlregal)** *in* **2 EL heißer Butter** *ca. 4 Minuten braten. Leicht mit* **Salz** *und* **Muskat** *würzen.*

**Luftgetrocknetes Fleisch**
**100 g Bündner Fleisch** *(Rindfleisch),* **Schinken** *oder* **Salami** *in dünnen Scheiben.*

**Andere Brotsorten** **Ca. 24 Stück Laugenkonfekt** *oder* **500 g Ciabatta, Krusten-, Nuss-** *oder* **Zwiebelbrot** *in Würfel schneiden.*

## *Frischer Beilagensalat*

## Radicchio-Chicorée-Salat

ZUTATEN FÜR 8 PERSONEN
**1 Chicorée, 1 Radicchio** *und* **150 g Rucola** *putzen, waschen und klein zupfen. Mit einer Marinade aus* **1 gehackten Schalotte, 4 EL Obstessig, 1 TL Zucker, 2 TL Senf** *und* **4 EL Öl** *mischen.* **2 EL Pinienkerne** *rösten, abkühlen lassen und unterheben.*

## Extratipps für Fondue und Raclette

### *Der richtige Mix*

*Suppengrünbunde fallen sehr unterschiedlich aus. Wichtig für die Fonduebrühe: Zu viele Möhren machen sie sehr süß, zu viel Porree färbt sie grünlich, und Sellerie würzt recht intensiv – also nach eigenem Geschmack dosieren.*

### *Für eine goldene Kruste*

*Es kommt vor, dass die äußeren Pfännchen weniger Hitze abbekommen als die mittleren. Darum zwischendurch ruhig mal die Plätze tauschen, damit der Käse gleichmäßig schmilzt.*

### *Damit nichts anbrennt*

*Während Sie den Käse fürs Käsefondue schmelzen, rühren Sie mit einem Kochlöffel auf dem Boden des Topfes stets eine große Acht. So setzt garantiert nichts an.*

### *Mengen-Coach*

*Fondue: Rechnen Sie pro Person insgesamt ca. 300 g Fleisch, Garnelen und Gemüse.*
*Raclette: 3–4 verschiedene Pfännchen sollten es schon für jeden sein.*
*Für beides sind Dips und Salate (s. Seite 176) immer willkommen!*

# Traumhafte Desserts

Wer kann dazu schon Nein sagen? Zart schmelzende Cremes, erfrischendes Parfait und süße Kirschlasagne sind eine Sünde wert …

## Weiße Schokocreme mit Pistazien

ZUTATEN FÜR 8 PERSONEN
- 100 g weiße Schokolade
- 75 g Pistazienkerne
- 2 Päckchen Sahnepuddingpulver
- 4 EL Zucker
- 1 l Milch
- 500 g Schlagsahne
- 2 Päckchen Vanillezucker

1 Schokolade in Stücke teilen. Pistazien, bis auf 1 EL, sehr fein hacken. Puddingpulver, Zucker und 100 ml Milch verrühren. Rest Milch und gehackte Pistazien aufkochen. Puddingpulver einrühren, aufkochen und ca. 2 Minuten köcheln. Schokolade zufügen und unter Rühren darin schmelzen. Pudding auskühlen lassen. Dabei ab und zu umrühren.

2 Sahne steif schlagen. Vanillezucker dabei einrieseln lassen. Pudding nochmals glatt rühren und ca. ⅔ Sahne unterheben. Creme in Dessertgläser verteilen. Rest Sahne nach Belieben als Tuffs auf die Creme spritzen oder mit dem Löffel darauf verteilen. Die übrigen Pistazien hacken und darüberstreuen. Creme bis zum Servieren kalt stellen.

ZUBEREITUNGSZEIT ca. 30 Min. + Wartezeit mind. 2 Std.
PORTION ca. 300 kcal
E 6 g · F 21 g · KH 19 g

## Dänisches Erdbeerdessert

ZUTATEN FÜR 6–8 PERSONEN
- 1,5 kg Erdbeeren
- 3 EL + 100 g Zucker
- 1 Päckchen Vanillesoßenpulver
- 50 g Mandelblättchen
- 250 g Weißbrot (vom Vortag)
- 75 g Butter
- 250 g Schlagsahne
- 1 Päckchen Vanillezucker
- 1 TL Puderzucker zum Bestäuben

1 Erdbeeren waschen, putzen und abtropfen lassen. 1 kg Erdbeeren klein schneiden, mit 3 EL Zucker in einem Topf mischen. Unter Rühren aufkochen und ca. 3 Minuten köcheln. Soßenpulver und 3 EL Wasser glatt rühren. Unter die Erdbeeren rühren, nochmals aufkochen und ca. 1 Minute köcheln. Erdbeerkompott auskühlen lassen.

2 Mandeln in einer Pfanne ohne Fett goldbraun rösten. Herausnehmen. Inzwischen Weißbrot grob zerbröseln oder fein würfeln. Butter in der Pfanne portionsweise erhitzen. Brotbrösel darin goldbraun rösten. 100 g Zucker darüberstreuen und goldgelb karamellisieren. Mandeln und Brösel auskühlen lassen.

3 Sahne steif schlagen und dabei Vanillezucker einrieseln lassen. Übrige Erdbeeren klein würfeln und unter das Kompott heben. ⅓ Kompott in eine große Schale geben und die Hälfte Brösel darüberstreuen. ⅓ Kompott, übrige Brösel und Rest Kompott daraufschichten. Sahne und Mandelblättchen darauf verteilen. Zum Schluss mit Puderzucker bestäuben.

ZUBEREITUNGSZEIT ca. 30 Min. + Wartezeit ca. 2 Std.
PORTION ca. 440 kcal
E 6 g · F 23 g · KH 49 g

# Zitronen-Joghurt-Parfait

ZUTATEN FÜR 12 STÜCK

- 100 g Zucker
- 6 Bio-Zitronen
- 300 g Vollmilchjoghurt
- 300 g Schlagsahne
- evtl. essbare Blüten

**1** 100 g Zucker bei mittlerer Hitze in 6 EL Wasser auflösen. Sirup auskühlen lassen. Zitronen heiß waschen, trocken reiben und längs halbieren. Saft auspressen und 150 ml abmessen. Reste Fruchtfleisch aus den Hälften entfernen. Zitronenhälften mindestens 2 Stunden einfrieren.

**2** Joghurt, Zitronensaft und Zuckersirup verrühren. Sahne steif schlagen und unterheben. Creme in einer flachen Schale (möglichst aus Edelstahl) einfrieren. Alle ca. 30 Minuten gut durchrühren, bis die Eismasse spritzfähig ist. Dann zügig mit dem Spritzbeutel in die Zitronenhälften spritzen oder mit einem Löffel einfüllen und mindestens 6 Stunden, am besten über Nacht, einfrieren. Die Parfait-Zitronen anrichten und nach Belieben mit essbaren Blüten verzieren

**ZUBEREITUNGSZEIT** ca. 45 Min.
**GEFRIERZEIT** mind. 8 Std.
**STÜCK** ca. 130 kcal
E 2 g · F 9 g · KH 10 g

## SCHÖN ROSIG

*Wer mag, kann dem Zitronenparfait ein blumiges Aroma verleihen: Die Joghurtmasse mit 2–3 EL Rosenwasser (z. B. aus der Apotheke) abschmecken und dann die Sahne unterheben.*

# Heidelbeer-Mascarpone-Becher mit Baiser

ZUTATEN FÜR 8–10 PERSONEN

- 500 g Heidelbeeren
- 3–4 EL Heidelbeerkonfitüre (Glas)
- 150 g Zartbitterschokolade
- 75 g Baiserschalen (gibt's fertig zu kaufen)
- 500 g Mascarpone
- 750 g Magerquark
- 100 g Zucker
- 2 Päckchen Vanillezucker
- 400 g Schlagsahne

1 Heidelbeeren abspülen, verlesen und gut abtropfen lassen. Beeren und Konfitüre verrühren. Schokolade fein hacken. Baiserschalen grob zerkrümeln.

2 Mascarpone, Quark, Zucker und Vanillezucker glatt rühren. Sahne steif schlagen und unterheben. Zuerst Baiser und Schokolade, dann die Heidelbeermischung kurz unterheben. Alles in eine große Schale oder in Portionsgläser füllen. Kurz bis zum Servieren kalt stellen.

**ZUBEREITUNGSZEIT** ca. 20 Min.
**PORTION** ca. 570 kcal
E 15 g · F 39 g · KH 35 g

## VIELE VARIATIONEN

*Statt der Heidelbeeren können Sie für dieses Dessert auch frische Himbeeren oder Erdbeeren verwenden. Außerhalb der Saison schmecken natürlich auch gefrorene Früchte. Die Schokolade können Sie nach Belieben durch einige gehackte Cantuccini ersetzen.*

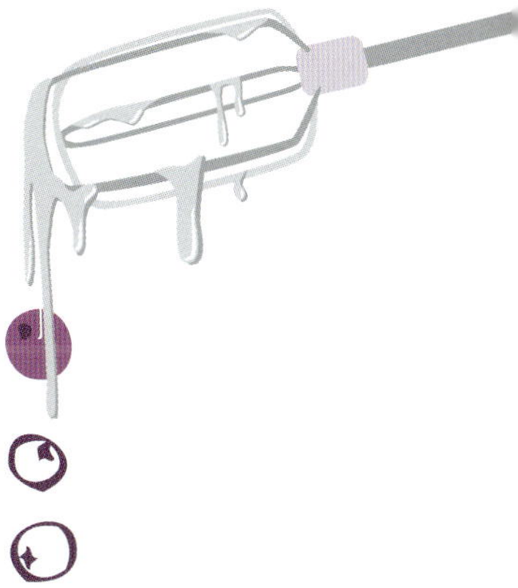

# Schwarzwälder Kirschlasagne

ZUTATEN FÜR 8–10 PERSONEN

- 6 Eier (Gr. M)
- 300 g Mehl
- ½ TL Backpulver ♥ Salz
- ½ l + ½ l Milch
- 200 g Schlagsahne
- 2 Päckchen Vanillepuddingpulver
- 7 EL + 100 g Zucker
- 8 TL + etwas Butterschmalz
- 2 Gläser (à 720 ml) Kirschen
- 2 Päckchen Himbeer-Rote-Grütze-Pulver
- 2 EL Raspelschokolade

**1** 3 Eier trennen. Mehl, Backpulver und 1 Prise Salz mischen. 3 Eier, 3 Eigelb und ½ l Milch glatt rühren. Teig ca. 10 Minuten quellen lassen.

**2** Inzwischen ½ l Milch und Sahne mit Puddingpulver und 4 EL Zucker glatt verrühren.

**3** Butterschmalz portionsweise in einer beschichteten Pfanne (24 cm Ø) erhitzen. Aus dem Teig nacheinander 8 Pfannkuchen goldbraun backen.

**4** Kirschen abtropfen lassen, Saft auffangen. Kirschsaft aufkochen. Rote-Grütze-Pulver, 3 EL Zucker und 4 EL Wasser glatt rühren, Kirschsaft damit binden, nochmals aufkochen. Kirschen unterheben.

**5** Eine runde Auflaufform (ca. 24 cm Ø) fetten. 1 Pfannkuchen hineinlegen. Kirschen, Vanillemilch und übrige Pfannkuchen einschichten, dabei mit Kirschen abschließen.

**6** Im vorgeheizten Backofen (E-Herd: 200 °C/Umluft: 175 °C/Gas: s. Hersteller) ca. 30 Minuten backen. 3 Eiweiß steif schlagen, dabei 100 g Zucker einrieseln lassen. Eischnee auf der Lasagne verteilen. Bei gleicher Temperatur weitere 8–10 Minuten überbacken. Mit Raspelschokolade bestreuen.

ZUBEREITUNGSZEIT ca. 1 ½ Std.
PORTION ca. 710 kcal
E 16 g · F 25 g · KH 101 g

# Kokos-Schokoladen-Törtchen

ZUTATEN FÜR 8 STÜCK

- 2 Eiweiß (Gr. M)
- 5 EL Zucker
- 200 g Kokosraspel
- 1 Päckchen Schokoladenpuddingpulver
- ½ l Milch
- 50 g Zartbitterschokolade
- 8 Papierbackförmchen

**1** Eiweiß, 2 EL Zucker und Kokosraspel in eine Schüssel geben und mit den Knethaken des Rührgerätes verkneten. Jeweils 3–4 TL der Kokosmasse in ein Förmchen geben und gleichmäßig am Boden und an den Rand bis oben hoch andrücken.

**2** Förmchen auf ein Backblech stellen oder in die Mulden eines Muffinblechs setzen. Im vorgeheizten Backofen (E-Herd: 200 °C/Umluft: 175 °C/Gas: s. Hersteller) ca. 10 Minuten goldbraun backen und auskühlen lassen.

**3** Puddingpulver, 3 EL Zucker und 6 EL Milch glatt rühren. Restliche Milch aufkochen. Puddingpulver einrühren und ca. 1 Minute köcheln. Topf vom Herd nehmen. Schokolade grob hacken und ¾ unter den Pudding heben. Heißen Pudding in den gebackenen Kokosförmchen verteilen, auskühlen lassen. Mit Rest Schokolade bestreuen.

**ZUBEREITUNGSZEIT** ca. 40 Min. + Wartezeit ca. 1 Std.
**STÜCK** ca. 290 kcal
E 5 g · F 20 g · KH 21 g

## Gestapelt

*Für mehr Halt können Sie zwei bis drei Papierbackförmchen ineinanderstecken.*

# Trifle mit Grütze & Schmandsahne

ZUTATEN FÜR 8 PORTIONEN

- ¼ l Kirschnektar
- 1 EL (ca. 15 g) Speisestärke
- 600 g TK-Beerenmischung
- 2 Päckchen Vanillezucker
- 5–6 EL Zucker
- 150 g Löffelbiskuits
- 75 g Butter
- 400 g Schmand
- 400 g Schlagsahne
- 150 ml Orangensaft

**1** FÜR DIE GRÜTZE 4 EL Nektar und Stärke glatt rühren. Rest Nektar, Hälfte gefrorene Beeren, 1 Päckchen Vanillezucker und 3–4 EL Zucker aufkochen. Angerührte Stärke einrühren, wieder aufkochen und unter Rühren ca. 1 Minute köcheln. Rest gefrorene Beeren unterheben. Grütze auskühlen lassen, dabei öfter umrühren.

**2** Löffelbiskuits hacken. Butter in einer Pfanne erhitzen. Biskuitbrösel darin rundherum anrösten. Herausnehmen.

**3** Schmand und Sahne mit den Schneebesen des Rührgerätes steif schlagen, dabei 1 Päckchen Vanillezucker und 2 EL Zucker einrieseln lassen. Geröstete Biskuits in acht kleine oder ein großes Glas verteilen. Orangensaft darüberträufeln. Schmandsahne darauf verteilen und Grütze daraufgeben. Ca. 30 Minuten durchziehen lassen.

ZUBEREITUNGSZEIT ca. 30 Min. + Wartezeit ca. 1 Std.
PORTION ca. 520 kcal
E 5 g · F 37 g · KH 37 g

# Joghurt-Sahne-Eis mit Aprikosenpüree

ZUTATEN FÜR CA. 10 GLÄSER

- 2 Bio-Limetten
- 250 g Mascarpone
- 500 g Vollmilchjoghurt
- 120 g + 2 EL Zucker
- 1 Päckchen Vanillezucker
- 250 g Schlagsahne
- 500 g reife oder 1 Dose (850 ml) Aprikosen
- 100 ml Orangensaft

**1** Limetten heiß waschen und die Schale von 1 ½ Limetten abreiben. Alle Limetten auspressen. Mascarpone, Joghurt, 120 g Zucker, Vanillezucker, Limettenschale und 4 EL Limettensaft verrühren. Sahne steif schlagen und unterheben.

**2** Aprikosen waschen, entsteinen und grob würfeln. Mit Orangensaft und 2 EL Zucker pürieren (Aprikosen aus der Dose abtropfen lassen und nur mit dem Zucker pürieren). Mascarponecreme und Aprikosenpüree schichtweise in Gläser verteilen. Mit einer Gabel leicht verrühren. Mindestens 6 Stunden, am besten über Nacht, einfrieren. Ca. 20 Minuten vorm Servieren antauen lassen.

**ZUBEREITUNGSZEIT** ca. 20 Min. + Gefrierzeit 4–6 Std.
**PORTION** ca. 320 kcal
E 4 g · F 20 g · KH 29 g

## Serviertipp

*Damit das Eis im Sommer nicht zu schnell schmilzt, reichlich Eiswürfel auf ein wasserdichtes Tablett oder in eine große Auflaufform verteilen. Gläser mit dem Eis hineinstellen.*

## A

After-Eight-Creme ... 158
Ajvarbraten, würziger ... 167
Amaretto-Apfel-Punsch ... 147
Ananas-Tomaten-Salsa ... 89
Antipastisalat mit Kartoffeln ... 101
Apfelpunsch ... 158
Aprikosen-Spekulatius-Torte ... 161
Asiagurkensalat mit Hack- und Garnelensticks ... 53
Avocado-Schinken-Sandwiches ... 53

## B

Baguette, knuspriges ... 133
Balsamicogemüse, buntes ... 118
Barbecuesoße ... 133
Bellini Aperol ... 56
Bergkäse, marinierter, mit Zwiebeln ... 71
Berliner mit Pflaumenmus ... 169
Birnenschaum mit Mandelkrokant ... 164
Blätterteig-Fleurons ... 46
Blätterteig-Ziegenkäse-Tartelettes ... 42
Blumenkohl-Kokossuppe ... 26
Bohnensuppe mit Mettenden ... 27
Bountybecher ... 168
Brandy Bloom Smash ... 15
Bratapfelmarmelade mit Mandeln ... 157
Bratäpfel mit Vanille-Eierlikör ... 151
Birnenschaum mit Mandelkrokant ... 164
Brokkolicremesuppe mit Extra-Einlagen ... 17
Brotrolle mit Pesto und Feta ... 49
Brotsalat mit Feta und Röstgemüse ... 98
Brühe fürs Fondue ... 173
Burgunderbraten mit Champignons ... 91
Butterwaffeln mit Bratapfelkompott ... 161

## C

Caesar-Salad-Torte mit Ei ... 99
Chai-Schokolade, heiße ... 165
Champignon-Rahmschnitzel ... 115
Chili-Knoblauch-Garnelen ... 118
Cocktailsoße, feine ... 176
Coleslaw mit Paprika ... 168
Countrykartoffeln ... 153
Country-Potatoes-Salat ... 71
Couscoussalat, orientalischer ... 100
Crodino Tonic ... 125
Currydip ... 133
Currywurstsuppe mit „Pommes“ ... 170

## E

Edelfischhäppchen ... 170
Eier-Flusskrebs-Cocktail ... 53
Eierpunsch ... 159
Eiersalat, Curry-, mit Krabben ... 45
Eier-Sandwiches ... 29
Ensaïmadas (Hefeschnecken) ... 145
Erdbeer-Aprikosen-Crumble ... 38
Erdbeerdessert, dänisches ... 181
Erdnuss-Schmandcreme ... 176

## F

Feta-Frischkäse-Pralinen ... 53
Fingerfood, dreierlei ... 37
Flammkuchen mit Schinken ... 64
Fleisch, dreierlei, mit Safran-Knoblauch-Püree ... 143
Focaccini, knusprige ... 121
Forellenhäckerle ... 43
Frischkäsepralinen mit Lachs ... 56
Fruchtspieße mit Schmandcreme ... 137
Frühlingsgemüse mit Zitronenmayonnaise ... 35

## G

Garnelencocktail mit Ananas ... 100
Geflügelcocktail mit Rucola & Apfel ... 10
Geflügelcremesuppe, schnelle ... 18
Geflügel-Eier-Cocktail ... 156
Geflügel-Pie ... 31
Geflügel-Pilz-Topf mit zweierlei Spargel ... 46
Geflügelsalat mit Mango und Pilzen ... 93
Geflügelsalat mit Trauben und Pilzen ... 76
Gemüsechips, zweierlei, mit Sour Cream ... 76
Gemüselasagne vom Blech ... 122
Gemüse & Trockenobst vom Spieß ... 149
Gnocchi al forno mit Steakstreifen ... 121
Gorgonzola-Tomaten-Dip ... 117
Gouda, marinierter, mit Kräutern & Oliven 43
Grillfackeln mit Röstzwiebelquark ... 130
Grillkäsepäckchen mit Kräuterbutter ... 136
Grissini, knusprige ... 119
Guacamole ... 129
Gulaschsuppe mit Röstbrotchips ... 162
Gurken-Sandwiches ... 29
Gyrossalat mit Tacochips ... 103

## H

Hackbraten mit Frischkäsefüllung ... 86
Hackbrötchen mit Röstzwiebeln ... 13
Hackpastete mit Filetkern ... 79
Hackröllchen à la Cordon bleu ... 110
Hähnchen alla ossobuco ... 72
Hähnchenfilets mit Zwiebel-Steaksoße ... 153
Hähnchenkeulen, Rosmarin- ... 168
Hähnchen mit Ananasdip ... 55
Hähnchenspieße mit Avocadodip ... 59
Hähnchen-Souvlaki und gefüllte Pilze ... 132
Hähnchensuppe, mediterrane ... 25
Heidelbeer-Mascarpone-Becher mit Baiser ... 183
Honig-Senf-Soße ... 133
Holunder-Kirsch-Punsch ... 165
Hugo, heißer ... 158

## I

Ingwer-Limetten-Marinade ... 135

## J

Jasminteesirup ... 33
Jasminteesirup mit Prosecco ... 33
Jasminteesirup mit Tonic auf Eis ... 33
Joghurt-Sahne-Eis mit Aprikosenpüree ... 187

## K

Käsecarpaccio mit Feigen ... 56
Käsecocktail, fruchtiger ... 156
Käsefladen ... 129
Käsefondue all'arrabbiata ... 179
Käsepralinen und -spieße ... 171
Käse-Schinken-Kroketten ... 142
Käseterrine, geschichtete ... 44
Käse-Wurst-Salat mit Radieschen ... 37
Kalbsragout in Pastetchen ... 51
Kartoffel-Eier-Salat, feiner ... 168
Kartoffel-Rucola-Suppe ... 18
Kartoffelsalat „Hausfrauenart“ ... 163
Kartoffelsalat, cremiger, mit Kürbiskernen 176
Kartoffelsalat mit Lachs und Kaviar ... 55
Kartoffelsalat mit Radieschen und Gurke 127
Kartoffelsuppe mit Grillwürstchen ... 150
Kasseler-Schlemmerschnitten ... 112
Kasseler, Virginia-, mit Süßkartoffeln ... 87
Kaviarröllchen mit Roten Beten ... 59
Knoblauch-Kräuterbutter ... 127
Kokos-Möhrensuppe mit Schinken ... 47
Kokos-Schokoladen-Törtchen ... 185
Kraut-Mett-Auflauf mit Kartoffelkruste ... 113
Krautsalat mit Kabanossi ... 94
Krebssuppe mit Sahnehäubchen ... 18
Kürbiscurrytopf ... 22

## L

Lachs-Sandwichröllchen ........ 29
Lachs-Spinat-Lasagne ........ 106
Lammspießchen auf Rosmarin ........ 59
Lauchkuchen vom Blech ........ 13
Lebkuchenhäuschen, kleine ........ 159
Linsensalat mit Knuspertopping ........ 176
Linsensalat mit Pfifferlingen ........ 148

## M

Mafiatorte mit Paprika ........ 108
Maibowle mit Waldmeister & Früchten ........ 39
Makkaroniauflauf mit Brätbällchen ........ 109
Makkaroni-Mais-Salat mit Rippchen ........ 102
Mascarpone-Beeren-Dessert ........ 14
Mascarpone-Schoko-Charlotte mit Amarettokirschen ........ 81
Medaillons in Spinat-Tomaten-Rahm ........ 31
Migas (geröstete Brotwürfel) ........ 139
Minicalzonen „Asia" und „Lachs" ........ 73
Minigugelhupfe mit Chai-Tee ........ 32
Minihamburger-Schichtsalat ........ 94
Minipizzamuffins ........ 51
Mixed Grill mit Kasseler & Co. ........ 147
Möhren-Orangen-Suppe mit Ingwer ........ 74
Mozzarellahappen, bunte ........ 120
Mozzarella-Speck-Pralinen ........ 118

## N

Nackenbraten, zweierlei, im Salzbett & Remoulade ........ 83
Nackenbraten mit Honig-Bier-Glasur ........ 134
Nackenbraten mit Zwiebelsoße ........ 84
Nackensteaks in Cidre ........ 105
Nudelauflauf mit Schinken & Béchamel ........ 111

## O

Ofenpaella, spanische ........ 141
Ofensuppe mit Feta, griechische ........ 20
Olivenciabatta, rustikales ........ 117
Oliven-Mandel-Pesto ........ 118
Oliven und Mozzarella, eingelegte ........ 71
Orangen-Apfel-Punsch ........ 165
Orangen-Whisky-Marinade ........ 135

## P

Panini mit Thunfisch & Schinken ........ 120
Paprika-Fetacreme ........ 45
Parmesankräcker, gefüllte ........ 56
Parmesankörbchen Tomate-Mozzarella ........ 56
Partybuletten, kleine ........ 51
Partypfundstopf mit Champignons ........ 9
Partytopf, mexikanischer ........ 17
Pflaumen-Meerrettich-Dip ........ 176
Pirogge mit Hähnchenragout ........ 63
Pizza „Gourmet" ........ 61
Pizza piccante ........ 61
Pizzataschen, zweierlei ........ 163
Pommegranat Ginger Lemonade ........ 15
Prime Thyme ........ 15
Pumpernickel-„Petits fours" ........ 156
Putenbraten, saftiger, „Caipirinha-Art" ........ 89
Putenbrust im Speckmantel ........ 35
Putenröllchen „tonnato" auf Salat ........ 75

## R

Raclettepfännchen, verschiedene ........ 174
Radicchio-Chicorée-Salat ........ 179
Reissalat, bunter, mit Shrimps ........ 103
Rhabarberchutney zu Käse ........ 44
Rhabarberprosecco ........ 125
Rinderbraten, zweimal geschmorter, in Chianti ........ 123
Rinderbrühe mit Klößen und Eierstich ........ 38
Roastbeef mit Remouladensalat ........ 90
Roastbeef-Sandwiches ........ 29
Röstkartoffeln aus dem Ofen ........ 78
Rosinenbrot, gebratenes, mit Zimtzucker ........ 33
Rosmarin-Shortbread mit Orangensenf ........ 80
Rote-Bete-Salat mit Frischkäseflocken ........ 176
Rouladen-Schichttopf mit Roten Beten ........ 107
Rührei, buntes, vom Löffel ........ 59

## S

Salamitaschen ........ 13
Salat, knackiger, mit Apfel und Nüssen ........ 31
Salbeischnitzel ........ 140
Salsa verde ........ 140
Sangriabowle ........ 145
Sauerfleisch, Gourmet- ........ 55
Schalottenmarinade mit Thymian ........ 135
Schichtsalat, mexikanischer ........ 97
Schinkenbraten im Paprika-Brotmantel ........ 88
Schinkenbraten mit Apfelmeerrettich ........ 41
Schmalz-Kräuter-Töpfchen ........ 77
Schmorkohl mit Porree und Paprika ........ 153
Schnitzelpizza mit Tomatenrahm ........ 9
Schokocreme, weiße, mit Pistazien ........ 181
Schwarzwälder Kirschlasagne ........ 184
Schweinefilet in Champignonrahm ........ 35
Schweinehaxen auf Röstgemüse ........ 85
Schweinemedaillons, gratinierte, im Kartoffelbett ........ 157
Scones, englische ........ 32
Senf-Kresse-Creme ........ 10
Soleier, klassische ........ 41
Sopa Boba (Hühnersuppe mit Mandeln) ........ 144
Sour Cream mit Rucola ........ 76
Spareribs, marinierte ........ 129
Spargel-Avocado-Salat ........ 42
Speckdatteln ........ 140
Speckkartoffelsalat mit Paprika ........ 10
Spießbraten, würziger ........ 9
Spieße, Steaks & Kräuterbaguette ........ 148
Spinatkuchen mit Reis ........ 48
Spinattörtchen mit Roquefort ........ 62
Steaks, feurige, & Schusterkarbonaden ........ 153
Steckrübencreme mit Mettklößchen ........ 155
Steckrübensuppe mit Croûtons ........ 23
Strudelmuffins mit Salami ........ 65

## T

T-Bone-Steak mit Nudelsalat ........ 128
Teufelssalat im Glas ........ 55
Tiramisu mit Amarettopflaumen ........ 125
Thunfisch-Nudelsalat mit Salsa verde ........ 93
Thunfischtaschen ........ 13
Tomaten-Bohnen-Salat zu Chickenwings ........ 96
Tomaten-Paprika-Dip, schneller ........ 13
Tomaten-Peperoni-Salsa ........ 148
Tomaten-Pesto-Gugelhupf ........ 68
Tomatenquiche mit Ziegenkäse ........ 66
Tomaten-Schinken-Röstbrot ........ 127
Tomatensuppe mit Parmesanlöffeln ........ 24
Tortellini-Auflauf mit Kasselerrahm ........ 47
Tortilla mit grünem Spargel ........ 142
Tortellinisalat, Pesto-, alla caprese ........ 10
Trifle mit Grütze & Schmandsahne ........ 186

## W

Walnussmuffins mit Sternfrucht-tannenbaum ........ 164
Weiße Bohnen in Thymian-Tomatensoße ........ 118
Wiener-Würstchen-Kartoffelsalat ........ 93
Wirsingkuchen, pikanter ........ 69
Wolfsbarsch mit Kräuterfüllung ........ 131
Würzfleisch im Weckglas mit Remoulade ........ 78
Wurstsalat mit roten Zwiebeln ........ 94

## Z

Zimtquarkbrötchen ........ 157
Zitronencreme mit geflämmtem Baiser ........ 49
Zitronen-Joghurt-Parfait ........ 182
Zorongollo (Paprikasalat) ........ 139
Zwiebelkuchen, badischer ........ 67
Zwiebel-Sahne-Hähnchen vom Blech ........ 114
Zwiebelsuppe mit Mettcroûtons ........ 21